"科学的力量"科普译丛
Power of Science
第四辑

THE MARTIANS OF SCIENCE

科学火星人

——改变二十世纪的五位匈牙利犹太裔科学家

István Hargittai

［匈］伊什特万·豪尔吉陶伊 —— 著

李希凡 —— 译

上海教育出版社
SHANGHAI EDUCATIONAL
PUBLISHING HOUSE

丛书编委会

◆

主 任　方 成　卜毓麟

副主任　缪宏才　王耀东

编　委（以姓氏笔画为序）　马　可　王西敏　石云里　孙正凡

李　晟　李　祥　李希凡　杨　瑜

沈明玥　黄　伟　曹　磊　屠又新

"科学的力量"科普译丛（第四辑）总序

　　科学是技术进步和社会发展的源泉，科学改变了我们的思维意识和生活方式；同时这些变化也彰显了科学的力量。科学技术飞速发展，知识内容迅速膨胀，新兴学科不断涌现。每一项科学发现或技术发明的后面，都深深地烙下了时代的特征，蕴藏着鲜为人知的故事。

　　近代以来，科学给全世界的发展带来了巨大的进步。哥白尼的"日心说"改变了千百年来人们对地球的认识，原来地球并非宇宙的中心，人类对宇宙的认识因此而发生了第一次飞跃；牛顿的经典力学让我们意识到，原来天地两个世界遵循着相同的运动规律，促进了自然科学的革命；麦克斯韦的电磁理论，和谐地统一了电和磁两大家族；戴维的尿素合成实验，成功地连接了看似毫无关联的有机和无机两个领域……

　　当前，科学又处在一个无比激动人心的时代。暗物质、暗能量的研究将搞清楚宇宙究竟由什么东西组成，进而改变我们对宇宙的根本理解；人类对宇宙和生命的深层次探索及对地球之于宇宙的科学和哲学思辩；人们对地球生态环境几十年如一日的关注和保护……

　　以上这些前沿研究工作正是上海教育出版社推出的"'科学的力量'科普译丛"（第四辑）所收入的部分作品要呈现给读者的。这些佳作将展现空间科学、生命科学、物质科学等领域的最新进展，以通俗易懂的语言、生动形象的例子，展示前沿科学对社会产生的巨大影响。这些佳作以独特的视角深入展现科学进步在各个方面的巨大力量，带领读者展开一次愉快的探索之旅。它将从纷繁复杂的科学技术发展史中，精心筛选有代表性的焦点或热点问题，以此为突破口，由点及面地展现科学技术对人、自然、社会的巨大作用和重要影响，让人们对科学有一个客观而公正的认识。相信书中讲述的科学家在探秘道路上的悲喜故事，一定会振奋人们的精神；书中阐述的科学道理，一定会启示人们的思想；书中描绘的科学成就，一定会鼓舞读者的奋进；书中的点点滴滴，更会给人们一把把对口的钥匙，去打开一座座闪光的宝库。

科学已经改变、并将继续改变我们人类及我们赖以生存的这个世界。当然，摆在人类面前的仍有很多的不解之谜，富有好奇精神的人们，也一直没有停止探索的步伐。每一个新理论的提出、每一项新技术的应用，都使得我们离谜底更近了一步。本丛书将向读者展示，科学和技术已经产生、正在产生及将要产生的乃至有待于我们去努力探索的这些巨大变化。

感谢中科院紫金山天文台的常进研究员在这套丛书的出版过程中给予的大力支持。同时感谢上海教育出版社组织了这套精彩的丛书的出版工作。也感谢本套丛书的各位译者对原著相得益彰的翻译。

是为序。

南京大学天文与空间科学学院教授
中国科学院院士
发展中国家科学院院士
法国巴黎天文台名誉博士

方成

序　言

————————◆————————

20 世纪，科学研究逐渐从绅士的个人工作向工业化转变。而科学之所以成为人类奋斗的主要竞技场，原因之一就是为了提升军事实力。本书介绍了五位科学家的生活和事迹，他们比其他机构和组织都更好地象征了科学在 20 世纪的这种转变。他们分别是：

西奥多·冯·卡门（Theodore von Kármán，1881 年生于匈牙利布达佩斯，1963 年卒于德国亚琛）

利奥·西拉德（Leo Szilard，1898 年生于匈牙利布达佩斯，1964 年卒于美国加利福尼亚州拉由拉）

尤金·P. 维格纳（Eugene P. Wigner，1902 年生于匈牙利布达佩斯，1995 年卒于美国新泽西州普林斯顿）

约翰·冯·诺伊曼（John von Neumann，1903 年生于匈牙利布达佩斯，1957 年卒于美国华盛顿）

爱德华·特勒（Edward Teller，1908 年生于匈牙利布达佩斯，2003 年卒于美国加利福尼亚州斯坦福）

这五位科学家常被称为"火星人"。这个称呼的由来众说纷纭，但其中都提到了曼哈顿计划的参与者关于这些聪明非凡的匈牙利科学家的一些议论。有人认为他们从火星来到地球，伪装成了说匈牙利语的人。这个故事有着许多版本，但结论都是一样的，所以没有人质疑故事的可靠性。"火星人"源自一个玩笑，在本书中我用这个词指代五位科学家组成的团体。

爱德华·特勒在其回忆录的序言中这样描述火星人："他们所有人……当法西斯在欧洲崛起时来到美国。他们都为 20 世纪的技术发展发挥了重要作用。"无论被认为是"鹰派"还是"鸽派"，五位火星人都是致力于捍卫民主的杰出科学家。他们怀着对世界深深的忧虑，即使冒着科研事业受损的风险，仍然愿意持续投身社会活动。火星人作为一个群体所展现出的价值，比他们五位的个体之和更不寻常。我写作本书是为了向读者展示这五位科学家如此特殊的原因，并帮助读者更好地理解他们的工作和生活。

有时候，火星人这个标签也被用来指代其他科学家。在已故匈牙利物理学家乔治·马克斯（George Marx）的著作《火星人之声》（*The Voice of the Martians*）中，不仅包含了出生于匈牙利、后蜚声海外的物理学家，还有棋手、金融家、经济学家和作家。马克斯将火星人带进了公众视野，并推动了关于他们出身与成就的文献研究。马克斯从 20 世纪 80 年代开始致力写作此书，回避了匈牙利反犹太主义等敏感话题。匈牙利的其他作家也为我们提供了很多关于火星人的信息。最值得敬佩的是小威廉·O. 麦卡格（William O. McCagg, Jr.），1972 年他出版了《现代匈牙利的犹太贵族和天才》（*Jewish Nobles and Geniuses in Modern Hungary*）。这个话题在 20 世纪 60 年代后半期是匈牙利社会的禁忌，他正是在这样的背景下进行研究的，也因此造成该书在当时不能出版。书中"介绍匈牙利的科学天才"一节和本书的主题密切相关。

在最后一位火星人爱德华·特勒去世后不久，牛津大学出版社就邀请我写一本关于这五位科学家的书，我越想越觉得应该接受这项挑战。我虽然住在布达佩斯，但 20 世纪 80—90 年代在美国从事了很长一段时间的教学和研究工作。我是一名物理化学家，主要研究分子结构，有几位火星人的研究领域涉及这方面。自从 1969 年尤金·维格纳亲自向我介绍了对称性后，这也成为我感兴趣的内容。我也曾着迷于 20 世纪的一系列科学发现，发表了与当时很多杰出人物的访谈内容，还写了一本关于诺贝尔奖的书。在五位火星人中，我与尤金·维格纳和爱德华·特勒相识，并一直非常仰慕利奥·西拉德。我从出身到经历和他们都有不少相同之处，这让我感到，尽管和他们接触甚少，但对他们却非常熟悉。

我和尤金·P.维格纳的初遇对我而言意义重大，因为那是在我职业生涯的早期。1963年维格纳获得了诺贝尔奖，1964年的秋天他在一份匈牙利周刊上关于科学的局限的一篇文章吸引了我的注意。我给杂志社寄去的评论很快发表了。当时我在莫斯科攻读硕士学位，那是我第一次发表文章。不久，我收到了维格纳的长信和一些他的论文重印版。他非常礼貌地表达了对我评论中部分看法的认同和对另一些看法的反对。

自那以后，我和维格纳一直保持书信往来，直到他去世前几年，但我们只在1969年见过面。我在得克萨斯大学奥斯汀分校的物理系待过一年，当时他正作为客座讲师到那里进行短暂访问。在他停留的一周里，我们见了五次面，在每次大约一小时的交谈中，我们谈论了许多事情。他教给我对称的知识，这对我产生了长期的影响。幸运的是，当时我正在研究最具对称性的一种分子——金刚烷（$C_{10}H_{16}$），其因本身极高的稳定性而得名。随后他送了我一本论文集《对称与反射》，其中有一幅钻石的结构图，与金刚烷的结构高度相似。直到后来我才领悟到，即便只有短短的几天，但能够得到维格纳关于对称性的指导，何其有幸。

1996年，我和妻子前往加利福尼亚拜访特勒一家，见到了爱德华·特勒。我们一开始用匈牙利语寒暄了几句，随后录下了和特勒用英语进行的对话。他当时正在养病，谈话一开始不太顺利。特勒表现得有些无礼，他的太太米丝·特勒（Mici Teller）甚至一度用匈牙利语打断他，"别这么不客气！"所幸，随着谈话的深入，特勒对我们的问题越来越感兴趣，也越来越坚持他自己的观点。当谈论到科学时，他表现得最有活力，也最吸引人，令两位听众对他始终心怀敬意。他即便在生命最后的日子里，写给我的信仍然充满了信念和干劲。

我虽然与火星人有一些私人交往，但对他们的认识主要还是源自各种文献资料，特别是冯·卡门与李·埃德森（Lee Edson）合作的自传《风，以及风之外》（*The Wind and Beyond*）[1]，威廉·拉努埃特（William Lanouette）与贝拉·西拉德（Bela Silard）合作的《暗处的天才》（*Genius in the Shadows*），尤金·P. 维格纳与安德鲁·桑顿（Andrew Szanton）合作的《尤金·P. 维格纳回忆录——根据他对安德鲁·桑顿的口述》（*The Recollections of Eugene P. Wigner as told to Andrew Szanton*）[2]，诺曼·麦克雷（Norman Macrae）的《约翰·冯·诺伊曼》（*John von Neumann*）[3]，以及爱德华·特勒与朱迪思·舒里（Judith Shoolery）合作的《回忆录》（*Memoirs*）。

　　火星人对科学的多方面贡献，不仅具有很高的基础研究价值，也对军事防御有重要意义。他们的研究范围甚广，从空气动力学到量子力学，从存储程序计算机到分子生物学，从核链式反应到博弈论，无不涉猎。除了杰出的科学成就外，他们在二战期间及战后，都积极参与了美国的防务建设。冯·卡门推动了美国空军的发展。西拉德发起了制造原子弹的曼哈顿计划。维格纳在第一座核反应堆的建造过程中起到了重要作用，成为世界上第一位"核工程师"。冯·诺伊曼参与了多项防御项目，其中包括利用计算机设计制造氢弹。氢弹之父特勒是美国第二个武器实验室的创始人，其最著名的事迹是发起了战略防御计划，也被称为"星球大战计划"。

　　这五位都来自布达佩斯，经由德国最终定居在美国。20 世纪初，匈牙利首都的学术生活欣欣向荣，他们都曾受到深刻影响并从中受益。尽管对生活和政治的看法不同，他们仍然能一生维系彼此间的友情。他们都是犹太人，都在匈牙利的反犹太运动中经历磨难，随后在德国过上新生活。但纳粹上台后，又不得不离开。无论是否改变了宗教信仰，他们都从来没有回避犹太身份，也同样为匈牙利身份感到自豪。

---

1. 有多种中译本，如：（1）《冯·卡门》，王克仁译，西安交通大学出版社 2015 年版；（2）《冯·卡门：航空航天时代的科学奇才》，曹开成译，复旦大学出版社 2019 年版（该译本初版于 1991 年）。——译者注
2. 有中译本：《乱世学人——维格纳自传》，关洪译，上海科技教育出版社 2001 年版。——译者注
3. 有中译本：《天才的拓荒者——冯·诺伊曼传》，范秀华，朱朝晖译，上海科技教育出版社 2008 年版。——译者注

五位火星人的身上还有很多其他标签，需要我谨慎小心地对待。冯·卡门被称为超音速飞机之父，还有三位也被称为某项成就之父。尤其是他们对美国原子弹计划的贡献得到了两种截然不同的评价。我设想了两种可能的描述：

评价1

西拉德、维格纳、冯·诺伊曼和特勒为加快第二次世界大战的结束作出了不可磨灭的贡献。西拉德第一个提出了核链式反应并为此申请专利，他借助爱因斯坦写给罗斯福总统的信启动了著名的曼哈顿计划。维格纳是世界上第一位核工程师，此外他还创造性地将对称原则用于原子物理研究。冯·诺伊曼是现代计算机之父，特勒是氢弹之父。如果当时让苏联垄断了氢弹技术，那么整个世界都将笼罩在其威胁之下，是美国制造的氢弹避免了这一后果。氢弹因其强大的破坏力成为重要的威慑力量。特勒主导的星球大战计划也加速了苏联的解体。

评价2

爱因斯坦写给罗斯福总统的信并没有加快美国制造原子弹的进程，反而让这个计划还没开始就被官僚系统困住了。如果由对美国情况更为熟悉的人提议，相信这个计划会更快启动。原子弹计划最终在英国科学家的影响下才发展起来。若是计划启动得再快一点，那么原子弹的成功制造能提前很多年。诺贝尔奖获得者、物理学家 I. I. 拉比（Isidor I. Rabi）曾说，"德国人真应该感谢西拉德"。尽管西拉德最先提出了曼哈顿计划，但他对原子弹的成功制造并未起到多大作用。特勒当时虽然在洛斯阿拉莫斯国家实验室工作，但他所做的事和原子弹制造没有多大关系。后来，他的氢弹计划将世界推向了崩溃边缘，其中冯·诺伊曼和维格纳都提供了积极的帮助。星球大战计划不仅是一场彻头彻尾的骗局，还险些令美国破产。

无论人们对这些科学家是赞扬还是指责，都无法否认他们的杰出。很多人对他们成功的秘诀以及相似的出身背景和教育经历感到好奇。特别是有传言称五位火星人都就读过同一所特殊的中学，不过事实上他们上的是三所不同的中学。他们中的一些人曾经受到过教师的启发，但另一些却觉得学校学习非常枯燥。

火星人算是一个团体吗？他们五个人的年龄差异非常大，最大的冯·卡门比最小的特勒年长 27 岁，另外三位的年龄差不超过 5 岁，比较接近。尽管冯·卡门要年长许多，但他的生活经历与其他几位又是如此相似，仿佛只是将其他人的生活往前移了几十年。将五位火星人联系起来的不是相近的年龄，而是他们对科学和防御的共同兴趣，以及重叠的社交关系网。天赋和教育在他们的成长中分别起到了什么作用呢？还有，如果他们始终生活在匈牙利或德国，又会如何呢？这个问题虽然很不科学，但确实很有意思。

人们感兴趣的话题还有不少。现在的教育（无论是在匈牙利还是美国）是否更有利于他们各自事业的发展？从实力地位的角度来处理与苏联的关系的理由是什么？（这有事后诸葛亮的嫌疑。）火星人在匈牙利、德国甚至是刚到美国时经历的反犹太运动，对他们产生了哪些影响？对这些问题以及其他各种问题的审视，有助于回答一个对本书感兴趣的读者都很关心的问题：在不久的将来，在某个地方是否还会出现另一群火星人？

研究火星人令我得以更好地认识眼下我们身处的世界，或许这就是我最想和读者分享的内容。

关于语言的说明

作为一个非常在意语言的匈牙利人，我希望读者能够相信，我拼写的匈牙利词汇和名字都是正确的。之所以要特别说明，是因为在不少地方，我使用的词汇拼写不同于其他关于火星人的文献。特别需要说说的是"变音符号"。在匈牙利语中，变音符号不是用来标记重音的，匈牙利语不需要特别指出重音的位置，也没人这么做，因为重读的总是第一个音节。变音符号是用来区分单词或读音的，外国人往往弄不清这一点。例如，匈牙利语的动词 ver 是打击的意思，其中 e 的发音和英语 get 中的元音相似；匈牙利语的名词 vér 是血的意思，其中 é 的发音和英语 name 中的元音相似。

匈牙利名字的写法比较奇怪，先写姓，再写名。匈牙利语中姓名的特别写法可能表明了它和亚洲语言有所关联。为了方便阅读，本书中所有的名字都按照西方的规则来写。即，先写名，再写姓，如果有中名则用首字母缩写。伴随着火星人从匈牙利移居德国，再前往美国，他们名字的拼法发生过一些变化。例如，冯·卡门的名从匈牙利语的托多（Tódor）变为德语的西奥多（Theodor），再变为英语的西奥多（Theodore），但他的姓卡门（Kármán）没有改变过，一直是匈牙利语的拼法。（他名字中的 von 读作 fon, Kármán 中两个 á 的发音和 car 中的 a 一样。）利奥·西拉德在匈牙利时的名字是 Leó Szilárd，之后才改为 Leo Szilard。尤金·P. 维格纳最初的名字是杰诺·维格纳（Jenő

Wigner）或杰诺·派·维格纳（Jenó Pál Wigner），他在德国期间用的是尤金·维格纳（Eugen Wigner），到美国后用尤金·P. 维格纳（Eugene P. Wigner）。约翰·冯·诺伊曼的名在匈牙利时是雅诺斯（János），在德国时是 Johann，到美国后改为 John。爱德华·特勒出生时的名是埃德（Ede）。

致　谢

————————◆————————

　　首先要感谢的是我的太太麦迪（Magdi），她也是我的朋友、搭档和批评者，她在各个方面提供的帮助令这本书得以完成。

　　我访谈过很多科学家，他们以不同方式与火星人有所关联，我从与他们的谈话中获益良多。大多数访谈不是专门为撰写本书而进行的，它们是众多著名科学家访谈的一部分，这些访谈发表在《坦诚的科学》（*Candid Science*）丛书中。下面提到的这些访谈与本书有关：阿列克谢·A. 阿布里科索夫（Alexei A. Abrikosov）（2004，伊利诺伊州莱蒙特）、哈罗德·阿格纽（Harold Agnew）（2003，布达佩斯）、西德尼·奥尔特曼（Sidney Altman）（1998，康涅狄格州纽黑文）、菲利普·W. 安德森（Philip W. Anderson）（1999，新泽西州普林斯顿）、尼古拉斯·布隆伯根（Nicolaas Bloembergen）（2005，德国林道）、埃尔文·查戈夫（Erwin Chargaff）（1994，纽约市）、弗朗西斯·克里克（Francis Crick）（2004，加利福尼亚州拉由拉市）、弗里德曼·戴森（Freeman Dyson）［2000，新泽西州普林斯顿，由 M. 豪尔吉陶伊（M. Hargittai）访谈］、理查德·L. 加尔文（Richard L. Garwin）（2004，纽约州斯卡斯代尔）、沃特·吉尔伯特（Walter Gilbert）（1998，加利福尼亚州印第安维尔斯）、维塔利·L. 金茨堡（Vitaly L. Ginzburg）（2004，莫斯科）、唐纳德·格拉泽（Donald Glaser）（2004，加利福尼亚州伯克利）、莫里斯·戈德哈伯（Maurice Goldhaber）（2001、2002，纽约州布鲁克海文）、戴维·格罗斯（David Gross）（2005，德国林道）、弗朗索瓦·雅各布（François Jacob）（2000，巴黎）、乔治·克莱因（George Klein）（1999、2000，布达佩斯）、尼古拉斯·库蒂（Nicholas Kurti）（1994，伦敦）、本华·曼德博（Benoit Mandelbrot）（2000，斯德哥尔摩）、马修·梅塞尔森（Matthew Meselson）（2004，马萨诸塞州伍兹霍尔）、丽塔·李维蒙塔希妮（Rita LeviMontalcini）（2000，罗马，由 M. 豪尔吉陶伊访谈）、乔治·马克斯（George Marx）（1999，布达佩斯）、尤瓦勒·内埃曼（Yuval Ne'eman）（2000，斯德哥尔摩）、马歇尔·W. 尼伦伯格（Marshall W. Nirenberg）（1999，马里兰州贝塞斯达）、乔治·A. 欧拉（George A. Olah）（1996，洛杉矶）、沃尔夫冈·潘诺夫斯基（Wolfgang Panofsky）（2004，加利福尼亚州斯坦福，由 M. 豪尔吉陶伊访谈）、阿诺·彭齐亚斯（Arno Penzias）（2001，斯德哥尔摩）、马克斯·佩鲁茨（Max Perutz）（1997、2000，英国剑桥）、威廉·H. 皮克林（William H. Pickering）（2004，加利福尼亚州帕萨迪纳）、肯尼斯·S. 皮策（Kenneth S. Pitzer）（1996，加利福尼亚州伯克利）、F. 舍伍德·罗兰（F. Sherwood Rowland）（2005，德国林道）、格伦·T. 西博格（Glenn T. Seaborg）（1995，加利福尼亚州安纳海姆）、尼古拉·N. 谢苗诺夫（Nikolai N. Semenov）（1965，布达佩斯）、戴维·休恩伯格（David Shoenberg）（2000，英国剑桥）、冈瑟·斯坦特（Gunther Stent）（2003，布达佩斯）、赫拉尔德·霍夫特（Gerard't Hooft）（2001，荷兰乌垂特，由 M. 豪尔吉陶伊访谈）、瓦伦坦·L. 泰莱格迪（Valentine L. Telegdi）（2002，布达佩斯，由 M. 豪尔吉陶伊访谈）、拉兹洛·蒂萨（Laszlo Tisza）（1997，布达佩斯）、查尔斯·汤斯（Charles Townes）（2004，加利福尼亚州伯克利）、詹姆斯·D. 沃森（James D. Watson）（2000、2002，冷泉港）、史蒂芬·温伯格（Steven Weinberg）（1998，得克萨斯州奥斯汀）、约翰·A. 惠勒（John A. Wheeler）（2000、2001、2002，新泽西州普林斯顿，由 M. 豪尔吉陶伊访谈）、玛丽娜·惠特曼（Marina Whitman）（婚前姓冯·诺伊曼，2005，密歇根州安娜堡，由 M. 豪尔吉陶伊访谈）和弗兰克·维尔泽克（Frank Wilczek）（2005，德国林道）。

还要感谢为我提供信息和资料的人，包括安德烈·蔡泽尔（Endre

Czeizel）（布达佩斯）、伯特隆·戴维斯（Burtron Davis）（肯塔基州莱克星顿）、蒂博·弗兰克（Tibor Frank）（布达佩斯）、理查德·L.加尔文（纽约州斯卡斯代尔）、莫里斯·戈德哈伯（纽约州布鲁克海文）、埃斯特·豪尔吉陶伊（Eszter Hargittai）（伊利诺伊州埃文斯顿）、塔马斯·卡门（Tamas Karman）（布达佩斯）、玛丽亚·科罗尼茨（Maria Kolonits）（布达佩斯）、拉兹洛·科瓦奇（Laszlo Kovacs）（匈牙利松博特海伊）、阿诺德·克拉米什（Arnold Kramish）（弗吉尼亚州雷斯顿）、威廉·拉努埃特（华盛顿特区）、卡尔·马拉莫罗什（Karl Maramorosch）（纽约州斯卡斯代尔）、伊斯特凡·奥罗兹（Istvan Orosz）（匈牙利布达凯西）、阿诺·彭齐亚斯（加利福尼亚州门洛帕克）、亚诺什·菲利普（Janos Philip）（布达佩斯）、朱迪思·舒里（加利福尼亚州半月湾）、约翰·西拉德（马里兰州贝塞斯达）、曼弗雷德·斯特恩（Manfred Stern）（德国哈雷）、瓦伦坦·L.泰莱格迪（瑞士日内瓦）、温迪·特勒（Wendy Teller）（伊利诺伊州内帕维）、詹姆斯·D.沃森（纽约州冷泉港）、海伦·韦斯（Helen Weiss）（加利福尼亚州卡尔斯巴德）、玛莎·维格纳·阿普顿（Martha Wigner Upton）（俄亥俄州哈德逊）和玛丽娜·惠特曼（2005，密歇根州安娜堡）。还要感谢布达佩斯技术与经济大学和该大学的公共关系办公室、德怀特·D.艾森豪威尔图书馆（堪萨斯州阿比林）、厄特弗什·罗兰物理学会（布达佩斯）及其所办杂志《物理回顾》的照片档案馆、匈牙利科学院及其照片档案馆、匈牙利国家博物馆及其照片档案馆、劳伦斯伯克利国家实验室、劳伦斯利弗莫尔国家实验室、美国航空航天局和罗纳德·里根图书馆（加利福尼亚州西米谷）。

　　我还要感谢在写稿各个阶段提出过意见与建议的劳伦斯·E.巴特尔（Lawrence E. Bartell）（密歇根州安娜堡）、蒂博·弗兰克（布达佩斯）、巴拉兹·豪尔吉陶伊（Balazs Hargittai）（宾夕法尼亚州蒂龙）、乔治·克莱因（瑞典斯德哥尔摩）、托瓦德·劳伦特（Torvard Laurent）（瑞典乌普萨拉）、阿诺·彭齐亚斯（加利福尼亚州门洛帕克）和瓦伦坦·L.泰莱格迪（瑞士日内瓦）。

　　最后，向为我提供慷慨支持的匈牙利科学院、布达佩斯技术与经济大学和牛津大学出版社（纽约市）致以最诚挚的谢意。

目 录

◆

引　言

1867—1914 年的布达佩斯是人才活跃的沃土。在这一时期伊始的 1867年，统治奥地利帝国的哈布斯堡家族和匈牙利贵族之间达成所谓的折中方案；而在这一时期之末的 1914 年，第一次世界大战爆发。奥匈折中方案在德语中是 Ausgleich，在匈牙利语中是 Kiegyezés。在经历了 1848—1849 年的匈牙利革命后，哈布斯堡家族不得不与匈牙利贵族合作。此前，奥地利帝国由于无法独立镇压匈牙利人掀起的革命，只能向俄国沙皇求援。残酷恐怖的暴乱和对外战争的失利最终使得奥地利的统治无法继续承受叛乱。奥匈折中方案使得奥地利与匈牙利成为帝国与王国的二元体。弗朗茨·约瑟夫一世既是匈牙利的国王，也是奥匈帝国其他地方的统治者。此后，奥地利和匈牙利人统治着许多小国。当时的匈牙利王国包括克罗地亚和斯洛伐克，现在它们都已经是独立国家了。维也纳和布达佩斯都是奥匈帝国的首都。1871年，布达、佩斯和古布达合并成为布达佩斯，其中布达和古布达坐落于多瑙河右岸，佩斯则坐落于左岸。布达多为丘陵，而佩斯因海拔变化平缓而被认为是平原。布达佩斯的郊区一直延伸到布达一侧引人注目的盖雷尔特山。整个城市位于盆地，无风的时候空气不易流动，因此冬天特别容易形成大雾。

1867 年，匈牙利迎来了前所未有的发展契机，布达佩斯成为欧洲发展最快的城市之一。政府鼓励移民,到19世纪末,布达佩斯成为犹太人主要的移居地之一,在全球可能仅次于纽约。据说,选择布达佩斯的犹太人大多富裕,而前往纽约的则比较贫困。匈牙利贵族是一个庞大的阶层,其中,尤其是没有土地的那群人垄断了政府和军队的控制权。这就给专业人才交易留出了巨大的空间,新移民来此的犹太人,以及德国人和其他少数民族都积极参与其中。匈牙利人和犹太人的这种劳动分工进一步将犹太人吸引过来。犹太人的到来受到了匈牙利人,特别是政府精英的欢迎。因为匈牙利人发现,在这个多民族国家的大部分地区,他们都是少数派,而忠诚的犹太裔匈牙利人的增多能够缓解这一问题。

对于20世纪之初犹太人在匈牙利获得如此多机会的原因,有两种截然相反的观点。一种观点认为,是由于匈牙利极为自由;另一种相反的观点则认为,正是匈牙利落后的封建统治才为犹太人在这里的发展创造了独特的机会。不管怎样,犹太人在匈牙利得以远离迫害、繁衍生息。几个世纪以来,他们一直被排除在各种专业工作之外,如今总算有了机会。也正是因为犹太文化一贯重视教育,才令他们能够早早地为新出现的机会做好了准备。

人们越多研究20世纪初的布达佩斯,越会赞叹那里涌现出了一批极具天赋的科学家、艺术家、作曲家和剧作家。当时犹太人占总人口的五分之一,他们有的是布达佩斯本地人,有的来自匈牙利其他地区,还有的则是从世界各个地方来的移民。我父亲一脉来自西北部,母亲一脉则来自西南部。他们一开始都说德语,但很快就学会了匈牙利语。

有不少移民来自东方的加利西亚,他们说意第绪语。21世纪早期的反犹太言论中,就有布达佩斯的加尔文派牧师将犹太人称为是"来自加利西亚的无名小卒"。他或许不知道,也可能根本不在意,加利西亚实际上为西方贡献了一大批卓越人才,其中大部分都是经由匈牙利而来的。这一点之所以不为人熟知,是由于这些世界文化的杰出贡献者通常被认为是奥地利人,他们的东方出身已无人知晓。著名的生物化学家埃尔文·查戈夫(Erwin Chargaff)就是一个典型的例子,他从20世纪30年代中叶起定居美国,所有人都认为他是维也纳人。实际上查戈夫最初来自切尔诺夫策，不过他认为那里是"当时奥地利君主国的一个省会城市"，形容他父亲是"典型的老派奥地利人"。查看地图就会发现，切尔诺夫策如今属于乌克兰，在奥地利国境以东 500 英里）[1] 的地方，地处阿尔卑斯山东部延伸段。

I. I. 拉比的诺奖获得者介绍中写道，他出生于奥地利的莱曼诺夫。他的传记作者非常准确地写明是加利西亚的莱曼诺夫，"（加利西亚）是奥匈帝国的一个省，现在属于波兰"。有趣的是，至今没有人为来自加利西亚和其他来自黑海和波罗的海之间狭长地带——过去被称为"栅栏区（Pale）"——的著名科学家专门写一本书。写这样一本书之所以困难，是因为人们会受到查戈夫和拉比这些科学家自传的影响，对他们的出生地有先入为主的印象。本书提到的五位火星人中，至少西拉德和冯·诺伊曼的祖先是来自加利西亚的。

犹太人最终成为世袭贵族的一员，标志着他们完全被匈牙利社会所接纳。还有什么比未改宗的犹太家庭能够获此殊荣，更能证明哈布斯堡统治时期的匈牙利社会相当自由呢？ 20 世纪初期，一些政府官员的名字虽然听起来像是真正的匈牙利人，但其实来自犹太家庭。然而，第一次世界大战打破了这番和平美好的表象。有远见的犹太家庭已经意识到，眼前的和平景象不可能一直持续下去，所以他们努力让子女接受良好的教育，确保他们在世界上任何地方都能生存下去。除了一直强调的传统教育外，现代语言和商业贸易也成为重要的教育内容。

冯·卡门、西拉德、维格纳、冯·诺伊曼和特勒都来自布达佩斯中上阶层的犹太家庭，他们的发展与其他有相同背景的孩子差不多。若不是一些特定的境遇，他们的早慧未必能成就非凡人生。许多人都和他们有过部分相似的境遇，包括出身富裕的家庭、接受良好的教育和文化熏陶，人生早期生活在短暂存在的匈牙利人民共和国以及随后 1919—1920 年的白色恐怖时期。他们意识到要想生存下去必须从眼下的环境逃离，因此经历了早期的移民潮。

---

1. 1 英里 ≈1.6 千米。——译者注

反犹太主义和家乡无望的前景都迫使他们选择离开匈牙利，前往德国。德国的经济虽然因战败而严重受损，但魏玛共和国时期很繁荣。很多移民选择的路径都差不多，只不过目的地可能是西欧的其他国家。我的继父也是其中一员。

对火星人而言，在德国最重要的经历是他们进入了世界顶尖科学研究的行列，从而开启了人生新的轨迹。西拉德、维格纳和冯·诺伊曼加入了柏林物理学会，特勒进入了沃纳·海森伯（Werner Heisenberg）在莱比锡的研究小组。在此之前20年，冯·卡门在格丁根结识了普朗特（Ludwig Prandtl）。这五位都成功地把握住了机遇，很快就在前沿科学领域崭露头角。在德国的岁月成为他们人生的转折点。虽然很早就为匈牙利所不容，但这反而促使他们为未来的挑战做足了准备。匈牙利的生活是他们人生的第一阶段，在德国的日子是第二阶段。从离开德国一直到二战爆发是第三阶段，第三阶段的结束时间略有不同。对西拉德来说结束于意识到核链式反应的可能性；对特勒而言则是聆听了罗斯福总统对科学家的演讲，这令他意识到，他和成千上万的科学家一样，都肩负着一项特殊的使命。

第四阶段是二战时期，其中最重要的事件是原子弹的制造，在这个阶段他们还明确了各自的政治立场。第五阶段是冷战时期，氢弹的设计制造是重要事件。冯·卡门在这一时期创建了现代美国空军，氢弹的制造是特勒和冯·诺伊曼的防卫行动的核心，而维格纳最关心的是民防事务。西拉德以另外一种方式，在限制军备竞赛和促使两个超级大国合作方面付出一系列努力。冯·诺伊曼、冯·卡门和西拉德分别于1957年、1963年和1964年逝世，随后是维格纳，他始终致力于防卫事务，但其全球影响力日渐减弱。在最后这一阶段，特勒自认为是西方文明的捍卫者，而在其他人眼中他更像是一位冷战战士。本书的行文将基本按照上述阶段的划分展开。

在五位火星人中，只有特勒始终没有改宗，但和改宗的其他几位相比，未改宗对他并没有产生什么显著的影响。犹太身份本身对他们的人生并不起决定作用，但由于特定的外部环境而显得相当重要。正是犹太身份迫使他们离开匈牙利，随后又不得不离开德国。此外，相同的犹太出身、童年和少年时代相似的成长背景加深了他们之间的友情。无论是二战后再也没有踏上过匈牙利土地的西拉德和冯·诺伊曼，还是晚年乐于沉浸在匈牙利人的赞誉和崇敬中的特勒，他们的匈牙利身份和犹太身份始终交织在一起。特勒晚年第一次回到匈牙利时，曾在一次集会中对听众说过类似于"匈牙利人是我的血亲兄弟！"这样的话。真是既怪异又悲哀。

第一章

到达与出发

布达佩斯遍地都是好的中学。

——尤金·P. 维格纳

匈牙利没有你的容身之地。

——米卡莎·特勒（Miksa Teller）

本章主要介绍火星人的家世渊源，他们成长的环境和接受教育的中学，以及迫使他们离开祖国寻求其他安身之所的背景。1926年，五人中最年轻的爱德华·特勒离开匈牙利，他也是五人中最后一个离开的。故事还会稍微向后延伸一些，在20世纪30年代，他们曾一度想要重返家园，但最后发现这完全不现实。

家世渊源和童年时光

火星人的祖先来自哪里？他们来到匈牙利时的家庭环境如何？遗憾的是，我们无法向前追溯很多代，因为关于他们祖先的记录大多因经历流浪和迫害而散失了。下面是我们所知的有关他们直系祖先的一些情况。我们对他们的童年了解更多，他们所有人都成长在舒适和富有启发性的环境中，这大大促进了他们的智力发展。在这一点上，他们的家庭环境和接受的中学教育共同起到了促进作用。

✤ 西奥多·冯·卡门

西奥多·冯·卡门 1881 年出生于布达佩斯，原名奥多·卡门（Tódor Kármán），这一年距离他父亲莫尔·卡门（Mór Kármán, 1843—1915）将姓氏从克莱曼（Kleinmann）改为卡门已有八年。卡门一家住在塞格德，他的祖父是一名裁缝。当地有一位出名的拉比，名叫利奥波德·洛（Leopold Löw），他将匈牙利语引入犹太会堂。这位杰出的拉比注意到了莫尔，希望他也能成为拉比，不过莫尔更愿意在维也纳大学学习哲学和教育学。毕业之后，他又在布达佩斯大学获得了博士学位。随后，他前往德国考察了当时最先进的教育体系。返回匈牙利后，莫尔制定了一套中学教育的改革方案，这次改革对本书主人公的成长产生了直接影响。

新的系统致力于将教育的主导权从教会手中夺回，建立起强大的世俗教育体系，这个体系由普通中学（gimnáziums）组成。这里所说的教会是指天主教、加尔文派和路德派教会，和犹太社区一样，他们也拥有各自的教会学校。教会学校的学术性很强，并且有一系列措施激励优秀的教师为他们工作，包括提供高薪。这和如今美国的情况相似，优秀私立学校的存在推动了想要成功的公立学校不断谋求发展。布达佩斯新建的世俗中学中，有一所叫作明德中学，明德意为模范。

莫尔·卡门在改革匈牙利中学体系方面取得的成功，使他在维也纳得到了一份宫廷的工作，负责奥皇堂弟的教育。在莫尔顺利完成任务后，弗朗茨·约瑟夫一世决定奖赏他。莫尔向奥皇请求，希望获得的是能被子孙继承的奖赏。最后莫尔在 1907 年成为世袭贵族。当时的匈牙利，贵族阶级约占总人口的百分之十，或许因为贵族的身份并非遥不可及，才使得人们更加渴望获得。假如只有极少数的人能够成为贵族，那人们大概就不会这么在意了。匈牙利贵族的标志是姓氏前面的名，这个名通常根据家族的所在地而定。卡门一家的名是西斯拉基（szőllőskislaki），说明他们家族来自西斯拉基（Szőllőskislak）。所以我们主人公的匈牙利名字正确的写法应该是西斯拉基·奥多·卡门（szőllőskislaki Tódor Kármán）。由于这个规则很复杂，匈牙利之外的人无法从名字中识别出冯·卡门是贵族的继承人。他的名字在德语中是西奥多·卡门·冯·西斯拉基（Theodor Kármán von Szőllőskislak）。为了方便起见可以缩写为 Theodor von Kármán，在法语区则是 Theodore de Kármán。他的妹妹在法国居住过几年，因此更喜欢用 de Kármán。约翰·冯·诺伊曼的名字也是同样的道理。

火星人在布达佩斯的出生地（感谢匈牙利松博特海伊的 László Kovács）：（a）西奥多·冯·卡门：Szentkirály 街 22 号（László Pittman 绘）；（b）利奥·西拉德：Bajza 街 50 号（Gyula Széles 绘）；（c）约翰·冯·诺伊曼：Bajcsy Zsilinszky 大道 62 号（László Pittman 绘）；（d）尤金·P. 维格纳：Király 街 76 号（László Pittman 绘）；（e）西拉德出生后很快就搬进了位于 Városliget 33 号的大宅（László Pittman 绘）；（f）爱德华·特勒的出生地，Kozma 街 3 号（Gyula Széles 绘）。

显然，即使是在美国，这些才智卓越的犹太裔对于继续使用强调贵族身份的名字也持谨慎态度，因为这些名字同时也暗示了他们的德国血统。对冯·诺伊曼来说，强调贵族身份的名字还在一定程度上反映了他为生存所做的努力。他会反复讲起一个故事，这个故事最早是从斯塔尼斯拉夫·乌拉姆（Stanislaw Ulam）那儿听来的，不过每次讲得都会有些不同：一个犹太农家男孩莫伊舍·瓦瑟尔皮斯（Moyshe Wasserpiss）移民到了维也纳，在那里成为一名成功的商人，于是将名字改为瓦瑟曼先生（Herr Wasserman）。随后他迁居柏林，事业也越发成功，又先将名字改为瓦瑟尔施特拉尔先生（Herr Wasserstrahl），意思是喷水口，后又改为冯·瓦瑟尔施特拉尔（von Wasserstrahl）。最终定居巴黎时，他成为莫里斯·德·拉·封丹男爵（Baron Maurice de la Fontaine）。

　　西奥多的母亲是海伦·科恩（Helen Kohn, 1852—1942），祖先都是学者，并且能一直追溯到几百年前布拉格一位著名的宫廷数学家，这是不多见的。这位数学家因发明了世界上第一个数学机器人——巨人（the Golem）而广受赞誉。卡门的外祖父开始从事农业。他租了一个很大的庄园，这里成为卡门家的孩子（五个儿子和一个女儿）暑假来到乡村时的绝佳游乐场所。即使在陷入财政困境时，秉持着真正匈牙利乡绅精神的外祖父仍然设下有香槟和鱼子酱的豪华宴会，来招待非犹太裔的农民朋友。

　　西奥多·冯·卡门小时候就是神童，之后他意识到自己注定将成为一名科学家。然而他后来险些偏离了这条道路。六岁的时候他就能心算六位数的乘法，这令他的家人和朋友大为吃惊。当他父亲得知此事后，严禁他继续思考数学。倒不是说他的父亲不在意他的智力发展，恰恰相反，父亲转而让他学习地理、历史和诗歌。父亲只是害怕他会变成一个片面发展的怪人，而这个能力除了娱乐之外，别无所用。西奥多在十几岁时重新学习数学，但再也没有接触过乘法速算。成年之后，他能够用不同语言做加减法，但只能用匈牙利语做乘法。

　　冯·卡门受到父亲的影响很深，他一直都记得父亲是如何引导他变得充满好奇心。他们会讨论科学、政治和宗教，莫尔教导他的儿子："如果一个人年轻时对革命者不能抱有同情，那他一定冷酷无情。如果一个人老了以后还接受革命者的思想，那他一定没有脑子。"他们对信仰的讨论，教会冯·卡门认真区分科学和宗教。

西奥多·冯·卡门。（István Orosz 绘）

❧ 利奥·西拉德

　　利奥·西拉德父母双方的祖先都是从加利西亚迁到匈牙利的。父亲这一脉在 18 世纪中叶到来，那时的犹太人还只有希伯来名。在哈布斯堡王国约瑟夫二世在位期间（1780—1790），他们才得到了姓氏。正因此，他们取的都是差不多的德国名字。西拉德父亲一脉得到的姓氏是斯皮茨（Spitz，意思是山顶），或许是因为他们住在匈牙利北部山区，也就是今天的斯洛伐克。他们租了一个农庄，里面有如同要塞一般的宫殿，出入口还有活动吊桥。可惜他们经营不善，在遇到了一系列不幸的事件后，不得不搬去了当地的小镇。祖父是一个刻薄、暴虐的人，在他去世之后，祖母带着十四个孩子搬到了布达佩斯。

　　这其中一个孩子就是利奥的父亲拉约什（Lajos，1860—1955）。他在 19 世纪 80 年代中期从布达佩斯技术大学毕业，成立了自己的桥梁和铁路建筑公司。1896 年，他娶了特克拉·维多（Tekla Vidor，1870—1939）。特克拉的父亲是一名眼科医生，拉约什和特克拉开启了平民婚姻，并在犹太会堂举行了婚礼。因为他们都不是教徒，因此和当地人同化对他们而言是很自然的事。1900年，他们将姓氏从斯皮茨改为西拉德。

利奥是家里的第一个孩子，之后是贝拉（Béla）和罗兹（Rózsi），而三个人中只有贝拉有孩子。贝拉到美国后，将名字改为贝拉·西拉德（Bela Silard），他是一名颇有才华的工程师，也为威廉·拉努埃特撰写出色的西拉德传记作出了巨大贡献。西拉德是一个富有创造力的孩子，但是他的手不太灵活。他意识到了自己的特殊之处，也不在意成为少数。利奥的固执和诚实都到了极点，并且在很小的时候，他就有了承担社区责任的意识。他的另一个特点是能够专注于手头的工作，而不会纠结于过去的事情。唯一的例外是他从母亲那里学到的东西，母亲讲过的故事是他价值观的来源。童年经历对西拉德而言极为重要，因为他认为，从某些方面来看，他一生都是一个孩子。这个说法并不奇怪，西拉德一直被誉为"拥有充满求知欲的心，科学家的心"，这样的心是所有孩子与生俱来的。他的母亲"想要让孩子们致力于追求真理"。母亲曾给西拉德讲过外祖父的一个故事，当时外祖父还是一个孩子，事情发生他的学校里：外祖父被要求在老师离开时监督班级纪律，向老师报告破坏纪律的同学。老师一回到教室他就向老师报告了破坏纪律的同学，其中还包括他自己，因为他也参与了破坏纪律。从此西拉德将他的外祖父视为榜样。

西拉德"对真理的渴求，使他战胜了一切可能令他变得圆滑世故的可能"。一战爆发时，西拉德一家从度假地回到布达佩斯。旅途中，他们看到迎面开来的火车上载着醉醺醺的士兵，其他乘客误以为那些士兵是因为激情澎湃才手舞足蹈。只有西拉德坚持认为他们只是喝醉了，他既然清楚地看到了情况，就不会因为说出来显得不够礼貌或圆滑而隐藏自己的观察结果。当时西拉德十六岁，半个多世纪后他认为，那正是他判断的清晰程度达到顶峰的时候。从这次人生经历中他意识到，判断清晰与否与智力无关，而取决于"是否有能力让自己跳出情绪的束缚"。

西拉德提起童年时非常谨慎，"不能说我拥有一个快乐的童年，但也算不上是不快乐"。西拉德在十岁时开始上中学，在那之前他常常生病。中学一共有八个年级，一直要读到十八岁毕业。他的同学都很喜欢他，或许是因为他并没有付出很多的努力就能得到好成绩。同学邀请他加入足球队，尽管他踢得并不太好。他在一战期间读完了中学，随后去了军官学校，在那里他又一次得到了战友的喜爱。他很幸运，没有上前线打仗，也避开了1918年的西班牙大流感。

✿ 尤金·P. 维格纳

尤金·P. 维格纳的祖父母住在匈牙利中部。维格纳（Wigner）是 Wiegner（在德语中是摇篮制作者的意思）的简化，这可能与他祖先从事的工作有关。维格纳的父亲安塔尔（Antal, 1870—1955）三岁时丧父，十六岁时丧母。父亲去世后，安塔尔一家搬到了布达佩斯，他后来在莫特纳（Mauthner）皮革厂找到了工作。他在夜校读完了路德中学，在皮革厂也逐渐升到了负责人的位置。维格纳的母亲是埃尔兹贝特·艾因霍恩（Erzsébet Einhorn），她家也是少有的能够追溯到几百年前祖先的犹太家庭。她的父亲是基斯马顿（Kismarton，德语是 Eisenstadt）的一名医生，基斯马顿在匈牙利最西端的艾什泰哈齐（Esterházy）省。她们家族是从西北部迁来的。

杰诺·派尔·维格纳（Jenő Pál Wigner）1902 年 11 月 17 日出生。他们家说匈牙利语和德语，家庭教师又教了他法语。他是一个安静的孩子，很早就开始戴眼镜，在运动和游戏方面不太积极，但他很喜欢长途步行。他的一部分小学课程是在家完成的，之后 11 岁时进入了知名的路德中学。维格纳有两个妹妹，拜尔陶（Berta）和马吉特［Margit，也叫"曼西（Manci）"］。1934年，曼西和第一任丈夫离婚，1937 年嫁给了物理学家保罗·狄拉克（Paul Dirac），当时他已经获得了诺贝尔奖，两人是在访问普林斯顿大学时相识的。

✿ 约翰·冯·诺伊曼

约翰·冯·诺伊曼的祖先可能来自加利西亚。祖父母来自匈牙利北部的一个小村庄，家里有三个女儿和三个儿子。其中一个儿子就是冯·诺伊曼的父亲米卡（Miksa，1870—1929），也可以叫马克斯（Max），他在近二十岁时来到布达佩斯，娶了上层社会的玛吉特（玛格丽特）·凯恩［Margit（Margaret）Kann，1881—1956］。这大大提升了马克斯的社会地位，他也极好地适应了这种改变。马克斯是一位富有教养的人，他确保三个孩子都能接受到充分良好的教育。外祖父有四个女儿，他的大宅子有五间宽敞的套房，都住着他的家人。每家都至少有一位德语和一位法语家庭教师。凯恩家的房子如同一所私立学校，除了诺伊曼家的孩子外，他们众多的表亲也都加入了私人课程的学习。诺伊曼家的三个儿子分别是：雅诺斯（János），大家都叫他的小名扬奇（Jancsi）；迈克尔（Michael），出生时的名字是米哈利（Mihály）；尼古拉斯（Nicholas），出生时的名字是米克洛斯（Miklós）。

1913年，冯·诺伊曼的父亲因为在经济方面的贡献获得了世袭爵位，米卡改名为马吉泰·米卡·诺伊曼，德语为马西米兰（Maximilian）·诺伊曼·冯·马吉泰。因此，我们的主人公原名应该是马吉泰·雅诺斯·诺伊曼或者约翰·诺伊曼·冯·马吉泰，后来逐渐简化为约翰·冯·诺伊曼。马吉泰看起来是这个家族起源和拥有土地的地方。但也可能是取自米卡妻子的名字玛吉特。一个证据是，米卡的外套袖子上有三朵雏菊（marguerites），可能也是取自妻子的名字。

冯·诺伊曼的外祖父凯恩是一个算术运算的奇才，后来的扬奇也是。冯·诺伊曼的家庭环境非常有利于学习，扬奇也充分利用了所有的机会。他们购买了很多书，并改造了一个大房间来容纳它。在那里，扬奇读完了四十四卷德语写的世界史，并且一生都没有忘记。

❧ 爱德华·特勒

特勒的父亲米卡（马克斯）·特勒（1871—1950）出生在匈牙利西北的埃尔谢库伊瓦（Érsekújvár，即今天斯洛伐克的新扎姆基）。直到19世纪初，犹太人都不被允许在镇上过夜，但他们在赶集的日子却特别活跃。当终于获准在镇上定居时，他们为小镇带来了繁荣。埃尔谢库伊瓦很早就发展成了铁路中心，每天都有一支吉普赛乐队唱着匈牙利爱国歌曲迎接从布达佩斯来的快车。1895 年，米卡·特勒从布达佩斯的法律学校毕业，在那里开了一家事务所。他的事业非常成功，1913 年开始和茹斯坦·万贝里（Rustem Vambery）合办法律杂志，茹斯坦是著名探险家阿尔明·万贝里（Armin Vambery）的儿子。1904 年，米卡和伊洛娜·多伊奇（Ilona Deutsch, 1891—1985）结婚。多伊奇家族居住在匈牙利东南部的卢戈什（现在的罗马尼亚），是在 18 世纪末到达那里的第一个犹太家庭。伊洛娜的父亲是一位出色的银行家，也是特勒喜爱的外祖父。多伊奇家族说德语，但伊洛娜也学过许多其他语言，其中包括匈牙利语。

米卡·特勒和伊洛娜·多伊奇结婚后定居在布达佩斯，并生了两个孩子，即艾玛和爱德华，爱德华原来的匈牙利名字是埃德。爱德华在 1926 年离开匈牙利。艾玛嫁给了一位成功的律师安德拉斯·柯尔兹（Andras Kirz）。他们育有一个儿子雅诺斯。1945 年，安德拉斯在集中营被杀害。家里的其他人（特勒的父母、艾玛和雅诺斯）在布达佩斯幸免于难。米卡 1950 年去世后，因为他曾经的"资本主义"背景，政府当局将幸存的一家人从布达佩斯驱逐到了乡村。1953 年斯大林去世后，他们重返布达佩斯，但已经失去了原本的家，随后的生活非常艰难。1956 年，雅诺斯·柯尔兹离开了匈牙利，前往美国加州伯克利攻读物理，随后成为纽约州立大学的教授。特勒的母亲和姐姐1959 年被允许离开匈牙利，这在很大程度上是靠西拉德在帕格沃什会议上与苏联和匈牙利代表建立的联系。特勒的母亲在美国去世，享年 94 岁。

特勒的童年并不快乐，他非常喜欢家里的氛围，在学校却常遭到同学们的嘲弄。即使是八十年以后，他对这段不好的回忆仍然无法释怀。直到后来他学会了无视同学们的嘲弄，情况才有所好转。他通过帮助其他人学习得到了一些尊重，并开始交到朋友。母亲极力保护他，但他和父亲似乎并不亲近。特勒非常敬佩住在卢戈什的外祖父，他们的一次交流成为他人生非常重要的一课：特勒曾对法律的有效性产生疑问，而向外祖父请教。他问"以牙还牙，以眼还眼"对不对，外祖父的回答令他终生难忘：

　　　法律的执行必须毫无例外。法律无法使每个人成为圣人。能
够成为圣人的只是极小一部分人，因此必须让所有人都能够遵循法

律。如果一个人打掉了你的牙齿，你一定会迫切地想要打掉他的牙齿。这条法律的意思是，如果你被打掉了一颗牙齿，那你能也只能打掉对方一颗牙齿。如果能原谅对方当然更好，但法律无法禁止人复仇的欲望，只能通过正义来限制。

朱迪思·舒里与特勒共事过很长一段时间，并和他一起撰写了回忆录。据朱迪思所说，特勒无法接受个人责任凌驾于法律之上，即使法律有时会违背人的良知。当法律违背了人的良知时，打破它是美国的传统，但特勒绝对不会认可这种观点。

如宝石般稀有：中学生活

广为流传的说法是五位火星人上的是同一所中学，而且这段求学经历对他们未来的事业产生了奇迹般的作用。事实上，他们上的并不是同一所中学，而且我也不认为中学对他们以后的工作起到了决定性作用。但不可否认这段经历是他们人生的重要财富，值得深入研究。在20世纪初，中学教育从十岁开始到十八岁结束，持续八年，因此这段经历会对学生产生持久而深远的影响。在匈牙利，中学是仅次于家庭的重要影响因素。要知道，中学毕业后，只有冯·卡门留在匈牙利的时间超过了八年。虽然没有上同一所中学，但并不意味着他们接受的中等教育有明显的差异。当时匈牙利的中学都是依照相同的模式建立的，不同学校的差别就在于重视的课程和师资力量。一所学校可能偏重人文学科，也可能偏重数学或者其他"硬"科学（"hard" science）。相对来说，匈牙利的中学比当时的大学要进步得多。

中学是整个国家文化生活的重要组成部分。从学校的建筑也能看出这种重要性，杰出的建筑设计师都愿意为学校贡献出壮观的设计，其中蕴含着创新思想和艺术价值。但这并不意味着这些设计一定能充分地为现代教育服务。比如，体育馆就很少受到重视。尽管人们越来越意识到，体育运动对人的健康发展至关重要，但体育教育的设施和条件却大大落后。

布达佩斯的历史学家约翰·卢卡奇（John Lukacs），在1900年前后曾提到过匈牙利中学严格的要求。"绝大多数课都是从背诵开始的,这就意味着每个学生每天都必须准备好被测试和提问。"结果是"学生一直都很焦虑,怕被突然叫到,怕没有准备充分,怕期末成绩不好或是不及格"。卢卡奇认为这样的方式或许能令学生变得自律,但他也警告说,"几乎无法达成的要求也会使得……过早地学会走捷径和无视规则,因为当世界充满了严格绝对、缺少人情味、常常也是无意义的规则时,要在其中生存,偷摸鬼祟和敷衍推诿就成了必然的结果"。换个角度想,这样的中学教育或许能帮助学生更好地适应真实的生活。卢卡奇最后得出结论,尽管中学教育有许多好的成果,"但没有直接证据表明,好的成绩和高尚的品格存在关联。有时甚至学业成绩和此后的工作之间也没有关系"。在他提出观点的 50 年后,我开始了中学生涯,不幸的是,情况和卢卡奇所说的完全一致。

每所中学的氛围也不尽相同,很多时候取决于教师,优秀的教师能以直接的方式影响学生。冯·卡门和特勒上的是明德中学,维格纳和冯·诺伊曼上的是路德中学,而西拉德上的中学则不怎么有名。学校通过一种称为"自我提升圈"(self-improvement circles)的方式提升智力教育水平,拓宽学生视野。比较好的学校会在不同学科中组织这种教学。与常规课程相比,这种学习方式更能反映学生的才能和独立学习能力。

❖ 明德中学:冯·卡门和特勒

冯·卡门将明德中学称为他父亲教育理论实践的"宝石",它被用来培训刚从大学毕业的中学老师,收效甚佳。我的女儿埃斯特(Eszter)在 20 世纪 80 年代后期进入了这所学校。接受培训的教师和学生立刻形成了学习共同体,一起经历学习过程,无论对准教师们还是对学生,这都是难得的经验。除了冯·卡门和特勒外,明德中学著名的学生还有迈克尔·波拉尼(Michael Polanyi),他后来成为尤金·维格纳的"博士父亲";英国杰出的经济学家托马斯·巴罗格(Thomas Balogh)和尼古拉斯·卡尔多(Nicholas Kaldor),他们都被封为英国的男爵(不能世袭的终身贵族);还有英国重要的物理学家尼古拉斯·库蒂,2005 年阿贝尔奖获得者、数学家彼得·拉克斯(Peter Lax)。

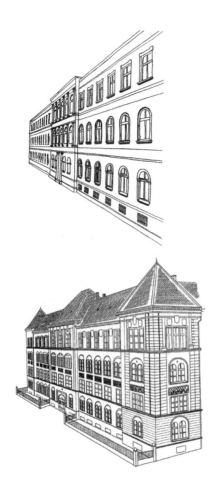

火星人就读的中学（感谢匈牙利松博特海伊的László Kovács）：（上）明德中学（László Pittman绘）；（中）布达佩斯第六区重点学校；（下）路德中学（László Pittman绘）。

冯·卡门将在明德的日子视为"一段了不起的教育经历"。那里教授的课程丰富多样，例如拉丁语、数学和历史，而且这些课程教学都努力和日常生活经验建立联系。拉丁语直到 1844 年都一直是匈牙利的官方语言，因此格外重要。国会大厦里所有的演讲都使用拉丁语。教师把拉丁语当作一门活的语言来教学，让它在教室中重燃活力。冯·卡门对学习数学充满渴望，同样地，数学的教学也紧密联系实际应用，例如统计。学生画出函数图像，然后学习变化率，这个过程令他们走近微积分。学校乐于采用的一种教学策略是，从特殊的例子中推演出规则。冯·卡门曾经为另一所学校的学生辅导功课，这位学生的家长完全无法相信，这种不正统的方法能有用。虽然这位学生最后通过了考试，但家长还是辞掉了冯·卡门。他还提到，和当时其他地方的学校相比，明德的师生关系更加自由，这使得学习能随时随地发生。

冯·卡门上学时，已经有了全国中学生数学竞赛，他获得过一等奖。其他火星人在这些竞赛中也有优异的表现，1916 年竞赛拓展到了物理学科。维格纳则是个例外：他认为参与竞赛显得非常自负，也不想出风头。如果他真的值得某个奖，那么奖会主动来找他。西拉德和冯·诺伊曼觉得这些竞赛非常有用，他们在柏林时还想过将竞赛引入德国。两位来自匈牙利的数学家乔治·波利亚（George Pólya）和加博·赛格（Gábor Szegő）1946 年在美国加利福尼亚州推出斯坦福中学生数学竞赛，后来又推广到其他六个州。

从冯·卡门到特勒，明德中学没有发生重大的变化。特勒入学时恰逢第一次世界大战爆发，但外部世界的剧烈变化对学校几乎没有影响。尽管如此，特勒的中学经历和冯·卡门还是不太一样。他小时候在家接受教育，之后进入私立学校，直到 1917 年，九岁的他进入明德。他在那里学习数学、历史、匈牙利语、德语和拉丁语，还接受体育教育。在明德的日子，不感兴趣的学术项目和社交困难一直困扰着他。特勒在回忆录中甚少提及中学的经历，这个话题对他而言非常痛苦。在长达八年的时间里，他也经历了不少考验。有一次他给出了一道数学问题的另一种解法，但老师（碰巧是学校的董事）却怀疑他抄袭，这是一种侮辱。又有一次，对老师写在黑板上的题目，他给出了一种更简单的做法，老师称他为天才，但随后威胁说他不喜欢天才。后来他评论说，这位老师教的是他最喜欢的学科，但严苛死板的教学方法却让他"失望多年"。特勒问物理老师课外问题的时候，老师反而没收了他的课外书，一直到期末考试后才还给他。尽管特勒也提到过和其他老师的一些积极的交往经历，但他总体认为"鼓励优秀学生探索创新不是明德的主要目标"。

❀ 布达佩斯第六区重点学校（Fóreálgimnázium）：西拉德

在匈牙利语中，Fóreálgimnázium 的意思是重点学校（leading school），其中形容词 reál 说明学校强调科学学科。至于和强调人文学科的学校相比，这类学校是否能涌现更多工程师和科学家，主要还是取决于教师的水平和学生的构成。西拉德上的学校虽然不错，但还是无法和其他火星人上的学校相比。学校离西拉德家很近，就在优美的安德拉斯大道（Andrássy Avenue）附近。这整片区域是 19 世纪末精心设计和建造的，同一时间千年纪念碑的建造也热火朝天。西拉德上的学校建于 1898 年，正是他出生那年。那里现代又宽敞，配备了装备完善的科学专用教室。学校的有些教师正是教材的编写者。然而西拉德的高中生活并不美好，他提到他的数学老师是"一个彻头彻尾的笨蛋"，他的课非常无聊。于是西拉德和两个朋友组建了一个数学学习小组。

❀ 路德中学：维格纳和冯·诺伊曼

维格纳和冯·诺伊曼在路德中学接受了极好的教育。维格纳认为路德中学是匈牙利最好的学校，甚至是全世界最好的学校。他们的数学老师是拉斯洛·拉茨（László Rátz），他辅导过冯·诺伊曼，还给维格纳推荐过书。后来维格纳谦逊地强调，虽然没期望过拉茨会为他提供私人课程，但对拉茨提供给自己的帮助仍然心存感激。托马斯·库恩（Thomas Kuhn）在 1963 年采访过维格纳，那一年维格纳获得了诺贝尔物理学奖，据库恩说，"维格纳对去世的约翰（冯·诺伊曼）有一种近乎自卑的情感"。拉茨给维格纳的书包括高等代数、解析几何、数论、地理甚至是统计力学（当然是非量子的理论）。维格纳在普林斯顿的办公室里放了一张拉茨的照片，在斯德哥尔摩诺贝尔奖颁奖礼的晚宴上，他提到："我的事业从匈牙利的中学开始，在那里我的数学老师拉茨推荐给我许多书，帮助我领悟到了数学之美。"

拉茨先后在布达佩斯、柏林和斯特拉斯堡求学，他不仅是一名数学教师，还积极参与中学数学教育改革。他出席各类国际会议，还因为作出的贡献获得过一个法国奖项。他出版过教学著作和数学题集。他特别擅长发现和培养人的才能，在这方面他还积极和大学老师合作。

路德中学的物理老师桑多·米科拉（Sándor Mikola）也对维格纳有重要影响。米科拉出版过关于物理学认识论的研究著作，不同寻常的是，他作为中学老师入选匈牙利科学院。他在教学中特别强调实验演示。维格纳很感激米科拉，不过比不上对拉茨的感情。他从米科拉那里学到了很多19世纪经典物理的知识。米科拉的兴趣局限于可以直接看到和观察到的现象，他认为原子和分子可能存在，但和物理学无关。有一次，维格纳在研讨会上给他的同学讲爱因斯坦的相对论，这令米科拉非常恼火。他和维格纳进行了唯一一次课外谈话。他对维格纳着迷于相对论和现代实验感到不满，因为这些内容和牛顿的理论有矛盾之处。因此，虽然米科拉所教的物理已经超出了当时中学的要求，但在维格纳看来已经过时了。当他第一次在布达佩斯技术大学上物理课时，所学的内容都是米科拉已经教过的。

除了拉茨为约翰·冯·诺伊曼提供过私人课程外，在得到约翰父亲的同意后，拉茨还寻找了一批大学教授为他上课。早期为冯·诺伊曼上过课的老师名单，仿佛是匈牙利数学界的小型名人录。其中一些人后来成为美国重要的数学家。这些都发生在冯·诺伊曼在路德中学接受常规中学教育的时候。维格纳比冯·诺伊曼高一级，不过，托马斯·库恩指出："无论多聪明的人，和冯·诺伊曼一起成长都会受到巨大的打击。"

可以说，中学的经历激励了每一位火星人，虽然理由可能完全相反。一部分是因为受到教师的激励，一部分则是为了反抗无趣。中学的经历虽然无法完全解释他们未来的发展，但肯定有益于他们的智力发展。

始于 20 世纪的匈牙利中学教育属于精英教育,课程是其重要基础,再加上一批筛选过的学生,和一群受过良好教育和文化熏陶的教师,这是一份受到感恩和尊重的职业。布达佩斯中学的出色表现一部分原因在于,他们只需要为很小一部分人服务——当时并不是每个人都能进入中学。成为中学教师能够获得较高的社会威望和较为舒适的生活。还有一个重要因素是,当时无论是世俗学校还是教会学校,宗教信仰都不是录取学生的决定性条件。在路德中学,有很多加尔文派、天主教和犹太教的学生。在每周的宗教教学时间,会根据男孩们(这是一所男校)的信仰,安排当地的牧师和拉比进行教学。到 20 世纪 60 年代,路德中学就停办了,直到 40 年后才恢复办学。一些教会学校虽然一直在办学,但从 20 世纪 60 年代以后不再招收不同信仰的学生。

匈牙利的历史背景与第一个过渡期

除了家庭和中学外,匈牙利,特别是布达佩斯 20 世纪早期的历史背景也对火星人的成长起到了决定性作用。其中大多数是积极正面的影响,也有一些负面影响。周围人广泛的兴趣营造出了活跃的学术环境,那时熔炉般的布达佩斯将不同国籍和迥异背景的人联系在一起。犹太人的经历就是典型的代表,他们在受到了长达几个世纪严重的限制以后,终于在哈布斯堡王朝这里找到了突破口。这段社会相对自由的时期从 1867 年奥匈折中方案执行开始,到 1914 年一战爆发时结束。

1867 年,新的法律保障了匈牙利犹太人享有平等的公民权利和法律权利。这不仅改善了他们的生活,还大大增加了他们提升社会地位的可能性,这吸引了周边地区犹太人移民到这里,因为那些地方没有这样的法律保护。同时,反犹太主义开始萌芽,在经历了一战和一系列革命之后发展成了难以抵御的力量。反犹太主义在 1867—1914 年不断升级,但却没有对社会进步产生重大影响,这就足以反映抵抗反犹太主义的体制有多强大。在蒂萨斯莱尔(Tiszaeszlár,匈牙利东部小镇),传闻犹太人为了举行宗教仪式而杀害了一位信仰基督教的农民女孩。随后的审判在匈牙利社会引发广泛的对立情绪。不过"贵族和乡绅等有名望的群体都拒绝了反犹太主义的思想"。因此，与法国的德雷福斯事件相比，匈牙利能够更加妥善地处理类似事件。

虽然维格纳对犹太人无法参与匈牙利的政治生活感到难过，但据卢卡奇统计，1900 年左右，匈牙利议会大约有 16 位犹太议员（共 413 位）。在那一时期，"似乎老的匈牙利人和新来的犹太人形成了一种不可分割且持久的联系"。但很快就证明，这只是幻觉。一战前这段时间的和平与稳定，与 1919—1920 年匈牙利革命以及右翼统治的血腥恐怖形成了鲜明的反差，这也令火星人们更加感到在匈牙利前途无望。20 世纪 20 年代，有才能的犹太年轻人缺少发展机会，是促使他们离开匈牙利的决定性因素。讽刺的是，对于他们未来整体的职业发展而言，离开反而是积极的一步。

19 世纪末的布达佩斯具有鲜明的时代特征，卢卡奇撰写的《布达佩斯1900》（*Budapest 1900*）因此成为畅销书。"外国游客来到维也纳东边这片欧洲未知的土地，都会大吃一惊，这座现代城市有一流的酒店，窗户装着玻璃，路上开着有轨电车，优雅的男女来来往往，世界上最大的国会大楼即将竣工。"这段描述展现出了当时多个层次的特色，既展现了当时匈牙利发达的技术水平，也传递着雄心勃勃，甚至略显自负的意思。布达佩斯如同维也纳的弟弟，正以跨越式的步伐追赶着，城市的建设处处体现着技术创新。1902年伊丽莎白大桥（Elizabeth Bridge）竣工，它是当时世界上最大的单跨桥。它如今依然屹立，只不过是后来重建的，因为布达佩斯所有的桥在 1945 年德军撤退时都被炸毁了。这座城市到 1896 年左右已经成为国际大都市，当时建造的千年纪念碑即使在 100 年后仍透露出那个时代的进步气息，还有如今被联合国教科文组织确定为世界遗产的城堡山，这些都令这座城市充满吸引力。欧洲大陆第一条地铁在布达佩斯建成，最早是用马拉动，后来改用电力驱动。

从 1867 年持续到 1914 年的和平时期，许多领域都欣欣向荣。布达佩斯发展成为周边区域的银行业中心，还引领着匈牙利众多的技术创新和大规模工业化进程。布达佩斯的现代化进程比欧洲其他大城市更加引人注目，因为在很多地方，新事物并不是逐渐取代旧事物，而是在原本什么都没有的地方被创造了出来。由于过去没有工业基础，因此可以直接引进最先进的概念和建筑。甘孜工厂设计制造了世界上第一台电力机车引擎。引进电话系统后不久，就建立了城市电话新闻和电话娱乐服务，类似于后来的无线电广播。这段时期教育和文化也获得了空前的发展机会。技术大学、音乐学院和其他大学、机构纷纷兴建大楼。1867—1914 年的布达佩斯是欧洲主要城市中发展最快的，在全球范围内可能仅次于芝加哥。高速的发展必然需要更庞大的公共服务系统。这段时间结束时，伴随着发展而来的社会问题也日益增多。

　　一战爆发时，布达佩斯的人口接近 100 万，这意味着匈牙利当时大约有 5% 的人口都生活在首都，这是一个比较合适的比例。相比之下，如今匈牙利总人口减少，但布达佩斯的人口却接近 200 万，占到总人口的 20%。人口增加的原因之一是这里教育系统发达，父母希望借此帮助他们的孩子全方位超越自己。此外，除了传统的土地贵族外，还涌现出了新的金融贵族，两者的影响力有着明显的差异。这种差异有时通过联姻来弥合，由传统贵族的儿子迎娶富有的金融贵族的女儿，这些金融贵族通常是犹太人。

　　到 19 世纪末，上流社会的成员已经失去了土地，他们大多聚集到了布达佩斯，在公共服务中寻找岗位，而不考虑是否够资格。然而他们发现，从事商业、金融、工业等行业的工作配不上他们的骄傲与自尊。英国也曾出现过类似的情况，简·奥斯汀（Jane Austen）的小说中有过隐晦的描述，但这离小说中的描述已有 100 多年了。后来，匈牙利贵族逐渐形成了所谓的"基督教绅士派中产阶级"，这一群体到二战时依然存在。标签中强调了基督教，就是为了将犹太人排除出去，这也为后来的反犹太主义提供了发展空间。这一阶层的男孩倾向于从军或从事法律工作，极少想要成为医生或工程师。卢卡奇列举过这两个阶层间的差异，如同是"市民与民粹、商业与农业、国际主义与民族主义间的差别"。当社会处于发展和繁荣的阶段时，两个阶层间的敌意很少浮出水面，但随着环境变得艰辛，一切都发生了变化。

　　尽管金融贵族中很大一部分是犹太人，但这部分占犹太总人口的比例依然非常低。从匈牙利东边和西边来的犹太移民都非常多。他们一开始的目的地都是布达佩斯，不过也有相当一部分去了匈牙利的其他地方。这或许可以解释，为什么1944年5月到6月间，从匈牙利乡村及其他由德国占领的区域被驱逐到奥斯威辛集中营的犹太人多达50万。一战爆发时，布达佩斯大约20%的居民是犹太人，这个比例现在是多少没有人知道，不过肯定不会高于20%，而在匈牙利的其他地方可能是零。

1867—1914年，犹太人获得了融入匈牙利社会的最佳机遇。犹太人想要成为匈牙利人，而匈牙利统治阶级表面上也非常欢迎他们的加入，这么做一方面可以整合利用他们的价值，另一方面也能增加匈牙利人在这个多民族国家中的比重。虽然大多数犹太人在政治领域并不活跃，但还是有一小部分人在其中发声和活动。1918年10月，一战临近结束时成立的由卡罗伊·米哈伊伯爵（Count Mihály Károlyi）领导的资产阶级民主政府在协约国企图瓜分匈牙利的压力下垮台。在周边国家的进攻威胁下，卡罗伊·米哈伊于1919年3月，将政府权力交给了匈牙利共产党领导人贝拉·库恩（Bela Kun），匈牙利苏维埃共和国成立。然而这个时运不济又运作不力的共和国仅仅存在了133天。库恩和党内大多数政治委员都是犹太人。

当霍尔蒂（Horthy）将军骑着白马进入布达佩斯时，匈牙利人和犹太人的关系开始发生了剧烈的变化。1920年6月4日在特里亚农（凡尔赛的一座宫殿）签署的和平条约，令当时的匈牙利彻底解体。条约将克罗地亚和斯洛伐克分别划给南斯拉夫和捷克斯洛伐克。还将很大一块国土划给罗马尼亚，甚至还给了奥地利一部分。从此以后，匈牙利国土上几乎没有什么少数民族，也就不再需要吸收犹太人来增加人口的比例，现在反而是匈牙利人被周边国家的几百万人所包围。

不过在1867—1914年这段"幸福的和平时期"，匈牙利人和犹太人共同繁荣，在匈牙利的犹太人说匈牙利语和德语，只有少数说意第绪语。改宗基督教有利于犹太人的事业，不过对大多数工作而言，不改宗也不会成为障碍。冯·诺伊曼一家在升格为贵族时仍未改宗，事实上，直到1929年他的父亲米卡去世后，他们才改宗。那个时候冯·诺伊曼已经离开匈牙利。即便 1867—1914 年有些职业对犹太人不开放——具体的职业没办法详细列举——但对犹太中产阶级，甚至是新移民来说，相比于几十年前，机会仍然多得难以想象。对此前受到压制的犹太人和其他少数民族而言，国家的高速发展与生活机会的增加正好满足了他们对自身发展的渴望。这一时代背景孕育的成果是丰硕的。在此后数十年里，有才能的人离开匈牙利，在国外——一开始是德国，后来是美国——实现了自我发展，这种成果的影响持续扩大。从这个角度来说，火星人的经历并不特殊。除了科学家之外，匈牙利向世界输出了许多杰出的剧作家和作曲家、艺术家和电影导演、音乐家和数学家、经济学家和其他人才。

20 世纪 20 年代初，紧随着一战、失败的革命和屈辱的《特里亚农条约》而来的，是白色恐怖和残酷的反犹太运动。米克洛什·霍尔蒂将军成为匈牙利王国的摄政王，到 1944 年之前一直代替国王统治国家。1920 年引入了新的法律，也就是所谓的名额限制（numerus clausus），严格限制了犹太学生进入大学的数量。这可能是一战后欧洲的第一部反犹太法律。当时犹太人口仅约占全国人口的 5%，但在医生或其他专业工作中却占到了 50%，这样一比较更能令我们认识到这部法律分量之重。法律在匈牙利的权威性极高，无人会质疑匈牙利律政系统的政治联盟。霍尔蒂和他的军队开始统治后，腥风血雨随之而来。很多人仅仅因为是犹太人就遭到了驱逐。最终，一部分施行暴行的凶手被送上法庭，其中就有臭名昭著的米哈伊·弗朗西斯·奇斯（Mihály Francia Kiss）。然而如预料一般，他被无罪释放，主审法官甚至在释放他的时候与他友好道别，送上一句："上帝与你同在，米哈伊。"这段故事是两次世界大战之间，统治匈牙利的政权的缩影。

在匈牙利的经历对火星人的人生产生了怎样的影响和多大的影响是一个有趣的问题。乔治·马克斯尤其感兴趣的是，对他们后来的职业而言，匈牙利的经历究竟有何益处：

> 20 世纪的匈牙利，不仅是不同文化碰撞之所，也是当时历史的焦点。战争在这里爆发，政治统治和意识形态系统发生更迭，在两次世界大战之间尤为明显。当年轻人面对世界时，那些对成年人而

言年复一年不变的真理，正在发生变化。在这样的环境下，比起探索宇宙的真理，他们更愿意追随大流，努力生存。

马克斯接下来提到了匈牙利杰出的科学家中，犹太人占到了很大的比例：

> 我把这些杰出科学家上学的年数画在一张图中，发现峰值出现在两次世界大战之间。可见，艰难的岁月为培养创造力提供了合适的环境。然而，在这段岁月中，价值标准变得虚幻，人们不得不尽力猜测政府的统治和意识形态系统会发生怎样的变化，因为这些变化将指引人们选择留下来适应环境还是选择逃离。每个人都面临这样的局面，而对犹太人的影响更大。与其他人相比，犹太人经历的历史进程更加快，留给他们的时间更加紧迫。在动荡的环境中生存变得非常艰难，人们不得不劳心劳力，但也能从中获得有价值的经历。这就是犹太人的优势，他们能够驾驭这段高速变化的历史时期。

冯·诺伊曼对喀尔巴阡山两侧地区能涌现如此之多人才的原因也很感兴趣，这些地区的人先是移民到布达佩斯，后又转去美国。他曾说："这是多种文化因素的结合……外部对欧洲中部这块区域的压迫、个人的极度不安全感，以及如果不能创造特别的价值，就可能面临灭绝的危险。"匈牙利裔瑞典肿瘤生物学家乔治·克莱因认为，其中一部分原因是犹太人对学习的高度重视和重要的环境因素："在布达佩斯，犹太中产阶级从出生起就充满奋斗的动力和雄心壮志。你要么成功，要么就堕落到社会底层。"

尤金·维格纳晚年认真思考了曾被无数次问起的问题："为什么他那一代犹太裔匈牙利人如此出色？"他肯定了"布达佩斯教育质量极佳的中学"，并认为更重要的原因在于被迫的移民：

> 移民固然痛苦，但能激励有才能的年轻人。离开祖国在外，你失去了安稳的环境，必须依靠创造力和艰苦付出才能找到立足之地。努力工作和寻求创新成为习惯。于是，和具有相同才能的本国人相比，你就能够得到更多。

在提到众多年轻的犹太人从纳粹德国流亡出来后，在新的国家所取得的成功时，沃尔特·拉克尔（Walter Laqueur）指出，对他们而言，"要么奋力游泳，要么就淹死"。他们"只能白手起家，因为不会得到任何帮助，也没有资金、人脉和安全保障"。

最初是医生，后来转为化学家，又转为社会科学家的迈克尔·波拉尼，可能是其他匈牙利杰出科学家中与五位火星人最相近的。他有资格获得诺贝尔奖，可惜没有。他的两位学生尤金·维格纳和梅尔文·卡尔文（Melvin Calvin）得到了。当波拉尼的儿子约翰·C. 波拉尼获得诺贝尔化学奖时，他已经不在人世。波拉尼的影响遍及科学内外的多个领域。

对于有才能的人纷纷离开匈牙利这件事，早前波拉尼曾有过思考。这里我引用两段他 1929 年文章中的话，其中对比了德国和匈牙利的情况。他先概括了 20 世纪 20 年代德国的情况，然后提到了他从匈牙利离开的经历：

> 在德国，如果学生非常有天赋，教授们会握住他的手。他们如同艺术收藏家一般乐于发现人的才能。他们对我的教育令我得以发现和探索自己的才能。他们为我提供了一切，却不提任何要求。他们相信，凡是了解科学研究乐趣所在的人，就终生不会放弃……

> ……回想起来，我比大多数人都幸运，得到了如此之多的帮助。回想起来，其他如我一般的人在半路就深陷泥沼而消失。他们中有我留下的朋友，也有如我一般或更厉害的穷人家的孩子，他们被大学驱逐，被扔到名额限制和其他限制的铁丝网前，再无用处。

下面我简要讨论一下 20 世纪火星人和其他匈牙利移民与匈牙利的关系之谜。一位匈牙利作家指出，1944—1945 年的经历使得对犹太人的疏远无法改变。这一说法或许是对悲惨现实的据实反映。他的表述呼吁人们关注犹太人在匈牙利社会生活的这种疏离。然而，这种呼吁并没有得到明确的回应，因为匈牙利社会仍然没有直面两次世界大战之间的匈牙利历史以及大屠杀历史的现实。面对这段历史的冷漠和沉默，为后来篡改历史提供了空间。

篡改的历史包括，为霍尔蒂和他的统治开脱，以及将反犹太的暴行归咎于箭十字党，这个纳粹性质的政党在 1944 年 10 月发动政变夺取了匈牙利的统治权。在不到半年的统治时间里，箭十字党杀害了约十万犹太人，主要在布达佩斯。然而，在此之前，霍尔蒂政府最高层就已经推行了各种反犹太法律，展开了高强度的反犹主义宣传，并将五十万犹太人押送到奥斯威辛和其他集中营。改写后的历史将罪行都归到箭十字党身上，表明匈牙利选择掩盖而不是直面这段可耻的历史。

不过，值得社会学家研究的是，尽管匈牙利政府在犹太人身上施加了极大的苦难，但他们对这个国家以及匈牙利身份依然极度忠诚。

这也反映在火星人们无论经历了什么，仍然对匈牙利表现出强烈的爱国之情。一个例子是，维格纳曾轻描淡写地提起曾因为犹太身份而遭到其他同学殴打。之所以如此，是因为他们对曾经经历、接受和生活于其中的文化有强烈的认同与感恩。匈牙利的文化遗产是对犹太传统的有益补充，两者紧密地缠绕共生在火星人的人生之中。

❧ 西奥多·冯·卡门

和其他火星人相比，1867—1914 年那段"幸福的和平岁月"在冯·卡门的人生中所占的时间最长，他也是唯一在布达佩斯读完大学的火星人。1898年，他被布达佩斯皇家约瑟夫技术大学（简称技术大学）录取，1902 年毕业。那里的教学大多数是描述实际应用的，在讲授水力学、电力学、蒸汽工程和结构学时都不会提及背后的自然规律。也有令人愉快的意外，就是被称为独立研究的学习形式。这所大学聘请著名数学家担任教职。冯·卡门最喜欢几何学，它能充分激发想象，例如画出一座雕像，然后确定一天中不同时间影子的长度和位置。他还学习了一些人文学科，比如历史和文学。

他在技术大学第一次尝试做研究。他的导师是多纳特·班基（Donát Bánki），班基也毕业于技术大学，不过毕业后首先进入了制造业。他设计过电动机，改进过汽化器。他所在的甘斯公司就在匈牙利，是全国最大的发动机和发电机制造厂商，数十年都在生产班基的电动机。他拥有众多专利，首次通过注水来冷却内燃机，防止外壳过热。冯·卡门在自传中曾提到，波音707 的发动机后来也使用了注水冷却。1899 年班基成为技术大学的机械工程教授，他在大学一边继续发明创造，一边为发明申请专利。一些由他设计的涡轮机至今仍在使用。在技术大学的校园里有一座他的半身像，还有一枚纪念他的匈牙利邮票。

班基讲授工程设计的方法和他同事的传统方法不同。他尝试找出工程设计所基于的自然现象。冯·卡门的第一项研究来自一个实际问题：为什么发动机中的阀门有时会振动，并发出撞击噪声？冯·卡门屏蔽了一切外界干扰，专注于研究，这种完全的投入后来成为他的特点。他通过实验发现，当发动机轴旋转到一定次数后，就会出现撞击噪声。

这位年轻的科学家在 1902 年发表了第一篇论文，并因此得奖。毕业后，他先在奥匈帝国的炮兵部队服役一年，之后成为班基的助理教授。和现在美国大学的情况不同，在德国和匈牙利的大学系统中，助理教授不是独立的研究者和教师，他们跟随着资深的教授工作。当时班基还在参与甘斯公司的业务，冯·卡门也随班基在那儿工作了三年，直到他已经不满足于班基的理论兴趣和研究领域。

冯·卡门 24 岁时，独立研究了一个对他的早期工作有重要影响的问题，就是圆柱体的变形。圆柱体能够承受一定的压力，但当顶部的压力逐渐增大时，圆柱体会变得不稳定，发生弯曲和变形。大学者莱昂哈德·欧拉（Leonard Euler）也曾对这个问题产生兴趣，他通过将圆柱体视为弹性体，给出了一个解答。冯·卡门将问题推广到了更一般和更实际的情况，成功地扩展了欧拉的解答。他追随着欧拉的脚步成为一名独立的研究者是十分合适的，欧拉本人正是一位国际主义者，也是一位具有广泛兴趣的科学家。冯·卡门将研究结果发表在匈牙利一本没什么名气的工程杂志上，没能引起多大的关注。不过，这已经足以令他的父亲确信，儿子具有工程方面的天赋，因此建议他出国继续开展研究。

那时，年轻的冯·卡门并不想离开匈牙利，他后来感受到的对匈牙利生活的无望感，此刻还没有出现，不过他的父亲已经有所体会。虽然他的父亲貌似是成功的权威人士，但他仍然感到愤愤不平。比起教育政策的制定者，他更想在其他方面有一番作为，他真正感兴趣的是历史哲学，但狭隘的大学政策使他壮志难酬。他不希望儿子在这样的环境中工作，所以强烈建议他出国寻找机会。

1906 年，冯·卡门得到了来自匈牙利科学院提供的两年奖学金，第一次离开了匈牙利。他来到格丁根大学，认识了路德维希·普朗特，普朗特的研究兴趣和他非常相似。冯·卡门接受的教育使他具有了开阔的国际视野，就他感兴趣的领域而言，他对西欧的研究进展了如指掌。他称格丁根大学为"德国大学中的王子"。当时的德国非常有吸引力，不仅有匈牙利科学家，还有很多年轻的美国人也都到这里来继续深造。

冯·卡门在匈牙利的第二段生活时期更为短暂，并且以更加戏剧性地离开告终。他参与一战的情况将在下一章中叙述。一战结束后，冯·卡门返回布达佩斯，他想尽快回到德国，重新开始他的科学研究。然而，作为预备役军官的他在和平条约签署之前不能出国。也就在这段时间里，我们之前陆续提到的 1918 年和 1919 年的革命爆发了。

1918 年 10 月民主革命后，冯·卡门受父亲的前同事之邀，加入了教育部。1919 年 3 月共产党上台后，他继续留任。他在教育部的职位很高，无论这些革命的本质是什么，他都认为参与全国教育改革，是在完成他父亲未竟的事业。他希望提升大学教育的现代化水平，将研究提高到和教学同等的地位，并引进生物、精神分析和原子物理等课程。在此之前，所有这方面的努力都被不参与研究的老教授们阻止了。除此之外，冯·卡门还推行了更进一步的改革，包括允许妇女在技术大学就读。然而，当为时甚短的匈牙利苏维埃共和国失败后，冯·卡门就退隐了。他的改革迅速止步，又被逐出匈牙利工程师协会，因为他"从道义上支持并效力于"苏维埃共和国。当得知他在德国的职位仍然有效时，他第二次离开了匈牙利。这一次他为能够离开而感到高兴，从此长居海外。

没有太多信息提到冯·卡门革命期间在匈牙利的活动情况。显然，参与共产党政府的这段经历并没有为他在美国带来什么麻烦。不过，在 20 世纪 50 年代早期，他过去的经历曾受到大量调查。调查的第一个任务，就是要将西奥多·冯·卡门和奥多·卡门（Todar Kármán）联系起来。前者是世界上顶尖的空气动力学家，国家科学奖章获得者，空军科学咨询团主席，在五角大楼拥有一间办公室。而后者是1919年匈牙利共产党政府中的显要人物。然而关于这个人的信息实在太少，调查人员后来在秘密报告中反复提到的一个重要佐证，是一张他在《时代》周刊上的照片。调查人员断言冯·卡门1918年加入了匈牙利共产党，并且担任文化与教育司副政委，负责高等教育事务。他们还宣称，冯·卡门在逃亡到德国后，并将组织关系转入了德国共产党。调查人员没有找到任何他在美国期间加入共产党的证据。冯·卡门在1930年申请签证时，没有向美国政府提及他的共产党员身份，他可能是刻意隐瞒了这一点，也可能从来就没有加入过共产党。

冯·卡门是在二战后第一位重返匈牙利的火星人。1945年，他出席苏联科学院220周年庆典时，有了可以回去的机会。虽然有些冒险，不过他还是前往了布达佩斯，此行的主要目的是探望他的哥哥。之后不久，1947年布达佩斯技术大学的一位教授邀请他回去参与一项研究。这位教授在信中询问他是否有兴趣接任空气动力学和流体力学的教职。这项提议不比其他机会更有吸引力，但却是一个善意的信号。这封信还感谢冯·卡门提供了很多的资料，帮助他的匈牙利同事在灾难性的战争后重新追赶上研究的进程。1962年，冯·卡门回到技术大学接受了荣誉博士学位，这比其他火星人二战后重返布达佩斯的时间都要早。也正是那次，冯·卡门为深爱的父亲在布达佩斯的墓地建了一座纪念碑。

✤ 利奥·西拉德

西拉德和大多数匈牙利学生一样，18岁时从中学毕业。火星人都没有跳过级，在美国即使不那么出色的学生选择跳级也不少见。西拉德的学习表现到底有多好？一个事实可以说明，他在没有做准备的情况下，获得了全国中学生物理竞赛的第二名。这是在1916年第一次举办物理竞赛的时候。当时只有14位学生参加，第三名是阿尔伯特·科恩菲尔德［（Albert Kornfeld，后来改名为克罗迪（Kóródi）］。克罗迪后来成为一名工程师，实现了西拉德的一些发明，其中就包括爱因斯坦-西拉德冰箱。

西拉德很喜欢物理，但认定"在匈牙利找不到研究物理的工作"。此后不久，维格纳也得出了同样的结论。在 20 世纪的第一个十年中，物理学在其他国家也不是一个常见的专业。美国的诺贝尔物理学奖获得者、激光的发明人查尔斯·汤斯，在 20 世纪 30 年代选择大学专业时，完全没想过物理学。

西拉德觉得化学是一个可行的选择，不过在家人的强烈要求下，他选择了学习工程，这是他一生中为数不多的受到他人影响的时刻。工程学习的经历成为他后来建造核反应堆和申请大量专利的助力。工程学习对维格纳的帮助和对西拉德的帮助非常相似。西拉德先在布达佩斯技术大学学习，他对那段经历作出了看似矛盾的结论："低下的教学质量……激发了独立的思考和原创性。"西拉德在 1916—1917 学年进入机械工程学部。不过很快一战爆发，他因为要参军而中断了学业。意外的是，如此特立独行的西拉德却很好地适应了军队的生活。我们不知道的是，暂时的营房生活是否恰好符合他的个性，也不知道是不是这段经历令他做好了随时换地方的准备。

西拉德充分意识到了战争是不合逻辑的，他作出了看起来非常荒诞的预言，认为战争最后会以德国、匈牙利和俄国的失败告终。尽管同盟国和俄国是战争中对立的两方，但结果确如西拉德所预料的。1936 年，冯·诺伊曼也曾对二战作出准确的预判，他认为苏联才是德国的主要敌人，而法国的抵抗效果将非常有限。他作出预言的时间很早，此时许多人都认为战争不会马上爆发。

一战之后，西拉德继续学业，不过他不满足于课程学习，而是怀着极大的热情加入到布达佩斯的学术生活。他被社会主义者的思想所吸引，但不认同匈牙利共产党，因为那时他仍然不喜欢苏俄。他和弟弟贝拉共同成立了匈牙利社会主义学生联盟，他在这里充分表达自己的独特观点。这个联盟的唯一目的是发放如何解决匈牙利各种社会问题的小册子。

1919 年共产党执政时，他并没有表示支持，并且成功预测了它的失败以及逐渐高涨的反犹太情绪。于是他决定前往德国，在柏林工业大学继续学习。在此之前，他改宗加尔文派，这是非常现实的一步。紧随一战而来的革命结束后，改宗成为匈牙利非常普遍的现象。在反犹太镇压不断升级的局面下，这是最方便的自我保护措施。这也是匈牙利的第二波改宗高峰。第一波发生在世纪之交，当时是为了更好地融入匈牙利社会。到20世纪30年代还将有另一波高峰，那时政府连续颁布反犹太法律，大屠杀的阴影迫近——而那波改宗并没有为犹太人带来任何转机。

　　1919年9月，西拉德兄弟二人的一段经历，虽然不如大屠杀那般痛苦，却也足以改变他们的人生轨迹。当利奥和贝拉想要进入技术大学时，他们遭到一群民粹主义的学生的阻拦，并被踢下了楼梯。尽管西拉德坚决抗议，但证明他们已经改宗的文件并没能改变那些学生的态度。1919年圣诞节期间，西拉德乘多瑙河轮船离开了匈牙利，一位回来观光的匈牙利老侨民对他说，"无论你能活多久，这都将是一生中最快乐的一天！"

🌿 尤金·P. 维格纳

　　维格纳告诉父亲他想成为物理学家时，父亲问他，匈牙利有多少职位是留给物理学家的。当时物理学家能做的就是成为大学教授，教授职位在布达佩斯有两个，在塞格德有一个，但维格纳在回答的时候夸大说有四个。于是父亲问他有没有希望得到如此稀有的工作。没有资料记录了当时维格纳的回答，不过他肯定认为这是不太现实的。于是接受了父亲的建议攻读化工，希望将来能在莫特纳皮革厂找到一份管理工作。他进入布达佩斯技术大学学习了一年，发现那里的物理课和路德中学的米科拉老师所教的几乎一模一样。之后，他再次听从父亲的建议，去了德国。

　　随着匈牙利局势逐渐稳定，在20世纪20年代中叶到30年代中叶的十年间，政治环境相对宽松。不过那时，维格纳和很多匈牙利年轻人都在西欧其他国家学习或工作。这时，雄心勃勃的教育部部长库诺·克莱贝尔斯伯格（Kuno Klebelsberg）意识到了人才的价值，如果人才永远留在国外，那么匈牙利就将失去这份财富。于是他尝试邀请科学家回国，阿尔伯特·圣捷尔吉（Albert Szent-Györgyi）回到了塞格德大学，是这一政策最突出的成果。圣捷尔吉后来成为唯一一位在匈牙利从事研究工作并获得诺贝尔奖的匈牙利科学家。五位火星人都没有回去，不过也没有资料显示曾有人设法吸引他们回去。

事实上，1929 年在塞格德大学出现过一个物理学教授的职位空缺，当时维格纳已经离开匈牙利多年。这一职位的前任鲁道夫·奥特维（Rudolf Ortvay）转去了布达佩斯大学，他推荐了三位顶尖的匈牙利科学家作为继任者候选，其中两位就是维格纳和冯·诺伊曼。另一位是科尼利厄斯·兰索斯（Cornelius Lanczos），他 1921 年从匈牙利去往德国。不过他不太可能会接受邀请，因为那时他已经给爱因斯坦做了一段时间的助手，塞格德的工作对他没有多大的吸引力。奥特维列举了三位候选人的学术成就，并强调他们都是享誉国际的科学家。然而，塞格德大学的其他人并不想把职位给维格纳（或冯·诺伊曼）。维格纳本人也不认为他真的有机会得到这份工作。他还注意到，塞格德大学在学术界已经被边缘化，缺少"科研氛围"。他不愿意去一个不受同事欢迎的地方，也担心他本人和他的研究环境都要依靠政府官员的施舍。

✤ 约翰·冯·诺伊曼

1921 年，冯·诺伊曼从路德中学毕业，同年获得了全国厄特沃什竞赛第一名。在之前的比赛中，冯·卡门和西拉德分别获得过第一名和第二名，之后特勒也将获得第一名。冯·诺伊曼的父亲就儿子的教育问题咨询冯·卡门父亲的意见。纯科学看起来不太实用，于是决定让冯·诺伊曼去德国学习化工。四个学期后，他转去苏黎世联邦理工学院，继续学习六个学期后毕业。与此同时，他还间或去布达佩斯大学学习数学，并在 1925 年完成学业。对冯·诺伊曼而言，在两所大学同时学习两门完全不同的学科毫无困难。

冯·诺伊曼绝对不是普通的学生，他在大学期间就发表了独立的数学研究成果。1926 年，在大学毕业考试仅仅八个月后，他就在已有研究的基础上开始撰写博士论文。他的论文题目是广义集合论的公理化。他的主攻专业是数学，另有两个副专业是实验物理和化学，他在三个专业中都得到了最优异成绩。

他选择继续在国外深造完全在冯·卡门一家的意料之中。获得博士学位后，他前往柏林弗里德里希·威廉大学（现在的洪堡大学）哲学系的数学部，想要获得特许任教资格（habilitation）。特许任教资格是德国大学系统专为博士设置的资格考试，通过考试一方面能获得在大学任教的资格，另一方面也反映了独立研究成果的积累情况。在德国想要成为教授，获得特许任教资格是必要条件（现在的德国和匈牙利仍是如此）。

前面提到，1929年冯·诺伊曼没有得到塞格德大学的物理教授职位，之后唯一一次出现合适的职位空缺是在七年之后。还是塞格德大学，不过他并没有成为候选人。他在写给他的朋友、物理学家鲁道夫·奥特维的信中提到，他觉得自己不可能得到这个职位。

到20世纪30年代中叶，所有的火星人都在美国定居了。

奥特维一直关注着全球各国的发展，他意识到了像维格纳和冯·诺伊曼这样的物理学家和数学家所拥有的价值，以及他们的离开给匈牙利科学界带来的损失。1938年，奥特维告诉冯·诺伊曼，他想看看能否努力为冯·诺伊曼争取到匈牙利科学院院士的资格。可惜，这几乎不可能成功，而奥特维和其他人最后也没有这么做。而那时，冯·诺伊曼已经被选为美国国家科学院院士，他也是五位火星人中最早获得这一荣誉的。其余几位也陆续当选：冯·卡门是在1938年，维格纳是在1945年，特勒是在1948年，西拉德是在1961年。在冯·诺伊曼进入美国国家科学院后半个世纪，尚在人世的维格纳和特勒分别在1988年和1990年成为匈牙利科学院荣誉院士。

❀ 爱德华·特勒

特勒1926年中学毕业，他并不享受这段中学生活。其中，辅导其他人是为数不多的积极经历。他认定教授是最好的职业，这和他十岁时的经历有一定关系。他父亲带他拜访了利奥波德·克鲁格（Leopold Klug），他是布达佩斯一位退休的射影几何学教授。射影几何学是一门高度专业化的学科，然而克鲁格教授是特勒小时候遇到过的，唯一一位一看就非常享受自己工作的大人。可惜，在20世纪20年代的匈牙利，成为一名教授对特勒而言是一个不太实际的目标。他十几岁时就知道，布达佩斯不能为他提供想要的工作和生活。之后又过了几年，"情况未见好转，甚至正相反，反犹太运动越来越恶化"。他的父亲和他特别敬重的外祖父都强烈希望他出国学习，最好是去德国。虽然他的父亲和外祖父可能并没有意识到，当时物理学在德国正处于黄金发展期。

对特勒而言，中学时期最快乐的事情是结识了"来自布达佩斯犹太社区的三个年轻人"，维格纳、冯·诺伊曼和西拉德。他们比特勒年长 5~10 岁，并且都在德国从事物理学研究。特勒在暑假时遇到他们，将他们视为榜样。特勒一度怀疑自己的能力，直到他获得了全国物理竞赛第一名，并和其他三个人并列数学竞赛第一名，这种情况才有所缓解。

考虑到母亲的担忧，特勒先在布达佩斯技术大学上学，年满 18 岁后再前往德国。学习什么专业也是一早就决定好的。特勒想学数学，不过在当时这和物理一样不实用，于是他最后选择了化学——其他人也都做了同样的妥协。

特勒最后一次在布达佩斯见到他的好朋友是在 1936 年。半个多世纪后，当他再次回到这里，所有的好朋友都已经不在人世，大多数都在集中营里被杀害了。这仿佛印证了特勒父亲的断言："匈牙利没有你的容身之地。"

第二章

转折点——德国

确信自己是一名真正的物理学家令人如此快
乐。除了爱情之外，还有什么能与之媲美呢？

——尤金·P. 维格纳

　　五位火星人都来到德国大学深造，获得了更高的科学专业学位，并成功找到了和他们的志向一致的工作。他们在这里接触到了匈牙利完全没有的尖端科学，迅速发现了自己在这方面的潜能，加入了顶尖科学研究者的行列中，这无疑是他们人生的转折点。他们作出的贡献得到了充分肯定，成为学术界令人尊敬的一员。不过，当他们后来意识到这一切美好是如此脆弱的时候，对德国的归属感越强，就越感到痛苦。那时，他们将不得不再次起航，去寻找新的家园和新的事业。

西奥多·冯·卡门

　　1906 年 10 月，冯·卡门第一次到格丁根大学时，就注意到这里充满了优雅的学术气息，"这令我的匈牙利灵魂感到愉悦"。不过，这里也可以变得非常冷漠和压抑。教授和学生之间的社会关系极为疏远，像是军队里的军官和士兵。犹太人和天主教徒因为受到歧视而无法融入学生群体。这种被排挤不仅仅是不能一起喝酒和唱歌，但冯·卡门并不在意这些。如果他没有感受过匈牙利"快乐的和平岁月"里宽松的环境，大概根本注意不到这些歧视。

一开始吸引冯·卡门来到格丁根的是普朗特教授，他是所研究领域的权威，被称为"流体力学之父"和"空气动力学之父"。普朗特最重要的工作是发现了流体的边界层。他的研究对载人飞机的研制产生极为重要的影响。他对结构理论也很感兴趣，这也是冯·卡门一开始的兴趣所在。冯·卡门是普朗特的博士研究生，但是他的研究比其他人更有主见。普朗特让他在十五个问题中选一个作为研究方向，但冯·卡门表示自己想要研究非弹性屈曲理论。普朗特告诉他，之前已经有人研究过这个问题，虽然还没有完全解决。冯·卡门一听觉得很失望，不过他很快意识到："过分在意其他人正在做的研究是非常愚蠢的。这会让人放弃努力，也会扼杀有意思的想法。纵观科学史会发现，几乎所有的问题都有其他人在研究。但这不妨碍任何人追寻自己的道路。"这样的态度既来源于他的自信，也在于他开阔的视野。

当时，普朗特对实际问题并不感兴趣，因此刚开始的时候冯·卡门对他有些失望。好在，像克虏伯公司（Krupp Concern）经理这样的现代工厂主，很快发现了冯·卡门的价值，为他的研究提供了赞助。他们制造的实验设备，令冯·卡门得以研究各种材料的性质。不久之后，普朗特也对这位新学生的研究产生了兴趣，他没想到，这位学生年纪轻轻就想要透过观察到的现象，找到其背后的原理，并将他的设计建立在科学规律之上。冯·卡门用了两年的时间完成了博士论文，匈牙利提供的奖学金刚好能够支持他完成学业。

获得博士学位后，冯·卡门去往法国。他去著名的索邦大学听讲座，玛丽·居里（Marie Curie）也是讲座人之一。和其他火星人一样，在巴黎以及后来的每个地方，他都能遇到匈牙利人。他见到了匈牙利的报告人玛吉特·维兹（Margit Vészi），她刚刚和著名的匈牙利裔美国剧作家费伦克·莫纳（Ferenc Molnar）离婚。这次见面的经历对冯·卡门之后的人生产生了重要影响。在维兹的劝说下，他在巴黎郊区见证了历史性的一刻：欧洲的飞机第一次在空中飞行了 1.3 英里。这次飞行不仅震惊了冯·卡门，也震惊了整个法国。当时，法国在飞机制造方面远不如美国和德国。1961 年，当加加林完成人类首次太空飞行后，美国人对苏联先进的太空技术所作出的反应，再次令冯·卡门想起了那段经历。

获得博士学位后，正当冯·卡门考虑是否回匈牙利时，收到了齐柏林飞艇项目的邀请，他对此很感兴趣，于是留在了德国。他使用风洞来测试飞艇模型，风洞是普朗特建议他建造的。这次实验对他今后的研究也产生了巨大的影响。

后来格丁根大学聘用了他。他得到了一份教职，并为获得特许任教资格而努力工作。为此，他涉足了相去甚远的地理学科。数百万年前，地壳在冷却过程中产生了极大的压强，而地球内部的岩石层在如此高压之下并没有被压垮，冯·卡门进行了一系列实验来寻找其中的原因。他通过推理认为，如果这些岩石层能够自由移动，必定会被压垮。然而，这些岩石层所处的区域被周围岩石包围。在这种情况下，岩石层不会被压垮，反而会塑化。这项研究和他之前对材料强度的研究有一定关联。他设计了一个实验来证明他的理论是正确的。

他的工作得到了格丁根大学研讨会的巨大帮助，他将研讨会称为"最新科学思想的传送带"。即便到了现在，研讨会依然是研究型大学的学术生活中最重要的组成部分。研究刚刚起步的人可以在那里接触新的想法，将眼界拓宽到所在研究组的工作之外，也可以见到其他学校的科学家，以及海外研究者。在研讨会上，研究者可以了解到，问题是如何形成的，科学辩论是如何开始和进行的，以及如何捍卫自己的观点。还有，如何分析实验结果，什么时候、用什么方法来排除误差、发现误差和承认误差的存在。参与研讨会为科学家提供了一种相对轻松的衡量见识、检验成果的方式。在研讨会上，科学家一开始可以问一些简单的问题，也可以要求其他人进行说明，慢慢地，他们就能鼓起勇气质疑其他人，甚至是前辈，并且参与到辩论中去。参加一所好学校的研讨会是感受学术生活最好的方法。

很多格丁根大学的年轻人都会参加研讨会，在会上，他们会遇到菲利克斯·克莱因（Felix Klein）、戴维·希尔伯特（David Hilbert）、赫尔曼·闵科夫斯基（Hermann Minkowski）、亨德里克·A. 洛伦兹（Hendrik A. Lorentz）。这些研讨会帮助冯·卡门广泛地了解到各个领域最新的发展，从原子理论到沙漠中沙的运动研究。因为冯·卡门对科学的兴趣非常广泛，所以在研讨会中，他不只是聚焦在非常具体的问题上。克莱因和希尔伯特是格丁根大学的两位巨擘。通过匈牙利数学家阿尔弗雷德·哈尔（Alfred Haar）的介绍，冯·卡门认识了希尔伯特。尽管相差了二十岁，但冯·卡门和希尔伯特很快就成为亲密的朋友。希尔伯特教会冯·卡门"可以用定量的方法来研究自然，描述性的或定性的方法应该被取代，或者至少需要定量方法的支持"。这令冯·卡门确信自然应该用数学来描述。在他此后的人生中，这一信念从未改变，"并促使他用一生去寻找问题的数学解答，即使那些问题在注重实际的人看来，只是难以解决的杂乱无章"。事实上，大多数的工程师根本不关心设计背后的科学基础。一位数学家直言不讳道："在所有这些只重视应用的笨蛋里，你是唯一一个我认为还能教的。"冯·卡门对航空技术的兴趣逐渐提升，在这个领域里，科学知识和技术应用正并行发展。

冯·卡门是一位视野极广的科学家，他不仅关心新的发展，也很关注过去的成果。英国工程师弗里德里克·W. 兰彻斯特（Frederick W. Lanchester）发现了空气涡流和机翼升力的关系。1897 年，兰彻斯特提交的论文中就给出了升力理论的框架，比其他人早了很多年。他当时就注意到了航空研究对现代战争的重要性。冯·卡门在 20 世纪 50 年代早期为北约工作时，进一步发展了兰彻斯特的想法。

1904—1905 年，影响升力的因素已被充分研究。下一个需要研究的是拖曳力，也就是和运动方向相反的空气阻力。描述空气阻力的理论过于复杂，以至于无法被用来设计机翼。普朗特对翼尖涡流的研究被用来设计机翼的形状，能使飞机飞行时损失的能量降到最低。冯·卡门对此很感兴趣，进而对涡流展开了深入研究。研究的结果发表在他最著名的学术论文中，这篇论文阐述了当气流脱离物体后，会在后方产生涡流，阻力因此产生。这个现象中会出现一串涡流，被称为卡门涡街（Kármán Vortex Street）。这样一来，阻力就可以计算，工程师设计出了能使阻力最小的机翼形状——流线型。这个理论还能解释一些过去令人费解的现象，例如所谓的潜艇螺旋桨的歌声。

后来，还解释了塔科马海峡大桥坍塌的原因（后面会提到）。

冯·卡门曾说："我的名字能被用来命名这个理论是我的荣幸。"之所以这么说，是因为他认为这项发现比它的发现者重要得多。20 年后，法国科学家亨利·贝纳尔（Henri Bénard）宣称是他首先发现了涡流街，对此冯·卡门不仅没做任何争辩，还幽默地建议可以在伦敦用"卡门涡街"，在法国用"亨利·贝纳尔涡街"。他一直强调他并没有发现涡流——它们一直存在于那里。此后，冯·卡门在很多领域都成为首屈一指的人物，特别是空气动力学和航空技术方面，他被称为"近代空气动力学之父"。激励他不断研究的主要动力是想要"理解空气动力学背后的数学原理"。

受到格丁根研讨会的影响，冯·卡门的科学兴趣不断扩展。他在与马克斯·玻恩（Max Born）的交流中获益良多。玻恩后来成为量子力学的奠基人之一，不过直到 1954 年，他才因为量子力学方面的基础研究而获得诺贝尔物理学奖。不过那时是 1911 年，原子理论正逐渐成为物理学研究的前沿。尽管在 19 世纪末曾有预言，物理学家能研究的东西已经非常少了。

玻恩来自布雷斯劳（Breslau，当时属于德国，现在是波兰的弗罗茨瓦夫），1907 年他在格丁根大学获得博士学位。那时他和冯·卡门都是格丁根的编外讲师，他们合作研究了一个重要的问题——固体的比热容，它和晶格中原子的振动密切相关。此前，爱因斯坦已经描述过晶体中原子的振动。然而理论和实验之间存在着微妙的差异。冯·卡门和玻恩通过将整个晶格的振动考虑进来，试图消除这些差异。现在的教科书上就有晶格的概念，但在 1911 年晶格的存在还没有被实验验证（不过很快地在 1912 年就被证实了）。冯·卡门和玻恩用群论的方法来思考（15 年后，西拉德将成为群论方面的大师）。在他们之前几周，彼得·德拜（Peter Debye）用一种更加简单的方法得到了同样的结果，并且没有用到晶格的概念。很长一段时间里，德拜的理论更受欢迎，不过，冯·卡门和玻恩的研究更加细致，具有的价值更加持久。

冯·卡门和玻恩的合作完全是出于共同的兴趣而开展的私人合作。他们经由哈尔介绍相识，对玻恩而言，哈尔和冯·卡门是"他的好朋友，两人都是匈牙利犹太人，也都是数学家"。他还提到了其他一些重要的人，他们都是格丁根的编外讲师。玻恩提到从他们那里得到了很多帮助,从冯·卡门那里得到的格外多。有一段时间,玻恩和冯·卡门住在一起,每天讨论物理问题。

哈尔和冯·卡门都对玻恩的学术发展产生了巨大的影响,哈尔极为严谨并且执着追求数学之美,冯·卡门则是一名应用数学家。玻恩提到过,冯·卡门对"那些不能用于自然科学和技术中的事物"不太感兴趣。玻恩有机会近距离地观察冯·卡门如何研究液体流过圆柱形物体时产生的涡流。他曾怀着敬佩写下了冯·卡门的理论是如何优美,还特别提到,冯·卡门用很有说服力的照片来佐证理论的有效性。他在水面上撒上一层粉,这样就能看见涡流的形成过程。玻恩从冯·卡门那里了解到了数学物理的重要性:"以正确的角度思考问题,先去估算……预期结果的数量级,再详细计算,根据精度需要使用近似……时刻关注所有的事实。"

不过一开始,冯·卡门的近似方法在玻恩看来非常随意。冯·卡门研究的是极为复杂的系统,这个领域使用近似方法是司空见惯的。而物理学家研究的则是关于物质结构的最基础的理论,他们追求的是尽可能严格。正是两种科学文化的差异,令玻恩感到他们处理信息的方式是如此不同。玻恩在提到他们的合作时说:"与你的合作非常愉快,作为一名物理学家,用你的方法处理理论问题令我获益匪浅。并且幸运的是,我没有学到你处理数据时的随意。"冯·卡门对玻恩的说法显然感到非常恼火,直到多年以后,他在他们合作的文章中数学描述的部分发现了一些错误才感到一些安慰,因为这些数学表述的错误是玻恩造成的。冯·卡门和玻恩之间的合作显示了他在非专业领域中研究问题的强大能力。

冯·卡门参与的另一项发现是玻尔原子结构模型,这又是一个他专业之外的领域。他在1912年认识尼尔斯·玻尔(Niels Bohr),那时玻尔已经着手研究新的原子理论。根据已有的卢瑟福理论,原子中有电子,电子在固定轨道上绕着原子核运动。当原子吸收能量时,电子将加速,原子向外辐射光;而发光后原子能量减少,电子绕核运动的速度减小,最终坠入原子核。不过,这种设想中的原子结构变化从未在现实中被观察到过。1913年,玻尔提出了解决这一问题的理论:当原子对外辐射光时,电子会跃迁到能量较低的轨道上；反过来，如果原子吸收能量，电子就会跃迁到能量较高的轨道。这个新的原子结构模型能够很好地解释观察到的现象。

冯·卡门也提出过电子能级的概念，但没有想到电子辐射时会从高能级向低能级跃迁，他认为这个假设太激进了。他后来对此总结道："在科学中你必须足够激进才能发现新的真理。"当然，追求发现的过程中谨慎与勇敢是需要平衡的。原子结构并不是冯·卡门研究领域的议题，但他习惯于关注物理学的新发展。

在当了四个年头（1909—1912）的编外讲师以后，冯·卡门开始不确定还能否在德国获得更好的学术发展。他母亲希望他尽快回匈牙利，因为"严肃的普鲁士人永远都学不会欣赏热情的匈牙利人"。事实比这个更糟。多年后，玻恩在信中向冯·卡门坦陈，当冯·卡门有机会在格丁根得到教职的时候，包括玻恩在内的所有人都不愿意为他争取。玻恩写道："我不得不决定，自己是否愿意为了你和希伯来的敌人们战斗。"

然而，他的父亲却希望他留在格丁根继续等待教职。冯·卡门变得有些焦躁，1912 年他申请了谢尔迈茨巴尼亚［Selmeczbánya，当时属于匈牙利，现在是斯洛伐克的班斯卡什蒂亚夫尼察（Banská Štiavnica）］的一个教职，那个地方距布达佩斯北边约 100 千米。申请的职位是煤矿学院的应用力学教授。1912 年秋天，他成功获得了这个职位，搬到了谢尔迈茨巴尼亚居住。可惜，那所学校远离主流研究之外，又地处荒僻，对作为科学家的冯·卡门来说，这无疑是事业的死胡同。于是他很快又回到了格丁根。不过这段插曲令他对自己不如意的处境感到释怀，并帮助他在德国获得了一个教职：亚琛工业大学的航空学教授，这所学校在德国的西北部，与比利时和荷兰的交界线上。他在 1913 年 2 月来到亚琛，此后 16 年里，除了在一战和匈牙利革命期间离开过，其余时间都在这里度过。

冯·卡门来到亚琛时，航空学是那里的次要专业，不过他即将改变这一情况。作为亚琛的一名教师，他有责任将其打造为一流院校。所幸，当时已经有一些基础。雨果·容克斯（Hugo Junkers）在全身心投入研究工作之前，一直在亚琛担任教授。他后来成为德国最大的飞机制造商，是冯·卡门重要的客户。容克斯从一开始就邀请冯·卡门参与他的飞机设计项目，他们1914—1915年设计的飞机直到1955年才投入使用。冯·卡门为容克斯的设计提供了数学基础，在喷气式飞机时代开启前，这些设计一直是德国军用和商用运输的标准。这还不是冯·卡门和德国空军的唯一联系。一些飞行员请他教他们飞行理论，作为交换，他们教他如何开飞机。赫尔曼·戈林（Hermann Göring）有可能是他们中的一员，他后来成为纳粹空军元帅。令冯·卡门欣慰的是，后来他得知，戈林当时是在另一个中队服役。

　　一战将科学和战争一起带到了冯·卡门身边。一开始他不得不回到布达佩斯报到，加入炮兵部队的城市防御准备，防备（极不可能发生的）俄国的袭击。后来他在航空学方面的经验为人所知，于是他转到维也纳，战争指挥部在那里为奥匈帝国军队设立了一个航空部门。1915年，他加入了奥匈帝国的一家空军兵工厂，开启了此后余生与军用航空的联系。他喜欢将自己比作阿基米德、达·芬奇和塔尔塔利亚，阿基米德用发明的机械拖慢了罗马军队的进攻三年之久，达·芬奇发明了许多战争武器，塔尔塔利亚是文艺复兴时期的科学家，第一次将数学用于炮弹研究。他在那里研究的其中一个项目，是找到如何在飞机上安装机关枪，令子弹能够穿过旋转的螺旋桨进行射击的方法。机载机关枪一度被称为"一战期间德国发明的比毒气更令人害怕的武器"。

　　在为了打击协约国而制造机载机关枪的工作中，冯·卡门起到了重要作用，他后来提到这段经历时显得颇为骄傲。这项工作也使他成为安东尼·福克（Anthony Fokker）的朋友，福克后来被誉为"飞翔的荷兰人"（Flying Dutchman）。随着战斗机的出现，一夜之间航空学在军事中的应用发生了变化。当德国面临战败，柏林即将被包围时，冯·卡门被召回柏林，通过使用直升机为城市提供补给来协助防卫。德国战败后，他回到布达佩斯，当1918年10月他到达那里时，迎接他的正是民主革命的浪潮。他在匈牙利革命中的经历在上一章中已经提到过。

　　1919年，冯·卡门第二次从匈牙利来到德国，那时距离他第一次来到德国已经过去了13年。这两次来到德国面对的情况有所不同。这一次，这里不再是德意志帝国，而是一个饱受失败战争摧残的国家。他所离开的地方发生的变化同样巨大。当他在 1906 年离开匈牙利时，那里正在蓬勃发展。而1919 年的现在，匈牙利经历了战败和两次失败的革命后，处于极右势力的统治与蹂躏之下，残暴的反犹太运动受到国家支持，肆意横行。而此时的德国正处于魏玛政府的统治之下，民主的希望若隐若现。冯·卡门全情投入到重建亚琛的工作中，这所学校曾经为他提供了令人尊敬的职位，如今要依靠他来重整旗鼓。

冯·卡门重建学校的热情极富感染力，他不仅得到了德国学生的支持，还得到了比利时占领者的帮助。不过比利时人提醒他，不要忘记《凡尔赛条约》中已经禁止德国进行机动飞行。条约还禁止德国设计和制造飞机，不过"德国的学生在很长时间里都无视条约的限制"。他们成立了亚琛航空科学协会，虽然规模不大，但成员都充满热忱，里面还有许多前作战飞行员。冯·卡门知道成立这个协会不仅仅是为了开展运动，所以提供了不少帮助，首先为他们制造了一架滑翔机。回忆这段岁月时，他写道："当然，我根本无从知晓，当时在不经意间为之打下的基础，后来成为二战时德国航空机械的重要部分。"

滑翔机会成为军用航空工程的重要基础，在所有人里冯·卡门应该是最清楚的。参与的学生和帮助他们的人都知道做这些事是违法的，所以他们在暗中进行。除了后来极为重要的军事应用外，这些活动还有其他意义：这是独立的象征，这是在提醒人们，虽然德国战败了，但依然能在其他领域有突出表现。"转运滑翔机的行动极为隐秘（冯·卡门骄傲地提到），成功骗过了协约国的人。"冯·卡门和普朗特在亚琛举行关于滑翔机的联合研讨会。参加的人中有 W. 梅塞施密特（W. Messerschmitt），他从一名学生成为兼职制图员，再后来成为二战时期最知名的德国军用飞机设计者。安东尼·福克也参加了研讨会。冯·卡门写道："整个 20 世纪 20 年代，滑翔机热潮席卷德国，也令亚琛声名远播。"

冯·卡门对于帮助德国的滑翔技术走向繁荣这件事，并没有感到多少歉意。反而是在提到纳粹利用滑翔机时，控诉了协约国在一战后禁止德国进行机动飞行是短视的做法。他认为，正是禁令刺激了德国航空技术的发展。德国交通运输部成立了航空部门，虽然这是一个民用部门，但负责人阿道夫·博伊姆克（Adolf Bäumker）却是职业军官。接下来的问题是，如何能找到渠道，将交通运输部的资金拨到亚琛供研究使用。协约国对于所有可能破坏凡尔赛条约的举动都非常敏感。为了突破这些阻碍，由普朗特、博伊姆克和冯·卡门等知名科学家组成了一个咨询委员会，目的是掩护这个项目，并向协约国陈述他们的目的。这么做的目的，除了是要掩盖他们工作的军用价值外，还能是什么呢？就此看来，后来冯·卡门坚称"没有看到直接的证据，表明德国在 20 世纪 20 年代早期在秘密地重整军备"，就令人非常迷惑了。

　　冯·卡门不止从一个方面帮助德国减轻了战败带来的伤害。战败的一个负面影响是，德国被国际科学界孤立了。1922 年，他在奥地利的因斯布鲁克组织了首届国际力学大会。这次大会取得了巨大的成功，助力一战后的国际科学界合作关系破冰，将战胜国和战败国的科学家聚拢到了一起。后来成立了常设机构，又召开了一系列会议。

　　冯·卡门和他曾经的老师普朗特之间友好而激烈的竞争，极大促进了他在专业领域取得成功和威望。顺带一说，普朗特只比他的这位学生大六岁。湍流问题的解决是决定两人胜负的关键。他们想要弄清楚并用简单的数学公式表述湍流的原理。这个过程如同一出科学戏剧。普朗特是一位非常有绅士风度的竞争者，他让冯·卡门和他共用助理弗兰克·瓦坦多夫（Frank Wattendorf），并和他分享未发表的数据。冯·卡门和瓦坦多夫尝试用各种方法来简化数据，并将它们画在一张坐标纸上，希望从中找到一条直线，这个线性关系可能指向某个规律。当他们用尽所有简化数据的方法后，冯·卡门提出可以换一个思路：他们应该更换画图用的坐标纸。他们随后开始了新的实验，继续尝试简化变量之间的关系。当用对数坐标作图时，呈现出的规律看起来可以处理了，从中得到的方程和冯·卡门对湍流的原始设想是一致的。

　　尼尔斯·玻尔曾有一段逸事，说的是他在哥本哈根的电车站和同事聊天时，售票员一定会等他聊完后，才示意开车。这个故事生动说明了玻尔在当地有极高的威望。冯·卡门也有类似的故事，有一次他和瓦坦多夫一起在家中工作到很晚，为了让瓦坦多夫能赶上最后一班回家的电车，他们一起走到了电车站，用路上的几分钟时间继续讨论。到达车站的时候，他们还没有讨论完，虽然电车马上要启动了，但他们还在继续讨论。售票员提醒他们电车应该出发了，但两位科学家让他等一会儿，再等一会儿，于是，电车一直停在那里，直到冯·卡门教授先生结束讨论。这个故事一目了然地显示了冯·卡门的威望，并且他无疑对此非常享受。顺带一说，冯·卡门和瓦坦多夫用一晚上就得出了结论。冯·卡门很快就准备好给他的对手普朗特决定性的一击。普朗特后来承认失败时说，冯·卡门又一次展现出了"他最负盛名的，撇走牛奶上奶油的能力"。我们后面会看到冯·诺伊曼的同事也对他有过类似的评价，不过并不总是赞美。

1921 年，冯·卡门的母亲和妹妹约瑟芬［Josephine，小名皮波（Pipö）］也来到了亚琛。不过，他们定居在了荷兰境内。两位女士对德国毫不关心，然而讽刺的是，后来在美国联邦调查局（FBI）的档案中，皮波被认定为前纳粹分子。在亚琛的岁月中，冯·卡门开始接触美国的科学界，并最后促使他离开德国前往美国。他之所以离开，不仅是因为美国提供的职位非常有吸引力，也是由于纳粹的阴影已经逐渐在德国弥漫开来。不管怎么说，德国一直在冯·卡门心中占有一席之地，他也因为这份情感而错误地表现出一些亲纳粹举动。1941—1942 年，联邦调查局局长 J. 埃德加·胡佛（J. Edgar Hoover）私下传令对冯·卡门的签证申请展开调查。他们不仅认为冯·卡门是纳粹的支持者，还怀疑他是间谍。与此同时，另一些报道则宣称他反对纳粹，是值得信赖的美国公民，也是"航空科学领域的领衔人之一"。联邦调查局的调查似乎一直追溯到他的出身，在一份早期的报告中他"被指控是一名匈牙利犹太人"。

二战之后，冯·卡门再一次帮助德国重振科学。当他带领一支美国特遣部队到达德国时，他的前同事对他的态度比对陌生人好得多。从 20 世纪 50 年代中叶起，冯·卡门被德国授予了众多勋章。他晚年时在欧洲（包括亚琛）度过的时间越来越多，1963 年他因心脏病在亚琛去世。

利奥·西拉德

1920年1月初，西拉德来到柏林，成为柏林工业大学的学生。他喜欢物理，但出于实用的考虑，他选择了工程专业。不过，他很快就不满足于学习技术类课程，开始游走于自己学校的其他专业以及其他科学见长的大学。他意识到，潜意识里想要在这些大学找到的正是物理的学术交流会。他从第一次起就一直非常认真地参与。加入柏林的物理交流会成为西拉德人生的转折点。

20世纪20年代早期，德国是近代物理学的中心。当时的大学里有马克斯·普朗克（Max Planck）、马克斯·冯·劳厄（Max von Laue）、瓦尔特·奈恩斯特（Walther Nernst）、弗里茨·哈贝尔（Fritz Haber）、古斯塔夫·赫兹（Gustav Hertz）和詹姆斯·夫兰克（James Franck）。爱因斯坦不在大学工作，而是在普鲁士科学院和柏林-达勒姆的威廉皇帝研究所，不过他也会定期来参加交流会。这些科学家都是所研究领域的权威，他们已经或很快将获得诺贝尔奖。在他们周围还有许多聪明人，包括未来的诺贝尔奖得主沃尔夫冈·泡利（Wolfgang Pauli）和沃纳·海森伯。进入这个学术圈子改变了西拉德的人生。忽然之间他接触到了最向往的物理学的最前沿。其他所有的事情，包括柏林工业大学，都相形见绌。

这些交流会和学术研讨会不同，参与者不用介绍自己的研究工作，它很像是美国的杂志俱乐部，人们在那里交流和评论最近发表的文献。参与交流会的人因此可以了解到那些日子里物理学的研究进展。冯·劳厄是交流会的组织者，经常会招募志愿者来综述最近的论文，为下一次交流做准备。这是研究生应该要做的事。在这些交流会上，这些有才能的人甚至是天才聚集在一起，这带来了相当程度的民主氛围。年轻的参与者有绝佳的机会看到，无论过去还是现在，即使是伟大的人也会犯愚蠢的错误。有一次，著名的薛定谔在讨论三原子分子的光谱时突然站起来，他想到，假设三个原子在同一平面内可以简化计算。所有人都被惊呆了，陷入沉默，随后爆发出了笑声（三个原子根本不可能处于同一平面内）。

当时，在柏林的大学中交流的氛围是很特别的。两代之后，1969—1971年，未来的诺贝尔奖得主西德尼·奥尔特曼在英国剑桥的分子生物实验室做博士后时，也感受过相似的氛围。与柏林的交流会不同，那里的讨论是在实验室餐厅的每日茶会上进行的，茶会允许初学者和分子生物学领域的大师一起参加。将 20 世纪 20 年代柏林的交流会和 70 年代剑桥的聚会相比较，是为了显示出这些物理交流会是非常有远见的，西拉德正是在那里找到了自我。即使他还没有取得博士学位，但已经有机会和物理学大师们进行交流。

在这种场合普通人可能会胆怯，但西拉德不会。他告诉大学者普朗克："我只想知道物理的事实，理论方面我会自己补上。"说这话的时候是 1920年 11 月，那一年他刚到柏林。想一想普朗克在当时是怎样的人物：受人尊敬的伟大的物理学家，在德国科学界有着极高的地位，又是诺贝尔奖得主。他是将量子引入 20 世纪科学的先驱者，作出了物理学史上最重要也是最具独创性的贡献之一。

1920 年 10 月到 1921 年 3 月间是西拉德在柏林的第一个学期，他选修了大量的课程，仿佛是为了弥补之前失去的时间，尽管那时他还只有 22 岁。除了学习物理学的不同课程外，他还继续学习哲学和伦理学。物理交流会和研讨会一直是他活动和生活的重要组成部分。那些午后是如此特殊，西拉德与大师们在一起，他们互相批评，又一起讨论物理学最前沿的进展。西拉德后来出名的"傲慢"也是在这个时候迅速发展起来的。西拉德请爱因斯坦讲统计力学课，后者同意了。尽管这不是爱因斯坦喜欢的内容，但他还是接受了挑战，并在 1921—1922 年的冬天教授了这门课。除了西拉德之外，维格纳和冯·诺伊曼也听了这门课，西拉德还邀请了其他一些非常聪明的学生，丹尼斯·加博尔（Dennis Gabor）就是其中之一。西拉德和爱因斯坦的关系逐渐变得非常亲近，他们一起聊天，一起出谋划策，西拉德常陪爱因斯坦走回家，也会经常去他家拜访。

据维格纳说，统计力学的研讨会令西拉德意识到自己在高等数学方面还有所欠缺。不过维格纳认为，西拉德在这件事上低估了自己。西拉德没有听从维格纳的建议，一起研究与量子力学相关的问题。他可能不想局限在某些特定的问题上，特别是那些他还没有开始研究，并且难以成为先驱者的问题。

柏林交流会有非常明确的规则：坐在前排的是普朗克、劳厄和爱因斯坦，西拉德、维格纳、冯·诺伊曼和加博尔这些学生坐在中间和后排。不过交流会结束以后，西拉德会从后面上来，与坐在前排的人谈话。并不是所有人都把握住了这样的机会。而在其中，西拉德是利用得最好的。柏林的物理交流会不仅是西拉德职业生涯的关键节点，也同样深深影响了维格纳和冯·诺伊曼。对特勒而言，这样的关键节点是他在莱比锡和海森伯及其研究团队一起工作的时候。或许可以这样说：想要成为一名火星人，就需要在德国经历一个转折点，也就是和许多物理学伟大的先驱者在一起（对冯·卡门而言，是和普朗特一起研究流体力学）。不过这只是必要条件，单单有这样的经历还不够。而且到最后，他们还深度参与到了国防事务中。

其他人从事的职业则完全不同。丹尼斯·加博尔就是一个明证，他也来自布达佩斯，并且有犹太背景，被德国驱逐后，他定居在英国。即便是在英国，他原本也可以为国防作出贡献，然而并没有。德国犹太物理学家鲁道夫·皮尔斯（Rudolf Peierls）也定居在了英国，他倒是参与到了国防事务中，后来不得不随英国应急小组一起前往美国参加曼哈顿计划。另一个例子是乔治·冯·赫维西（George von Hevesy），他也是在 1911 年极右势力上台后被迫离开匈牙利的。和冯·卡门一样，他在前往德国后事业登上顶峰。在一战前，他也在海外停留了一段时间。冯·赫维西比冯·卡门年轻，但比其他火星人年长一些。他在研究化学过程时使用放射性元素示踪，1944 年因此获得诺贝尔奖。所以他的研究领域和核物理有所关联，但他并没有参与到国防工作中。当他不得不离开德国时，他选择去丹麦——至少他自己这样认为必须离开——因为在他所生活的弗莱堡大学里并没有人知道他有犹太血统。当纳粹蔓延至丹麦时，他又前往瑞典。奥托·罗伯特·弗里希（Otto Robert Frish）也从德国逃亡到了丹麦，后来又去往英国。他在那里和皮尔斯一起参与原子能计划。冯·赫维西则没有考虑过这一选择。

那些从德国逃亡到美国的重要的德国物理学家又如何呢？他们和火星人之间有什么区别呢？火星人在从匈牙利去往德国时，已经经历过一次被迫的离开。他们比其他人更警觉，也认为有必要为自身环境之外的事承担责任。由于此前有过类似的经历，所以他们能够更快地在新的国家重新开始生活。另外，冯·卡门、维格纳和冯·诺伊曼在大批人开始逃亡之前，就已经到了美国。特勒在英国停留了一段时间后也来到了美国，幸运的是，他也得到了一份工作的邀约（托乔治·伽莫夫的福），因而不需要找工作。西拉德倒是很少收到工作邀请或是任命，不过他起初也不急于找一份普通的工作。虽然这些都是后来的事，但由此可以看出在德国的经历对于火星人的重要性。

在柏林，西拉德度过了"人生中最有创造力的时光，各种想法源源不断地产生"。他那时正在写博士论文，虽然他是冯·劳厄的博士生，但论文的题目却是他在爱因斯坦的鼓励下自己选的。冯·劳厄提过一个候选项目，但西拉德的研究迟迟没有进展，并且他始终怀疑这个问题没有答案。他的论文和热力学第二定律有关。他发现了这条定律过去没有想到过的应用。这个想法是在他长时间的散步中形成的，看起来似乎没费多少功夫。在把论文交给冯·劳厄前，他先给爱因斯坦看了一下，爱因斯坦一开始不相信西拉德所说的，不过很快他就意识到了这些想法的价值。

在得到爱因斯坦的肯定后，西拉德把论文交给了冯·劳厄，只用了一个晚上，冯·劳厄就接受了他的这篇文章作为博士论文。西拉德又用了差不多半年的时间准备了另外一篇论文，是关于所谓的"麦克斯韦妖，它能准确猜测并做一些事情，以此来破坏热力学第二定律"。论文阐述了孤立系统中形成的结构达到怎样的有序程度时将破坏热力学第二定律，而热力学第二定律一旦被破坏，会出现能量降低的同时熵增加的情况。这个问题的解答中包含了信息的传输，但当时并没有提到这个概念，因为它还没有作为一个数学概念被使用。在20世纪50年代早期，冯·诺伊曼在钻研自动控制时用到了西拉德的研究成果。这项研究还有重要的军事意义，包括确定导弹命中的准确度。冯·诺伊曼建议，效仿西拉德处理信息的做法，在估计误差时使用热力学方法。西拉德的第二篇论文帮助他获得了特许任教资格，并且在20世纪

50 年代和 60 年代，这篇文章被认为是信息学领域最早的论文。正如西拉德的一位朋友提到的："思考产生熵。"信息理论也把西拉德和冯·诺伊曼联系在了一起。这是火星人之间存在着密切的学术和私人关系的另一个例证。

无论如何，西拉德在大学里只用了两年时间就获得了博士学位。相比于现在的美国学校来说，在 20 世纪 20 年代的柏林，他如此出色的表现还不算非常突出。学生在大学里听几年课，最后写一篇论文就能得到博士学位，这在当时并不罕见。西拉德是在柏林工业大学的哲学院学习和完成论文的。虽然还无法和现在相比，但那里的物理专业已经相对独立。除了刚才提到过的物理学家外，在西拉德的特许任教资格评审委员会里，还有一些出色的化学家，包括新近获得诺贝尔奖的弗里茨·哈伯（Fritz Haber）和瓦尔特·奈恩斯特。

西拉德做什么事都很快，而爱因斯坦和冯·劳厄的开诚布公也帮助他不断进步。西拉德用一篇简短但具有革命性的文章作为学位论文，这样的事并不少见。特勒和埃米尔·科诺平斯基（Emil Konopinski）曾提出过核反应中产物角动量的角分布假设，1948 年杨振宁完成了证明，那时，他从中国到美国不过两年多。1948 年的一天，杨振宁走进特勒在芝加哥大学的办公室，向特勒展示了证明过程。特勒建议他把证明写成博士论文。杨振宁写了一篇 3 页的文章交给了特勒。特勒有些担心，就提了两个建议来扩充论文，最后这篇文章扩展到了 11 页。特勒终于感到满意，杨振宁因此获得博士学位，并开启了精彩绝伦的物理研究之路，他此后用了不到十年的时间就获得了诺贝尔奖。

西拉德并没有就两篇学位论文展开进一步的研究，因为他没办法静下心来。他通常不会将研究的发现写成文章发表，之前两篇论文完全是为了获得学位。比起发表论文，他更愿意时不时地申请一些专利。不仅在德国是如此，此后一生他都是这样。1953 年，詹姆斯·D. 沃森在冷泉港实验室首次发表 DNA 的双螺旋结构时，西拉德对此的回应完全与学术无关。他问沃森："你能为它申请专利吗？"西拉德申请专利的习惯令他的同事有些不满，因为他们察觉到了他行为背后的现实动机。

1928 年，西拉德在罗尔夫·维德罗之前构想出了直线加速器。1929 年又在 E. O. 劳伦斯（E. O. Lawrence）之前构想了回旋加速器。在德国时，西拉德是真正的发明家。尽管在他申请专利的行为背后有非常实际的目的，很乐于从他的专利中获得收入，但这绝对不是他唯一的目的。他一旦提交了某项申请，就会将它抛诸脑后。他还向英国海军部提交了他最重要的专利——核链式反应，但这个专利几乎不可能为他带来收益。另外，西拉德也毫不吝啬于发布他的想法，并由此获益良多。甚至是当他亲自参与了研究后（这种情况非常少见），他也会拒绝参与发表文章。1938 年，他和罗切斯特大学的物理学家西德尼·巴恩斯（Sidney Barnes）合作。刚研究完成后，西拉德让巴恩斯以单人名义发表论文，因为他"对荣誉不感兴趣，只想把事情做完"。

西拉德在柏林形成了许多贯穿一生的性格特点。他特别喜欢热闹。他觉得有责任确保学生和来访问的研究者在大学里见到每一个需要见到的人。他和普朗克、爱因斯坦和其他人私下的交往也给他这样的机会，来充当符合他个性和兴趣的角色。

拉努埃特引用了西拉德的弟弟贝拉的话，"利奥结识不同的人并榨干他们的思想，然后把他们像橘子皮一样丢在一边"。这一点和冯·诺伊曼很像，他也习惯于追问其他人的想法，但又不让他们用自己的节奏来解决问题，所以那些人对他很不满。不过，科学研究不是一定要用周到的方式进行的。西拉德以愿意慷慨分享想法著称，但当他作为评判者去评审其他人的研究时，不可避免地会把一个人的想法传达给另一个人，而这也同样会引起不满。不管怎么说，贝拉的描述都是负面的。我们也因此可以理解，为什么当冯·诺伊曼或是西拉德出现在某位研究者身边，开始盘问他的研究时，那个人会感到非常紧张。

如果没有柏林的交流会，西拉德和维格纳或许只能勉强成为一名称职的专业人士。他们两个一起参加交流会，一起聆听西拉德邀请爱因斯坦上的课，这加深了他们之间的友谊。冯·诺伊曼随后也加入了他们，形成了火星人的核心圈。令他们彼此间如此亲近的原因有很多，但还不至于使他们过于亲近。他们都来自改宗后的家境富裕的犹太中产阶级家庭；改宗后，西拉德是加尔文派，维格纳是路德派，冯·诺伊曼在父亲去世后成为天主教徒。他们不仅有相同的过往经历和文化背景，也有着共同的现实担忧，包括匈牙利的各种变故，以及日益加剧的反犹太主义。他们是能够通过只言片语就彼此理解的朋友，但作为理性的人，他们衡量生活中所有事物的标准只有它的合理性，因此，他们之间仍然保持着一定的距离。

他们周围还有其他人，不过关系没有那么亲密，比如西拉德的弟弟贝拉、加博尔和波拉尼。波拉尼稍稍年长一些，但也只比西拉德大了七岁，而西拉德又比冯·诺伊曼大五岁。而特勒虽然比西拉德小十岁，但他们之间的友情非常持久。火星人还有其他朋友，但都比不上他们彼此之间情谊深厚。波拉尼是维格纳的论文指导者，所以和火星人原本难有深交，不过西拉德和他成了朋友，后来维格纳也与波拉尼成了朋友。西拉德和赫曼·F. 马克（Herman F. Mark）也是朋友，20 世纪 20 年代，马克在位于柏林-达勒姆的威廉皇帝学会化学研究所担任研究主管。不过西拉德面对普朗克和爱因斯坦时都毫不犯怵，所以在与马克和波拉尼讨论科研项目时，当然也不会感到拘束。这些研究者当时正在用 X 射线散射研究纤维的结构。西拉德则认为，他们的实验应该用来揭开 X 射线的本质。他独断专行的态度令他在威廉皇帝研究所里获得了"总干事（Generaldirektor）"的外号。

西拉德和其他火星人在德国时与不少重要的物理学家有过交往，这些人后来都到了美国。其中，西拉德与有影响力的人的交往经历最令人瞩目，且不都是科学家。西拉德还认识了苏联物理学家列夫·朗道（Lev Landau），和埃尔温·薛定谔（Erwin Schrodinger）一起授课，和印度科学家萨特延德拉·N. 玻色（Satyendranath N. Bose）讨论相对论和量子力学。他还在柏林-达勒姆的威廉皇帝研究所和莉泽·迈特纳（Lise Meitner）一起讲课，那里也隶属于威廉皇帝学会（就是今天的马克斯·普朗克学会和它下属的研究所）。

冯·诺伊曼组织过量子力学的研讨会，这个研讨会可以看作是柏林物理交流会的延伸。西拉德、薛定谔和其他学生一起参加了研讨会，他们热烈地交换了意见。他们互相搭档教过许多课程，还会彼此牵线以各种各样的形式教授更多的课程。西拉德总是在交流会上积极参与讨论,薛定谔对此这样描述:"人们总是怀着极大的兴趣听他讲话,因为他所说的总是意义深远而又独具原创性。他常常能直指关键点,或是提出其他人从没想过的观点。"同样作为物理交流会的延伸,爱因斯坦会在家举行聚会,波拉尼和马克常常会去,而西拉德则从不缺席。

在西拉德的朋友里,爱因斯坦的地位非常特别。他对其他人可能有些莽撞甚至无礼,但对爱因斯坦一直非常尊重。爱因斯坦想必非常欣赏西拉德的智慧,因为他能够在看似独立的事物之间建立联系,同时他也能容忍这位朋友偶尔表现出的不尊重。除了西拉德,大概没有谁会在交流会上对爱因斯坦说:"但是教授先生,你现在所说的完全是一派胡言。"那个时候,西拉德已经坐在那些交流会的前排了。西拉德和爱因斯坦还有过应用方面的合作,他们一起设计了电冰箱,并且申请了专利,不过一直没有制造出来,后来,匈牙利的工程师阿尔伯特·克罗迪把他们共同的发明制造了出来。虽然这款电冰箱并不适合生产和销售,但它的原理后来被用在增殖核反应堆中。他们还一起为电磁泵和关联部件申请了德国专利。他们俩还有一些其他的共同爱好,包括天文学和宗教。他们一致认为:"只要你向上帝祈祷是为了得到某些东西,那你就不是一个虔诚的人。"他们想要理解自然,更想知道它是如何被创造出来的;他们想了解上帝在创造自然时的想法。了解了上帝的想法后,他们要做的就是把其他事情弄明白。西拉德和爱因斯坦都对斯宾诺萨的思想非常感兴趣,也很欣赏这位 17 世纪的荷兰哲学家。爱因斯坦是这样评价西拉德的:他"有天才般的智慧,所以不会轻易被假象所迷惑。但他也和很多这样的人一样,可能高估了理性在人类生活中的作用"。

西拉德不止一次请爱因斯坦为他写推荐信,以帮助他申请美国签证。爱因斯坦的信总是很有用。不过他从来没有要求爱因斯坦帮他找工作。或许西拉德并不想用这种方式来检验他和爱因斯坦之间的友情。这也可能是出于对爱因斯坦的尊重,因为西拉德自己也不确定是否想要得到一份工作。他或许只是不想在一些自己认为价值不大的事情上,"浪费"爱因斯坦的帮助。然而,波拉尼倒是请求爱因斯坦推荐西拉德到高等研究院任职,1932 年这所研究院在普林斯顿大学成立。但因为是数学物理专业的职位，所以爱因斯坦并没有引荐，他认为，技术科学和实验物理更适合西拉德。或许爱因斯坦比西拉德的其他朋友甚至本人更了解他。

拉努埃特将西拉德称为"知识游民（intellectual vagabond）"。他的生活只有两个行李箱，随时都准备好离开，他没有家庭负担，也不需要承担其他责任。他总是在各处游走，不仅仅是在柏林，他还经常去其他城市旅行。他的弟弟贝拉帮他处理生活中的琐事。西拉德做过很多临时的工作，不过也都很受尊敬，比如在马克的实验室当顾问，给劳厄做助手，或在柏林的大学讲课。在这些工作中，他不经意地发表了一些包含重要思想的成果。例如，马克认为，西拉德是非平衡热力学的开创者之一。1927 年，在首次完成固体中的电子散射实验之后，加博尔当时正在研究电子束，于是西拉德建议他用电子制造一台显微镜。不过加博尔认为时机还不成熟。很可惜，电子显微镜很快就被其他人制造出来了。1931 年，西拉德为电子显微镜申请了专利。同一年，恩斯特·罗斯卡（Ernst Ruska）制造了第一台电子显微镜，并在半个多世纪后因此获得诺贝尔奖。而西拉德在申请专利之后，并没有继续研究下去，就像他对待很多其他想法那样。加博尔后来因为发明全息技术而名扬，在 1971 年因此获得诺贝尔物理学奖。

魏玛共和国宣告失败时，西拉德并没有感到惊讶。他早在 20 世纪 20 年代中期就作出了正确的预言。其他很多人也做过类似的预测，但都没有他那么早。西拉德认为，魏玛宪法是在不断产生"管理的熵"。1929 年德意志银行行长宣布，德国将不再支付一战后签署的和平条约中规定的赔偿，直到德国收回从前的殖民地，西拉德对此深感震惊。他认为，德国顶尖的银行家居然能够如此厚颜无耻地放弃债务，这是非常不好的预兆。于是西拉德将他在德国的所有存款都转到了外国银行。随着纳粹在德国崛起，西拉德的政治意识越来越强，参与的政治活动也越来越多。他推动成立了名为同盟（Bund）的组织（不要和德国同盟 German Bund 混淆）。这个组织有两个开创性的特征：一来，参与的成员有男有女，没有性别歧视；二来，这是一个国际性组织，和他身边愈演愈烈的民族主义正相反。西拉德成立同盟的尝试，为他后来试图将智力精英聚集起来谋求国家和国际领导力打下基础。西拉德做好了随时应对战争或其他变故的准备。1930 年，他成为编外讲师，并获得德国国籍。然而他已经注意到了德国政局的不稳定性，开始考虑前往美国。

尤金·P. 维格纳

维格纳的经历和西拉德相似，从布达佩斯技术大学前往柏林开启了他的另一段人生，他将离开欧洲，为美国在二战中取得胜利作贡献，并为（美国）政府工作。1921 年，维格纳离开匈牙利前往德国时，完全没有想过他会有这样的职业经历。一开始，他将德国当作求学的避风港。他的父亲计划在布达佩斯的莫特纳皮革厂为儿子找一份工作，但维格纳却希望能在德国或是匈牙利成为一名物理学教授。

他勤奋地学习化学，并且特意完成了实验室所有的练习，就是为了能够通过考试。他曾提到过一点，在他读书的时候，无机化学更多的是在研究材料的性能，和电子绕原子核的运动没有多大关系。这表明，维格纳一定认真学习了真正的化学，并在之后将其运用到了建造反应堆的工作中。为了能更好地在皮革厂工作，他接受过专门的训练。维格纳是一名可靠的学生，但不是特别出色。他只对物理有浓厚的兴趣，所以他开始参加柏林大学的物理交流会。

一开始他一个字也听不懂，他很清楚自己只能保持沉默，他应该在那里听，而不是说。后来他也主动要求整理汇报论文。这令他强烈地感受到，即便是最伟大的物理学家也不能独立解决所有的问题，因此，他的贡献是有必要且值得肯定的。尽管爱因斯坦和其他大人物没有直接地鼓励过这位年轻人，但他们在行动上平等地对待他，这本身就是在间接地表达肯定与欣赏。维格纳从这些交流会中了解到理论物理的重要性，比起实验，他天生更喜欢理论。他清晰地注意到，在交流会上，纯物理之外的问题从未被提及——没有政治，也没有国际事务。交流会结束后，大家会一起去咖啡屋，在那里继续讨论物理问题。

参加物理交流会和学习其他学科占用了维格纳不少时间，不过他做的事比这还多。第三年的时候，他每周去威廉皇帝研究所工作 18 个小时，西拉德也去过那里。维格纳后来在回忆中将它和普林斯顿高等研究院进行比较时，提到这所研究所在郊区柏林–达勒姆。他先后在研究所完成了硕士和博士论文。他选择晶体学作为硕士论文，在赫曼·马克的指导下研究菱形硫化晶体的结构改变。

此前提到过，马克是西拉德在柏林的熟人之一。马克是奥地利人，父亲是匈牙利犹太人，父亲家后来改宗路德派。马克在维也纳长大，后来他离开柏林前往路德维新港从事工业相关工作。1932 年，法本工业（ I. G. Farbenindustrie ）迫于纳粹威胁让他离开，于是他返回了维也纳。1938 年，德国吞并奥地利后，他不得不再次离开维也纳。当时他选择前往美国，并在布鲁克林理工学院（ Brooklyn Polytec ）找到了一份好工作。他发明了一项确定分子结构的新技术，不过他最出名的还是高分子化学方面的工作。和维格纳的博士论文导师波拉尼不同，马克和维格纳没有变得那么亲近。维格纳认为波拉尼对他人生的影响仅次于父母和拉斯洛·拉茨。维格纳在自传中详细记述了马克和波拉尼的犹太背景，这很反常。维格纳虽然屡屡声称自己一点儿也不关心别人的种族背景，但却对他两位老师的这一方面给予了如此高度的关注。

波拉尼时常在研究中鼓励维格纳，维格纳称波拉尼为"真正的赞美艺术家"。维格纳非常需要被表扬，他曾经难过地提到，在柏林大学的物理交流会上很少得到肯定。这非常值得注意，即使像聪慧如维格纳一般的人也渴望被肯定，何况是普通人。然而，能像波拉尼这样对学生极为友善的却不多见。维格纳提到，虽然马克比波拉尼年轻一些，但自己和马克之间始终保持着距离，马克也没有像波拉尼那样表现出对研究工作的热情。1963 年，维格纳在斯德哥尔摩市政厅的演讲中向波拉尼致敬，特别提到了他在这位导师那里获得过的激励。波拉尼教导他："当大量现象显示出连贯性和规律性时，科学就产生了。科学就是要归纳出其中的规律，并通过建立概念来以自然的方式表达这些规律。"

20世纪20年代，在柏林的维格纳活在自己的世界里，几乎没有注意到他周遭发生的事情。他只和物理系的学生和教授们打交道，也会见一些化学等其他专业领域的人。通货膨胀是他留意到的为数不多的事情之一。1922年，4500德国马克兑换1美元，一年之后飙升到4万亿德国马克兑换1美元。通胀过于严重令他不得不注意到这件事，但他后来回忆道，当时并没有发现"德国已经深陷社会和政治困境之中"。不过，无论怎么看，维格纳都不是一个有激进社会态度的人。但他认为自己对待物理学的态度非常激进，尤其是在接受量子力学这方面，毕竟量子力学彻底地改变了传统的物理研究领域。从维格纳描述20年代物理学变革时使用的比喻中就能看出这一点。他自认为当时的传统物理已经过时，新的物理学如同猎人，而传统理论就是被猎人捕杀作为晚餐的野兽。他为物理学研究有如此迅猛的发展而感到非常高兴。

马克斯·普朗克在1900年左右率先提出量子理论，这在当时确实是革命性的创举。不过到了1925年，量子理论遇到了困难，它无法很好地解释原子和分子中电子与原子核的行为。维格纳提道："需要一种新的数学物理。"不过，即使在维格纳看来，"量子力学的发现也是完全出人意料的事"。维格纳并不是量子力学的奠基人，虽然两位主要创始人和他年龄相仿。其中一位就是海森伯，当维格纳读到海森伯关于不确定性原理的论文时，他认为应当和其他人分享这全新的思想。他找到西拉德，告诉他"问题解决了"。这不是维格纳唯一一次想要向其他人吐露想法，一般这种时候他会找西拉德或冯·诺伊曼。量子力学的另一位主要创始人是英国的保罗·狄拉克。狄拉克和别人不同，他用英语而非德语来写论文，而在20世纪20年代，德语才是物理学的通用语言。因此，人们无论对他论文的内容还是所用的语言都持怀疑态度。除以上两位外，量子力学还有一位稍微年长一些的创始人薛定谔，他最著名的贡献就是建立了绝妙的薛定谔方程。

新的理论隐含了概率的本性，连伟大的爱因斯坦都对其十分抵触，他对此宣称"他不掷骰子"，这里的"他"指上帝。爱因斯坦不喜欢理论像掷骰子一般存在概率问题，他说："上帝是智慧的，但并不怀有恶意。"不过，量子力学的创立令维格纳和其他人松了一口气，他们都担心人类的智慧能否驾驭量子理论，量子力学的出现给了他们希望。

维格纳通过西拉德认识了爱因斯坦，并与他成为朋友。爱因斯坦会邀请维格纳去家中，他们不仅讨论爱因斯坦教授的统计力学课，还交流物理其他分支的问题，以及社会和政治议题。维格纳记得，爱因斯坦曾经沉思，时间是无限的，相比之下我们有限的生命几乎可以忽略不计。"我今天活着的概率是零，"爱因斯坦如是说，随后补充道，"尽管如此，我现在确实活着。"由此爱因斯坦得出结论："因此，人们不应该研究概率的问题。"此外，和西拉德的交往还为维格纳在柏林的生活带来过其他助益。例如，在一次讨论后，西拉德认为维格纳应该把刚才的评论写下来发表，维格纳很感谢他的鼓励。

1925年，维格纳在柏林工业大学取得化学工程学位后，回到布达佩斯，开始在皮革厂工作。他工作非常认真，在皮革厂尽力学习，还会去其他皮革厂参观，更广泛地了解所使用的制造方法。几十年后他仍能清晰地回忆起与各种皮革处理工序相关的化学知识：有些皮革用于制作鞋底，有些则用于制作鞋面，还有一些是用来做旅行包的。不过，他那时非常想念物理学，为了缓解无法从事物理工作的痛苦，他订阅了德国的《物理学杂志》（*Zeitschrift für Physik*）。1926年，当收到邀请他回柏林，和威廉皇帝研究所的晶体学家卡尔·魏森伯格（Karl Weissenberg）合作的消息时，他欣喜若狂。维格纳能得到这份邀请得感谢波拉尼，后者非常清楚，他这位学生和朋友应当属于科学。

魏森伯格对晶体结构感兴趣，他建议维格纳学习群论，这是用于处理对称性问题的数学方法。这个建议对维格纳进一步的学术发展至关重要。魏森伯格鼓励维格纳为他所研究的问题找到更简明的解决方法。维格纳的研究进展顺利，与魏森伯格的讨论也激励他在群论应用方面越钻越深。当他在研究一些未知问题的过程中遇到困难时，他向冯·诺伊曼请教。他们各自的兴趣恰好能够互为补充。

维格纳创造性地在量子力学中应用群论。尽管他没有参与量子力学的创立，但群论的应用令他有机会作出原创性的工作。令人疑惑的是，他在列举对他的发展产生重要影响的人物时，并没有过多地对魏森伯格表示感谢。他认为自己的成功更多地要归功于勤奋、坚毅和耐心，而非天赋。他认为自己没有什么出色之处，有的只是敏锐的直觉和良好的运气。很可能是因为中学时代一直生活在冯·诺伊曼的"阴影"之下，维格纳有些低估了自己。尽管如此，同时代的不少人都不太认可群论。泡利用德语将其称为"群体问题"（die Gruppenpest），意思是群论像是在研究"昆虫族群问题"。

这时，冯·诺伊曼又一次对维格纳表示支持，他说："五年后，每个学生都会学习群论的课程。"可见，冯·诺伊曼不仅帮助维格纳解决数学困难，还给予精神上的鼓励。20 世纪 20 年代后期，缺少好的群论教材，赫尔曼·外尔（Hermann Weyl）写过一本，但维格纳觉得内容不够清晰。外尔比维格纳大十五岁，差不多长了一辈。这时，西拉德鼓励维格纳自己写一本群论的教材，因为他认为，通过出版新的教材，维格纳能够在这门学科获得优先权。最终，维格纳花了两年时间完成了《群论及其在量子力学解释原子光谱中的应用》，于 1931 年出版德语版本。

维格纳的对称性研究不局限于在量子力学中应用这一概念。他进一步提出，自然规律具有对称性。一些同事和前辈认为在对称性研究上投入那么多精力有些犯傻，对此维格纳出于一贯的谦卑和礼貌，并没有提出反对意见。他"并不介意做傻事"，因为对称性研究给他带来了很多快乐。在提到物理对称性时，他说："我最喜欢的物理定律或许不如伟大诗歌般完美，也不如一流的笑话那般幽默，但它们拥有一种特殊的狡黠的魅力。"维格纳完全不在意，在一些人看来他的研究毫无价值。他在提到研究的价值时难得没有表现出惯有的谦卑："这项研究最后被应用在了非常基础的领域。它充分展现了自然规律具有不变性的这一真理。研究还影响了核反应堆的基本设计思路。"

半个多世纪后，知名诺贝尔物理学奖得主史蒂芬·温伯格肯定了维格纳所作贡献的先驱性，尽管从政治立场来看，他俩算不上朋友。温伯格提道："维格纳比大多数物理学家更早注意到，将对称性本身作为研究对象的重要性。"20 世纪 30 年代，物理学家通常在特定的核力理论中谈论对称性。"维格纳能够超越这种局限，"温伯格继续说，"在不基于任何核力理论的前提下讨论对称性。"另一位诺贝尔物理学奖得主赫拉尔德·霍夫特在提到对称性能够以多种方式发生破缺时,将这一概念一直追溯到维格纳,并提到,"对称和对称破缺都是我们看待自然的方式"。

1955 年 4 月,美国物理学会在华盛顿特区为维格纳举行了纪念研讨会。他被称为"近代物理的顶尖人物",戴维·格罗斯(2004 年获得诺贝尔奖)总结了维格纳将对称性应用于物理研究所取得的成就。他用一幅简单的图示描述了对称性原理、自然规律和物理现象之间的关系。维格纳在诺奖演说中也曾生动描绘过:对称性原理独立于各种理论,它"提供了一种结构使自然规律具有协调性,类似于自然规律提供了一种结构使一系列事件(物理现象)具有协调性"。维格纳由此得出了意义重大的基本关系。

对称性原理 → 自然规律 → 物理现象

维格纳在诺奖演说中阐述物理学的根本任务时,表现出了一贯的谦卑。他特别指出,物理学和物理学家的雄心壮志是有限度的:

物理学奋力要做的不是解释自然。事实上,物理学所取得的伟大成就仰赖于严格限定的研究内容:物理学只着力解释对象行为所呈现出的规律性。如今看来,放弃更为广阔的目标,选择在特定领域中寻找解释,对我们而言至关重要。对可解释性的严格界定可以说是物理学迄今为止最伟大的发现……

物理学致力于揭示现象背后的规律性,由此形成了自然规律。这个名词非常恰当。如同法律只在特定情境中规定人的行为,而没有规定所有的行为一般,物理规律同样只在严格界定的情况下决定对象的特定行为,而为其他行为留出了足够的空间。

很久以后,直到 1963 年,维格纳才因为对称性的研究,特别是将其运用到核物理中而获得诺贝尔奖。不过,在这期间的数十年里,维格纳的观点始终未变,并且一直将对称性作为他研究的主要课题。这些研究经历对于他的人生而言,最直接的影响是使他坚定了成为一名物理学家的信念。他曾充满诗意地宣称:"确信自己是一名真正的物理学家令人如此快乐。除了爱情之外,还有什么能与之媲美呢?"

　　维格纳在德国做过很多工作。在格丁根大学做了一段时间希尔伯特的助手后，1928 年他返回柏林工业大学，成为那里的编外讲师，和理查德·贝克（Richard Becker）共事，贝克也是物理交流会的常客，只是更年长一些。维格纳在那里教量子力学，不过他不太擅长讲课。后来，他在普林斯顿讲课时再次遇到困难，可以想见，英语并不是他在课堂中与学生顺畅交流物理学的唯一障碍。温伯格曾听过他的课，他提到，"他不是一位非常出色的老师，因为他总是过分担心班上有人无法理解他的意思"。这导致他的课节奏异常缓慢，温伯格随后补充道，"但他的见解非常深刻"。维格纳还认为，大多数物理学家对量子力学的熟悉程度远不及经典物理。这门新的物理学并非人人触手可及。他不仅仅是抱怨一番，还尽力设法补救，他和冯·诺伊曼合作，共同发表了一系列论文。即使这些论文依然非常专业，但他们已经希望这能有助于同行尽快熟悉量子力学。

　　1930 年，距离希特勒上台还有几年，那年 10 月，维格纳的人生遇到了一次颇有戏剧性的机会。他收到了普林斯顿大学的访问学者邀请，开出的薪水是他在柏林时的 7 倍之多，因此非常有吸引力。他认为普林斯顿之所以邀请他，是想提升其在物理学界的地位。他甚至怀疑，他们邀请他是为了提高邀请到冯·诺伊曼的机会，后者才是普林斯顿最想要的人。这样的想法既是出于维格纳谦卑的性格，也可能事实确实如此。最开始冯·诺伊曼和维格纳受邀访问一个学期，在即将结束时，学校又提出延长他们的访问时间，在接下来五年，有一半时间能在普林斯顿工作。这似乎是一个两全其美的方案，美国和欧洲两边都能获益，于是他们接收了提议。维格纳凭借普林斯顿访问学者的身份，同时在柏林工业大学获得了一份教职。

　　尽管维格纳步入了国际学术界，也有一定的国际视野，但是希特勒的上台仍然令他猝不及防，因为他在此之前完全不关心政治。当希特勒向德国人宣告他们比其他种族更优越时，并没有遭到政敌的激烈反对，正如维格纳所言："国内政治中，高明的谎话比真相更容易被接受。"不只是维格纳，大多数德国人都没有对希特勒的上台感到担忧，对此维格纳认为，人们迫切渴望权力，也渴望有可以憎恨的对象，这位新元首和他的反犹太主张恰好满足了这两点。维格纳并没有预见到纳粹的威胁，事实上他之所以离开德国，在普林斯顿重新安顿下来，仅仅是因为普林斯顿早先发出的邀请。然而，战争结束后，当人们对纳粹的滔天罪行感到震惊和难以置信时，维格纳却没有同样的感受。他坚持认为，早在20世纪30年代早期，希特勒就已经向关注他的人展示了他本人以及他的政权真正的面目。毒气室和奥斯威辛集中营只是一种技术手段，为的是实现他一直在宣扬的理念。因此，维格纳蔑视希特勒和他的拥护者，也蔑视那些被他蒙蔽的人。

尤金·P. 维格纳。(István Orosz 绘)

约翰·冯·诺伊曼

冯·诺伊曼和西拉德、维格纳一起，成为火星人中的小团体，相仿的年龄和相似的背景令他们之间格外亲近。德国是他们的交集，在那里他们会一起参加物理交流会和其他研讨会。不过，对冯·诺伊曼来说，除了德国以外，那段时间他还有一个常驻地——瑞士苏黎世。冯·诺伊曼家对他的教育规划极为谨慎。尽管他最喜欢数学，但家里还是决定让他同时攻读化学工程。因此，在冯·诺伊曼的故事里，更为实际的化学工程不是某个不切实际专业的替代品，而是一个补充。

冯·诺伊曼同时在柏林和苏黎世求学，有时他不得不努力学习，特别是在准备苏黎世联邦理工学院的入学考试时。他顺利地通过了考试。我们不可低估这些考试的难度，不妨想一想，20 多年前的 1895 年，爱因斯坦在考试中失败了。严苛的学业要求并没有阻止冯·诺伊曼做其他事情，他能够同时进行好几件事，面对其中任何一件时，完全不会受到其他事情的干扰或影响。早在 1922 年，他就已经大致完成了集合论公理化的论文草稿，这后来成为他的博士论文。要知道，1921 年，他刚刚以 18 岁的正常年龄从布达佩斯的中学毕业。也就是说，早在 1923 年他参加苏黎世联邦理工学院的入学考试前，他就已经基本完成了博士学位的研究工作。

1926 年，冯·诺伊曼同时获得了化学工程的学士学位和数学的博士学位。冯·诺伊曼的博士论文草稿被交给马尔堡大学的一位教授，后者是一本数学杂志的编辑，这位教授立刻从文章中看出年轻的冯·诺伊曼与众不同，可谓"从爪子判断这是一头雄狮"，这句话也曾被用在牛顿身上。冯·诺伊曼在柏林和苏黎世结交了科学界许多重要人物。尽管他在苏黎世学习化学工程，但他还和 20 世纪前半叶的数学巨擘之一——赫尔曼·外尔有交往，他们后来在普林斯顿成为同事。外尔很快就发现了这位年轻学生的学术造诣，时常在外出旅行时请他代课。

冯·诺伊曼的身影不仅出现在柏林和苏黎世这两大科学中心，他还时常去格丁根大学，这主要是去拜访希尔伯特。希尔伯特非常欣赏冯·诺伊曼，因为他在希尔伯特主攻的数学领域中取得了不少进展。希尔伯特一直在尝试建立自洽完备的数学公理系统，冯·诺伊曼也致力于此。冯·诺伊曼在 20 世纪 20 年代发展出了许多数学工具，能够帮助他攻克各种完全不同的物理问题。不过他并不满足于让这些技术为物理学家所用，而是亲身加入了他们的研究进程中。后来，当他涉足军用物理研究时，这样的习惯成为他的特色。此外，他还找到了一种赏心悦目的成果展示方法。他是一名演讲大师，也是真正的成功者。

其他人可能对他的成功感到愤愤不平或是非常嫉妒。除此之外，冯·诺伊曼很早就发展出了快速解决问题的能力。相比于提出问题而言，他解决问题的能力更令人瞩目，不过也因此，他的同事有时不太喜欢他。反之，等他自己有一些原创的想法时——他确实有很多这样的想法——他倒不一定会完全把它们研究清楚。结果，其他人不得不去研究这些问题的细节，但最终还得反过来引述冯·诺伊曼开创性的贡献——如果这些贡献已经被记述在文献中。麦克雷形容他的原创性贡献"如流星一闪而过"。其他人则没有那么友好，指责他专门"撇去牛奶上的奶油"。类似的情况也出现在冯·卡门的经历中。好在冯·诺伊曼非常有人格魅力，这也部分地化解了其他人对他的负面情绪。他也不介意其他人发展他的想法，而且赞赏这种行为，即使那些人有时并没有注意到他在这些问题上已有的贡献。

除了他非凡的科学成果外，和其他火星人相比，我们对冯·诺伊曼在20世纪20年代的生活所知甚少。在完成学业后，他前往格丁根大学，并很快在那里发现了想要解决的问题。尽管海森伯在1925年就建立了量子力学，但却不断遭到批评。特别是在薛定谔和冯·诺伊曼找到了用其他人更熟悉的数学语言，优雅地描述这门新科学之后，批评变得更加猛烈。这种新的方法尤其得到数学家的肯定。冯·诺伊曼1927年在柏林大学做编外讲师，1929年转去汉堡大学继续做编外讲师，并且很有希望获得正式的教授职位。到1927年底，他发表的数学论文已有12篇。之后的1928年和1929年，他每年又发表了10篇论文。他的论文时常与物理有关，因此他在数学家和物理学家之中都非常有名。其中一部分光谱学的论文是和维格纳合作的。他们之间亲密的互动引发了这样的比较："当其他人给约翰尼提建议时，他能立刻跳到领先这些人五个街区的地方，但只能领先维格纳一个街区。"

毫无疑问，冯·诺伊曼在第二个落脚的国家找到了家，并且很高兴能够在那里规划他的工作和生活。然而随着整个欧洲，特别是德国的政治气氛变得越来越不确定，这样的打算变得不再牢靠。与此同时，在大西洋的彼岸，人们不仅注意到了冯·诺伊曼杰出的能力与成就，更意识到了他是使美国数学实现现代化的潜在因素。美国如果想要在世界科学界取得领导地位，数学的现代化必不可少。正是这两方面的共同作用，令冯·诺伊曼在不久之后离开欧洲，前往普林斯顿。

爱德华·特勒

特勒刚满 18 岁时，就踏上了前往德国的旅程，抛下了他的家庭、爱人（未来的妻子）和三个最好的朋友。1926 年，他首先到卡尔斯鲁厄理工学院学习化学，在那里，他第一次接触到了近代科学：马克做了一场关于量子力学的客座讲座。那个时候马克已经离开柏林，进入了法本工业，那里离卡尔斯鲁厄不远。特勒还在那里结识了 P. P. 埃瓦尔德（P. P. Ewald），后者于 1912 年在慕尼黑大学获得了理论物理博士学位，他的研究促使劳厄（当时还未被授予爵位）创立了 X 射线晶体学。埃瓦尔德应该和劳厄分享 1914 年的诺贝尔物理学奖，但最终该奖只颁给了冯·劳厄一人。埃瓦尔德后来也搬去美国，他的女儿嫁给了汉斯·贝特（Hans Bethe）。特勒一家和贝特一家本来有机会成为亲密的朋友，但后来因为一些小摩擦，贝特变成了特勒犀利的批评者。特勒在卡尔斯鲁厄学习了两年化学，这为他后来在物理化学和化学物理领域的成功奠定了坚实的基础。

1928 年，特勒前往慕尼黑大学，在赫赫有名的物理学教授阿诺德·索末菲（Arnold Sommerfeld）的门下学习物理，不过特勒并不喜欢索末菲，他形容索末菲"相当得体，很有条理，非常能干"。特勒其中的一位同学是未来的诺贝尔奖得主、物理学家约翰·H. 范弗莱克（John H. van Vleck）。从范弗莱克加入研究组起，和索末菲打招呼时的用语经历了一系列变化，从"早上好，索末菲先生！"到最后的"早上好，枢密顾问（Geheimrat）先生！"。一开始，他几乎得不到回应，但最后他被表扬德语有进步。枢密顾问是一类秘密顾问，属于公务员系统中比较高阶的职位，是很有头衔意识的德国人非常渴望的职位，因此索末菲的虚荣绝非罕见。

特勒在慕尼黑的一场车祸中失去了一只脚，但凭借着坚强的意志和强大的决心，他在几个月后就能装上假肢重新走路了。等他结束在布达佩斯的休养后，没有返回慕尼黑，而是前往莱比锡投入了海森伯门下。他的这位新导师和之前自负的德国教授完全相反。他有着年轻人的冲劲，并且是近代物理真正的先驱。特勒一生都非常尊重与敬佩海森伯，即使海森伯在二战期间的作为颇受争议。

在海森伯的指导下，特勒仅用一年就完成了博士论文。初到莱比锡时，海森伯把维格纳关于集合论的论文给特勒，并让他在下次研讨会时作汇报。海森伯一直在主持类似于柏林交流会的研讨班，后来朗道在莫斯科也办过类似的研讨会。特勒的博士论文写的是氢分子离子（包含两个质子和一个电子的系统）的物理性质，1930 年 1 月他取得了博士学位，那时候他还不满 20 岁。海森伯为这位年轻的博士提供了一份助理工作，这对特勒而言是极大的荣誉，也间接表明海森伯对他的表现非常满意。特勒留在莱比锡的最后几个月里，他转向化学，着手研究多原子分子的结构和振动。

特勒的分子研究远没有他的核物理研究为人熟知，但却是特勒科学研究的重要组成部分。他在德国最后岁月中全部的时间都用来研究分子，后来又把研究带去了英国，刚到美国时仍然是他的专攻方向。下面的一些例子足以证明他的这些研究所涉及的范围以及重要性，其中一些研究成果直到 21 世纪初仍在起作用。第一个例证是，20 世纪 30 年代早期，特勒研究了分子中的原子团以化学键为轴相对于其他原子团转动的情况。早期所有的研究都假设这种转动不受限制，也就是说，不存在阻碍转动的能量壁垒。而特勒和布莱恩·托普利（Bryan Topley）在研究乙烷（H3C–CH3）中的两个甲基绕碳–碳键相对转动时，遇到了问题。

他们提出只有假设内部转动中存在能量壁垒才能解决这问题。尽管他们没有在这个问题上展开深入研究，但这个想法仍然为理解分子结构作出了开创性的贡献。

前面提到过的扬–特勒效应是另一个例证，这一效应是指，当具有高对称性的分子由于电子分布结构的一些性质而变得不稳定时，会通过降低自身的对称性来增加稳定性。如今，扬–特勒效应是用来研究众多材料结构的重要方法。第三个例证是多分子层吸附理论（BET），以斯蒂芬·布诺瑞尔（Stephen Brunauer）、保罗·埃米特（Paul Emmett）和特勒的名字命名，这一理论在物理化学中用来描述固体表面的有效吸附面积。在与化学相关的研究中，特勒最为这项成果感到骄傲。在后来的研究中，他还和著名的英国化学家克里斯多夫·英果尔德（Christopher Ingold）合作，他们一起研究同位素取代过程中，振动频率对同位素移位的影响。虽然他们都对多原子分子的振动感兴趣，但并没有联合发表过论文。特勒一生从未真正远离化学，他的研究贡献也受到了化学家的肯定。

在特勒从海森伯那里拿到维格纳的论文之前，勒特与维格纳在布达佩斯并无深交，能与这位年长一些的科学家有所交往已足以令特勒回味良多。现在特勒能以更平等的方式和维格纳相处。后来特勒总乐于提起，一次在听完爱因斯坦的讲座后，他感觉自己没有听懂，就和维格纳一起在柏林动物园散步，他向维格纳抱怨自己的蠢笨，希望能够得到一些宽慰。而维格纳则认为"愚蠢是人类的共性"，特勒对他的说法感到既惊讶又欣慰。

1930 年，特勒前往格丁根，师从阿尔诺德·欧肯（Arnold Eucken）和詹姆斯·夫兰克，夫兰克当时已经获得诺贝尔奖。他在格丁根一直待到 1932 年，其间还和其他人有过合作，包括未来的诺贝尔奖得主格哈德·赫茨伯格（Gerhard Herzberg）。他和赫茨伯格一起研究分子的振动光谱，这后来成为赫茨伯格一生的研究方向。特勒在格丁根期间还前往其他地方旅行，他去过罗马，在恩里科·费米（Enrico Fermi）的实验室待过几个星期，那时费米还没有发现慢中子。

1932 年常被称为物理奇迹年，因为许多重要的发现都在这一年完成。随后希勒特在德国登上权力舞台。在回忆录中，特勒深情地提起在德国的日子："作为年轻科学家在德国工作和生活的日子，是这一生中最令我满足的时光。"但随后他陷入了绝境："二十五岁时，我痛苦地发现，自己受到了德国物理学家们的排斥"。

第三章

再次启程：前往美国

为什么要待在一个不再欢迎我们的地方？

——维格纳引用冯·卡门的话

比起羽翼，我更希望拥有根基。但如果失去了根基，就只能选择飞翔。

——利奥·西拉德

本章跨越的时间从 20 世纪 30 年代初火星人离开德国开始，到 30 年代末他们加入美国的国防项目为止。与其他逃亡者相比，他们有两大优势：一是盛名在外，他们在希特勒上台前就已经是其他国家需要的人才；二是他们已经有过背井离乡、重启人生的经历。

他们的第二次迁移还有很多杰出的人参与。希特勒和纳粹政府将许多伟大的头脑驱逐出了德国。他宣称："如果解雇犹太科学家会令德国科学毁灭，那就让我们过几年没有科学的日子吧！"维格纳提到："希特勒针对犹太人的行动令他失去了大部分一起学习过的最杰出的人。"他具体提到的人有埃尔温·薛定谔（他不是犹太人，但还是选择离开）、维克托·魏斯科普夫（Victor Weisskopf）、马克斯·玻恩、迈克尔·波拉尼、利奥·西拉德、丹尼斯·加博尔、沃尔特·海特勒（Walter Heitler）、弗里茨·哈贝尔、詹姆斯·夫兰克、汉斯·贝特、爱德华·特勒、意大利人恩里科·费米（他太太是犹太人），以及最重要的阿尔伯特·爱因斯坦。沃尔夫冈·泡利在苏黎世工作和生活，但他认为瑞士也不够安全，同样选择前往美国。赫尔曼·马克先是返回祖国奥地利，在德国吞并奥地利后前往美国。保罗·埃伦费斯特（Paul Ehrenfest）在荷兰自杀，纳粹的威胁也是其中的部分原因。

　　一开始可能会以为，火星人在美国的生活将和他们在德国的差不多。冯·卡门、维格纳和冯·诺伊曼直接去了美国，在此之前他们已经收到过一些邀请，并曾在美短暂停留。特勒一开始选择去英国，但当他发现在那里没有多大的发展前景后又去了美国。西拉德的经历和其他人截然不同。西拉德仿佛同时生活在两条完全不同的轨道上：一条轨道是他常常因为灾难和突发事件而退居第二位的个人生活；另一条轨道则是，他忙于为其他逃亡者提供临时的帮助，尤其是为他们找工作。我们可能认为他的离开稳妥又安全，但事实上他自己也是逃亡者。

　　对于火星人而言，他们在德国和美国的经历有很多不同。他们以学生的身份来到德国，并且遇到了很多研究领域中的巨人。而在美国，他们之所以被需要是因为美国想要成为重要的研究和教育中心。从很多角度来看，西拉德和其他人都不太一样，但这些不同并没有令他不那么"火星人"。冯·卡门也有一些其他的不同之处。

西奥多·冯·卡门

　　早在希特勒上台前，冯·卡门在德国就已经遇到了各种问题。他对早期的反犹太主义就非常敏感，当时他被批评作为外国人缺少对德国的热爱。冯·卡门所在研究所新建的大楼举行启用仪式时，他邀请了七十位来自世界各地的专家出席仪式，并希望借此机会授予五位来自前交战国的科学家荣誉博士学位。德国的民粹主义者对他的这些举动非常不满，要知道当时还处于相对民主的魏玛共和国时期。随着时间的推移，冯·卡门不得不正视一个事实，他正越来越深地参与到德国的军事复兴中（在第二章中提到过他参与了德国滑翔机的制造项目）。在此期间，冯·卡门收到了来自加利福尼亚的工作邀请。罗伯特·密立根（Robert Millikan）参与创办了世界顶级学府加州理工学院，那里原本是地处落后地区帕萨迪纳的斯洛普学院。密立根在 1926 年首次向冯·卡门发出邀请，他想用慈善家丹尼尔·古根海姆（Daniel Guggenheim）的捐款建立空气动力学实验室，古根海姆要求由欧洲来的人负责新实验室的科研工作。密立根邀请冯·卡门成为新建的古根海姆航空实验室负责人，但冯·卡门拒绝了。

1929 年 7 月，密立根再次发出邀请，描述了这次工作机会的特别之处，于是，当年 12 月，冯·卡门带着母亲和妹妹前往帕萨迪纳。一开始他只是请假离开，1931—1932 年还会在亚琛待一段时间。但后来德国形势的发展令他不得不辞去在亚琛的工作。在给教育部的辞职信中，他写道："希望你们在未来几年为德国科学所做的事能与这一年为国外科学所做的相媲美。"

冯·卡门在 1934 年重访德国，那时他已经辞职，希特勒也已上台。当时，赫尔曼·戈林挂帅的空军部邀请他回到德国担任"顾问"。戈林宣称"谁是犹太人我说了算"，即便如此他还是无法为冯·卡门在大学安排一份工作。冯·卡门不是唯一接受邀请的：诺贝尔奖得主奥托·沃伯格（Otto Warburg）尽管祖上是犹太人，但他一直留在德国，在戈林的保护下开展癌症治疗方面的研究。或许是戈林对癌症的恐惧令他有这样的举动。而官方说法是，沃伯格只有四分之一犹太血统，但就是这四分之一犹太血统已经令他无法获得教职。不过沃伯格并不在意，他全身心地投入研究中。不过他在西方的同事对他一直留在德国这件事颇有微词。

1935 年，当冯·卡门出席在罗马召开的第五届沃尔塔会议（Volta Congress）时，航空发展已经成为重要议题，与国际政治局势和应对法西斯的军事准备息息相关。当时预判战争几年后会先在欧洲爆发，但后来比预期更早地在远东和非洲先爆发了。那时，空军元帅戈林已经公开承认了德国空军的存在，这是对《凡尔赛条约》的公然违抗。这一举动并没有令其他大国感到震惊，冯·卡门也同样没有，因为 20 世纪 20 年代在德国的经历令他对此早有预料。意大利和苏联也在加紧制造军用飞机，日本在制造飞机的同时还将在中国东北进行部署。

会议期间，由出席会议者组成的代表团访问了墨索里尼。冯·卡门以元老的身份将代表团带到了领袖（Duce）所在的总部——罗马的威尼斯宫。他后来描述了对这次行程的印象。他们穿过长长的大理石走廊，停在一扇巨大的门前，门后是宏伟的大厅。在空旷大厅的尽头，放置着墨索里尼的办公桌椅。访问者必须走过大约 30 米（100 英尺）才能到他面前。这个独裁者坐在半明半暗中，更增强了威严的氛围。最终，当访问者走到墨索里尼面前时，将变得极为谦卑。在 1935 年，意大利独裁者对犹太科学家还没有那么排斥。到 1938 年左右，当意大利的法西斯主义和德国纳粹紧密捆绑在一起后，墨索里尼政权也逐渐出台了各种反犹太法律。

冯·卡门尽力远离政治，将他参与活动的身份局限在科学家和工程师。即便后来他积极参与到美国空军的事务中，他也始终以此来要求自己。他并不是爱德华·特勒那样的政治人物。然而，他对政治的回避有时过于极端，在他为纳粹政府和一些美国企业之间的纠纷作证时尤为明显。这起纠纷涉及容克（Junker）的一项专利。当时，虽然反对纳粹的容克已经被项目除名，但纳粹政府还在继续生产容克设计的飞机。因此，一些美国企业被起诉侵犯了容克的专利。冯·卡门单纯地视这起纠纷为专业问题，他成功地为德国作证，使得美国企业不得不向德国支付赔偿，而这笔赔偿正是希特勒迫切需要的。有人希望冯·卡门能站在美国人一边，但从他的专业角度出发，他无法这样做。而事实上，他从一开始就不应该卷入这场纷争。后来他回忆起这件诉讼时，对于被邀请作证明显感到骄傲，也对胜诉感到兴奋，而不在意他为谁获得了胜利。

正当加州理工学院催促冯·卡门搬去美国时，日本政府也向他发出了邀请。神户的川西机械制造公司（Kawanishi Machinery Manufacturing Company）请驻柏林大使馆的海军上将吉田（Yoshida）将邀请转交给冯·卡门。他们希望冯·卡门能用六个月的时间和他们一起建立日本第一个航空实验室。冯·卡门不愿意接受邀请，但又觉得直接拒绝不太礼貌。于是他提出要将酬劳翻一番。他以为这么做就能让对方打退堂鼓，却没想到对方接受了他开出的条件。如此微不足道的要求根本不可能吓退日本人，正如冯·卡门所猜测的，川西公司的背后有美国海军的支持。

尽管不情愿，但冯·卡门最终还是接受了对方提供的职位，开始为日本建造第一个风洞，并于 1928 年完成。事后再看，他当时应该清楚这么做的后果，因为川西公司成立的私营飞机制造公司后来"成为二战期间日本海军重要的军工基地，生产制造各类回转炮台、水上飞机和战斗机"。在日期间，冯·卡门建议日本人不要只是复制西方的设计，尽管他们只选择最好的来复制，因此制造出的产品也非常优质，但还是应该进行自主研发。冯·卡门下面的叙述透露着一丝虚伪的谦逊："对于这件事，我不希望受到过多赞誉，也不应该被过分指责——但我相信我确实是将金属飞机螺旋桨带到日本的人。"

日本显然从与冯·卡门的合作中获益良多。直到 20 世纪 30 年代，冯·卡门在美国定居后，他依然在为川西公司留意欧洲的航空技术发展情况。那么，如果他在美国都能为他们留意欧洲的动向，就不难怀疑他没有同时为他们提供美国的发展情况。如果冯·卡门确实这么做了，那么他的行为无疑是极具争议的。

然而，也不应该认为冯·卡门对日本的帮助有超出专业之外的其他意图。他同时也准备好为日本潜在的敌人提供帮助，包括中国和苏联。1937 年，他访问了中国和苏联。到访中国是为了完成紧急的军事任务，他拜会了中国空军的高层和蒋介石夫妇。他曾经的学生弗兰克·瓦坦多夫（中文名华敦德）在清华大学担任航空工程讲座教授。中国当时尚未建立完善的铁路网络，因此迫切希望能够立刻进入航空时代。他们已经着手建立中国的空军，希望冯·卡门能够提出建议。冯·卡门在 1929 年曾到过中国，他当时建议开设航空工程课程，而当他第二次来到中国时，大学已经有一个研究所在开展这方面的研究。

我们已经提到过，冯·卡门面对日本第一次邀请时的表现，要么是过分天真，要么是心机深沉。而他在访问中国时，买了几个花瓶作为给妹妹的礼物，并且向接待他的人抱怨说，他看中的花瓶实在太贵了。那么这样的表现算是天真还是有心计呢？当然，听他这么一说，第二天那个花瓶就被送到了他的酒店房间，作为来自中国高层的一点心意。

冯·卡门一直在学习当地的文化和传统。他指出,在德国和日本,教授的地位仅次于上帝,而在美国他们则和普通人无异。他希望美国人对待教授的态度能够居于两者之间。尽管如此,他也很适应美国学生和教授之间相对随意的关系,他和学生成为朋友,学生也都很喜爱他。

在前往中国的途中,冯·卡门还应邀在莫斯科短暂停留。他表扬了苏联工程学校的教育水平,认为"高于欧洲最高水平"。值得一提的是,他还表扬了中学的数学和科学教育(中学教育是他父亲的专业)。他认为"苏联即将能培养出有能力从基础科学中开展研究的工程师。我从格丁根的菲利克斯·克莱因了解到这些后,这个想法就一直萦绕心头,我希望能将这些带去美国"。

美国资源丰富,节省材料并不是首要任务。德国的情况则大为不同。因此,找到更科学的方法实现应用对美国而言并不怎么重要,而这正是冯·卡门最擅长的。冯·卡门到苏联时,那里的情况和美国有些类似。当时生产表现是以投入的材料多少来评价的,这会在无形中鼓励材料的过度使用和浪费。

冯·卡门对美国和德国的学生作过有趣的比较,这种比较也适用于科学家。德国人不太擅长操作机械,而美国人非常喜欢汽车,经常要进行维修,所以操纵机械和使用材料的能力更强。美国的中学非常强调动手操作。但美国人的数学能力不如德国人,冯·卡门认为这是中学教育的差异所导致的。这种感受促使冯·卡门后来调整了加州理工学院的课程,引进了更多的数学课程,同时减少了测量和观察课程。到了晚年时,冯·卡门惋惜地表示,随着计算机的普及,数学对于工程师来说似乎不那么重要了。在冯·卡门看来,数学不仅仅是工程师的工具,更是一种思维方式。

冯·卡门在美国民用项目中的贡献比他的教学和研究更有用。在 20 世纪 30 年代,他帮助通用电气改进了汽轮机,并和通用电气位于纽约州斯克内克塔迪的实验室保持合作。他协助在科罗拉多河上建造水泵,为南加州洛杉矶大都市供水局的市政工程出谋划策。1933 年沙尘暴肆虐全国时,他提议通过植树造林,兴建长约 5 000 英里、贯穿美国的"防护带"。这后来被纳入了新任总统富兰克林·D. 罗斯福华而不实的新政中。政府希望能够减缓风力,以此来保护和加强农业生产,并希望这样做能令国家走出大萧条。为了实现这一目标，就必须解决一些重要的问题。例如，树应该如何排布才能到达最大挡风效率，扬沙遵循怎样的动力学原理，空气掀起土壤的原理是什么。这个项目中需要引入大量的模型，冯·卡门和他的同事弗兰克·马利纳（Frank Malina）、马丁·萨默菲尔德（Martin Summerfield）分别设计了研究扬沙和扬土的风洞。然而，当他们完成方案时，沙尘暴减弱了，政府对这个项目的兴趣也随之而去。虽然战争迫近，但这个项目继续扩展到研究风蚀的机制，以及树木作为天然屏障抵抗强风暴的作用。

冯·卡门参与民用项目的另一个著名例子是，他解决了大古力水坝（Grand Coulee Dam）的建造难题。这座大坝出现了裂缝，尽管冯·卡门对堤坝的建造了解不多，但他宣称："大坝结构的设计需要依据科学原理，而科学原理是我的专业。"问题最后归结到大坝的厚度与宽度的比例问题，而这个问题又可以进一步对应到冯·卡门职业早期就已解决的柱体形变问题。还有一个是1939年的风力发电项目。冯·卡门为其设计了新型螺旋桨，新的风力发电站在1941年投入使用。虽然这个项目最终被放弃了，但项目取得的进展仍然非常有价值。

令冯·卡门广受媒体关注的是1940年华盛顿州的塔科马海峡大桥坍塌事件。这座长约1英里的悬浮桥拥有世界上最奇特的单跨，大桥跨过普吉特海湾（Puget Sound）最窄处，连接着奥林匹克半岛和华盛顿州的其他地区。它的坍塌是一个悲剧性的轰动事件。冯·卡门使用了一些基本模型后，判断出造成坍塌的原因是他多年前发现的卡门涡街。当大桥和被风带动的空气以相同频率振动时，卡门涡街就出现了。建造新的大桥时，将卡门涡街的影响考虑了进去，并在加州理工学院的风洞中进行了细致的实验，包括旧金山金门大桥在内的其他悬浮桥也接受了检测，但都不存在安全隐患。在一些关于冯·卡门的秘密档案中提到过他对桥梁的兴趣，据线报称，他在家中收藏了大量标注了大桥的美国地图。但一项暗中调查的结果表明，他持有这些地图是"合法合规"的。

上面提到的例子显示出冯·卡门在民用工程中的重要作用，但相比于他在随后的二战和冷战中所做的来说，这些只能算是序曲。

利奥·西拉德

1931年，维格纳邀请西拉德到普林斯顿开展为期一年的数学物理研究。他到达纽约后，对这座城市在之后几十年里能屹立不倒表示了怀疑。2001发生的"9·11"恐怖袭击事件为他当时所说的话蒙上了一层恐怖色彩。在1933年初，西拉德就预见到了德国局势的恶化，并催促波拉尼尽早离开。当时波拉尼虽然收到了曼彻斯特大学的工作邀请，但他无法想象高度文明的德国会倒向纳粹。短短几个月后，波拉尼终于意识到了危险，于是举家迁往曼彻斯特。波拉尼的经历非常有意思——如我们之前提到的——他能非常坚决地选择离开匈牙利，但在一开始却无法果断地决定离开德国。尽管他是一个善于观察的思考者，但却没有西拉德预判政治发展的远见。西拉德能够发现那些表面看来无足轻重的事件背后的意义。他曾提到"德国人总是以功利主义的态度行事"，道德考量在其中起不了多大作用。并不是希特勒有多强大，而是反抗他的力量太微弱了。

英国非常乐于接纳逃亡者，即使在二战爆发后，许多人被当作敌军同盟遭到驱逐时，也能在英国得到比较人道的对待。英国人对此很少提出异议。但在英国接收波拉尼的事情上，却出现了有趣的反常情况。英国皇家学会最年长的会员反对聘用波拉尼，他宣称，"反对曼彻斯特大学引进一位来自巴尔干半岛的物理化学家"。他还在其他场合发声称，"反对聘用……这位既非英国人又与我们毫无关联的先生"。此人是一个声名狼藉的反对者，他的立场完全是出于自私。然而，这样的反对声在美国也出现过。数学家乔治·D.伯克霍夫（George D. Birkhoff）担心，从欧洲逃亡来的移民会动摇他"无可争议的美国数学家领袖"的地位，并且夺走他的学术工作。用伯克霍夫的话说："如果美国数学家不当心一点，就会沦落为伐木匠和运水工。"他建议这些新来的人只能得到一些次要的职位，事实上大多数情况下，相比于这些人的资历和过去的职位而言，他们得到的确实不如从前。

1933年较早的时候，西拉德回过布达佩斯，他极力劝说兄弟和父母离开欧洲，但他们认为西拉德的看法有些夸张。他还警告过一位朋友爱丽丝·埃平格（Alice Eppinger），但也没有起作用。后来她的丈夫和一个女儿在二战中被纳粹杀害，战后西拉德向她伸出了援手。欧洲的形势变得令人绝望，同时美国也因为 1929 年 10 月的股灾而陷入大萧条。面对各自的危机，美国人和德国人选择了截然不同的应对策略。1932 年罗斯福当选美国总统，1933年 3 月 12 日他宣誓就职，随即出台了罗斯福新政。而在德国，纳粹党占据了国会的多数席位，希特勒成为总理。罗斯福和希特勒同时登上权力舞台，并在同一时期执政。

在德国颁布种族法案前，犹太教授已经开始失去工作，因为"胆怯的学术委员会害怕反犹太政策会席卷而来，所以强迫他们离开岗位"。纳粹以自导自演的国会纵火案为借口限制公民自由。西拉德再一次比波拉尼看得更清楚，波拉尼问他："你真的认为内政部长和这件事有关吗？"西拉德回应道："是的，这就是我想说的。"国会纵火案标志着纳粹开始走向独裁，而民主的魏玛共和国在一夜之间宣告失败。因此，当"9·11"事件发生后，必然有一些人，特别是有欧洲背景的人会害怕美国公民的自由受到损害。

1933 年 3 月 20 日，纳粹以空前的速度在达豪建成了第一个集中营，但那时他们没有立刻开始屠杀。他们的第一条政策是规定犹太人作为"大学教师、律师和医生"的比例不能超过他们占德国人口的比例，亦即少于百分之一。值得一提的是，匈牙利比德国早 13 年就出台过这样的政策（1920 年的"名额限制"）。西拉德预见到了这项政策的出台以及大致的内容，但此后数年中事态发展到如此恐怖的程度依然超出了他的想象。而对许多人来说，缓慢恶化的局势麻痹了他们的神经。

诺贝尔物理学奖得主阿诺·彭齐亚斯（Arno Penzias）年幼时从纳粹德国逃亡出来，他非常困惑的是：在纳粹即将上台前和刚上台之后，大部分人为什么没有选择离开。那时大多数普通人都认为离开是不切实际的：这意味着要放弃工作、语言和生活，特别重要的是要担负养家之责。同时，逃亡者能够前往的国家也可能拒绝他们。而在纳粹的统治下，每一条新规定看起来都会是最后一条，似乎事情不会变得更糟糕。此外，彭齐亚斯提到，即便是最无理的法律中也总残存着一些合理之处，让人们相信他们能够咬牙挺过去。

例如，德国占领荷兰后，勒令阿姆斯特丹的犹太人只能在每天特定的时间乘坐公共交通，但上班的人可以豁免。同样地，犹太人只能在特定时间去采购，但去药店则不受限制。而那时，人们还不知道集中营的存在。

即便西拉德没想到会有奥斯威辛集中营，但他仍然警告每一个可能听他话的人尽快离开。他在 1933 年 3 月 30 日离开德国，31 日穿过边境进入了捷克斯洛伐克。就在第二天德国封锁了边境，自那以后逃亡变得越来越困难。这次劫后余生对西拉德的人生具有重要的启示意义："你如果想要在这个世界上获得成功，不必比其他人聪明很多，只需要比其他人早一天行动。"

西拉德抵达维也纳之后，将自己的命运搁置在一边，立刻开始帮助从德国来的学术逃亡者寻找工作。这一点或许比其他任何事情都更能显示出他人性的伟大之处。当然这样的行动不能开始得太早。西拉德的一位同事预测，一旦出现难民潮，"法国会为受难者祈祷，英国会组织救援，而美国只会为此买单"。西拉德为此制定了切实可行的计划，他提议成立学术互助委员会（ACC）。委员会投入运行后，西拉德还带动了其他人投身于此：埃丝特·辛普森（Esther Simpson）放弃了在日内瓦的工作，来到伦敦加入学术互助委员会，这里的薪水只有她在日内瓦时的三分之一。这个委员会存在了很长时间，甚至延续到战后。

西拉德在既无工作也无支持的情况下展开行动，但他极为谨慎地向其他人寻求帮助，所有和委员会工作相关的外出费用他都自掏腰包。在提到西拉德的狂热行动时，贝特说："我们绝对相信西拉德能同时出现在两个地方。"到 1939 年为止，学术互助委员会一共安置了超过 2 500 名逃亡学者。当我们评价互助委员会的表现时，必须了解的是，希特勒上台，犹太人和其他"不受欢迎的"学者被辞退全部发生在大萧条最严峻的时期，因此，委员会所面临的困难"因财政状况不利而加剧，无论是个人还是集体，所有国家的学术机构都面临着同样的困境"。可以说，西拉德的工作和其他任何救援行动相比都毫不逊色。

三十多岁的西拉德拥有很高的学术造诣，但他为什么愿意将那么多的时间和精力投入到与科学研究无关的事情上呢？要知道那个时候他自己还没有找到工作，同样亟须拯救未来的职业生涯。西拉德在 1932 年写维格纳的信中给出了答案。下面的片段转译自拉努埃特翻译的英语版本：

> 当我们意识到，此时此刻比起科学研究还有更加崇高的事情要做。一旦有了这样的想法，就很难再对它置之不理……
>
> 因此当一个人投入到未竟的事业中去，并且还没有专门的机构来应对这些事时，甚至都没有正当的理由来抱怨专门机构的缺乏……
>
> 如果一个人尚未实现财务自由，就没有办法随心所欲，那么他必须找到一份工作，这份工作要能确保他有足够的时间和精力来关注他认为重要的事情……
>
> 在这样的工作还不是随处可见之前，我没有办法问心无愧地投入到科学研究中去。

我们从中可以看出，西拉德将轻重缓急分得非常清楚。财务自由显然能为他的行动提供巨大的帮助，但很可惜他还没有做到这一点，所以最终他也不得不去找一份工作。但正如他在给维格纳的信中所说，他想要的工作是能够"确保他有足够的时间和精力来关注他认为重要的事情"。在 1933 年 8 月 11 日的另一封信中（收信人不详），他说："我现在四处走动需要花费很多钱，而且显然得不到什么回报，所以这样的情况肯定不会长久。但是这一刻我对他人而言非常有用，所以还不能抽身回到自己的生活中去。"

西拉德的工作机遇时好时坏，他的支持者和朋友并不是非常理解他在信中已经清晰阐述的观点。维格纳很担心这位朋友，他为西拉德考虑了两条路：一是成为大公司的顾问，二是去出版社工作。当柏林有一个职位空缺时，大家都热情地推荐西拉德，冯·劳厄和薛定谔联名推荐，柏林大学的马克斯·沃尔默（Max Volmer）这样介绍西拉德："能力出众，各方面的才能以罕见的方式集中在他身上。对近代物理学的理解全面而深入，又能够处理经典物理和物理化学各个领域的问题……他面对问题时表现出的独立性、原创性和创造性极具个人特色。"爱因斯坦认为西拉德是"具有多方面才能的物理学家"，很有创造力，有不少实验和技术层面的想法，也能够"聚焦具有重大理论意义的问题"。保罗·埃伦费斯特笔下的西拉德："是很少见的一类人，他拥有伟大而纯粹的科学智慧，能够让自己沉浸在技术问题中并解决它们，他非常有魅力，富有组织才能。能够敏锐地发现其他人的困难并伸出援手。"他还认为，西拉德"乐于原创、多才多艺、极具创造力"。埃伦费斯特还写道，西拉德虽然非常渴望"能够静静地思考他感兴趣的问题"，但当他注意到逃亡者需要他的帮助时，会毫不犹豫抛下了所有的事情。薛定谔在第二封信中大力赞扬西拉德，将他描述为"绝对真诚且真正无私"的人。

西拉德在伦敦过得很愉快，并且他特别喜欢英国的自然保护区。他认识了阿奇博尔德·V. 希尔（Archibald V. Hill），希尔是物理学家出身，后来转向生理学，并在该领域获得了诺贝尔奖。希尔有一段时间担任过学术互助委员会的主席，他鼓励西拉德研究生物学。希尔在二战后还给弗朗西斯·克里克提出过职业规划建议，克里克的第一学位也是物理，但战后转而研究分子生物学。希尔建议西拉德立刻开始教生物学，以此来学习。西拉德严肃地考虑过他的建议，也发现阅读的相关书籍非常振奋人心。他读了保罗·德·克鲁伊夫（Paul de Kruif）的《微生物猎人传》（*Microbe Hunters*），这本书激励了许多诺奖得主将科学作为终身事业；还读了尼尔斯·玻尔的《光和生命》（*Light and Life*）和 H. G. 威尔斯（H. G. Wells）的《生命之科学》（*The Science of Life*）。然而，他对生物的注意力很快被一些新的科学发展打断了。

1933 年 9 月 11 日，卢瑟福举办了一场关于核物理的讲座，他警告称："对那些想要从原子嬗变的过程中获得能量的人来说，这样的企图纯粹是胡思乱想。"西拉德在了解了卢瑟福的讲座内容后，对这位伟大物理学家提出如此绝对的断言感到恼怒："一个人怎么可能知道其他人能发明出什么呢？"1934 年 6 月 4 日，卢瑟福接待了西拉德，西拉德谈了关于链式核反应堆的想法，并表示已经为此申请了专利，卢瑟福听后非常不安，将他撵了出去。1934 年晚些时候，特勒参加了卢瑟福的另一场讲座，那时卢瑟福对西拉德还是耿耿于怀。他宣称，所有认为能够将原子内部的能量释放出来并加以利用的人都是愚蠢的疯子。对于原子能的利用，卢瑟福并不是唯一持消极观点的人，爱因斯坦提出质能方程后，仍然认为将物质转化为能量的可能性微乎其微，其可行性好比"郊外一共没有几只鸟，却要在黑暗中射中一只"。尽管如此，西拉德仍然没有放弃希望。他告诉特勒："某种材料超过临界质量后，就能够吸收足够多的中子从而引发剧烈的爆炸。"

西拉德第一次想到链式核反应堆的场景已经成为一段传奇。1933 年的一天，他正走在伦敦的南安普敦街，到路口时因为红灯停下了脚步，此时他突然意识到，"如果能够找到一种元素的原子，它吸收一个中子后会发生分裂，同时能释放出*两个*中子。当这类原子组成的材料质量足够大时，就能使链式反应持续下去"。事实上，西拉德同时提出了两个概念：链式核反应和临界质量。这里需要特别指出，相比于其他人，西拉德有其独特的贡献。化学中已经有链式反应的概念，尼古拉·N. 谢苗诺夫和他的同事在莫斯科发现了特定的链式反应能够引发爆炸，谢苗诺夫后来因此获得诺贝尔奖。西拉德意识到有可能实现链式核反应。但还有很多问题需要解决：哪些元素符合要求？如何找到这些元素？一旦找到这样的元素，怎样的技术能够实现反应？

无论如何，利用原子能和制造原子弹已经从妄想变成了可能。不受工作的约束，也没有家庭负担，是西拉德的优势。他有足够的时间思考，去参观任何一间实验室，向每一位科学家讨教——他"如同控方律师一般细致地"询问这些人。西拉德有身为局外人的有利条件，科学史中充满了局外人作出开创性发现的事例，因为他们完全不受领域内已有范式的限制。西拉德根据所学得出结论，卢瑟福是错的。对西拉德作出这样的判断无须过分惊讶，他过去也指出过其他知名科学家的错误。他曾读过 H. G. 威尔斯的《获得自由的世界》(*The World Set Free*)，作者预言了物理学中众多重要的发现，其中就包括原子弹的发明及其在大战中的使用。这本书以及其他一些考量促使西拉德着手开始核物理研究。他过去从未有过此想法，但在接下来的十年里，核物理将成为他活跃的主要领域。

当西拉德发现核物理可能产生巨大的破坏效果后，他立刻为自己找到了必须要做的事，并且这件事成为他的"执念"。强烈的责任感和相关的社会经历令他特别适合承担这项任务。虽然在卢瑟福那里碰了壁，但他继续坚持和其他知名人士联系，告诫他们核物理可能引发的后果。在这过程中，他面临着两难的境地，一方面他希望尽可能提出警示，另一方面针对具体内容又想保密。如果西拉德不是那么遮遮掩掩，或许行动的效果会更好。但他不得不这么做，以防止德国人窃取他的想法。他联系的科学家中的两位是乔治·佩吉特（George Paget）和帕特里克·布莱克特（Patrick Blackett），后来都获得过诺贝尔物理学奖。布莱克特告诉西拉德，在苏联动用资源比在西方容易一些。

1934年，西拉德为链式核反应申请了专利。后续还要开展进一步的实验，他联系了柏林的莉泽·迈特纳帮忙完成。这种合作也是某种意义上的创新，毕竟那个时候的国际合作远不如现在那么普遍。但这一举动似乎与他想要瞒住德国人的初衷背道而驰。很难相信迈特纳的实验结果能够完全不被德国官员知晓，更何况她本人是否愿意秘密进行实验都未可知。

尽管西拉德的遮遮掩掩影响了行动的效果，但他还是得到了一些人的帮助，他们同意让他在实验室进行研究。西拉德被允许在圣巴索洛缪医院做实验，这是一家教育机构。但要求必须让一名工作人员参与实验，这促成了西拉德与年轻物理学家托马斯·A. 查尔默斯（Thomas A. Chalmers）的合作。他们共同找到了一种分离同位素的简便方法，发表在《自然》杂志上。他们在1934年8月开始工作，9月就发表了第一篇论文。这就是后来得到广泛应用的西拉德-查尔默斯效应。15年后，威拉得·利比（Willard Libby）建议他的研究生F. 舍伍德·罗兰进一步研究西拉德-查尔默斯效应。这师生二人因为各自独立且不相关的研究都获得了诺贝尔奖。在圣巴索洛缪的研究将西拉德带进了核物理的世界，之前他还是这个领域的业余研究者，但现在他的名字已经与一些成果相关。

拉努埃特提到，圣巴索洛缪的院长F. L. 霍普伍德（F. L. Hopwood）曾警告西拉德不要违反使用同位素的相关规定。他强调了遵守规定的重要性，并希望西拉德能够意识到，当他向窗外看去，看到的那些墙"已经屹立在这里超过500年"。不过以西拉德过去对各种警告的忽视来看，他并不会轻易受到影响。而如今更要面对即将到来的战争，因此他对霍普伍德说，"再过10年这些墙可能就不在了"。结果被他不幸言中：二战中，这些墙在德国轰炸中被毁。西拉德和查尔默斯在圣巴索洛缪医院的实验进展顺利，他们很快就发表了第二篇论文。

与此同时，西拉德还在不断和有影响力的人建立联系。他访问了牛津大学，见到了低温物理学家弗朗西斯·西蒙（Francis Simon），西蒙也是逃亡出来的科学家。尽管他们未有深交，但西蒙一针见血地指出了西拉德找不到稳定工作的原因，他引用其他人的话说："很多人都渴望和你聊上几天，但没有人会给你提供工作。"尽管西拉德在给维格纳的信中明确表达了对工作的看法，但在大多数人看来，他一直都在寻找工作。

通过西蒙，西拉德认识了弗雷德里克·林德曼（Frederick Lindemann），林德曼后来获封彻韦尔勋爵（Lord Cherwell），成为温斯顿·丘吉尔（Winston Churchill）的科学顾问。西拉德一直关注着世界各国的动向，1934年，彼得·卡皮察在苏联被扣留，西拉德想要组织抗议活动，甚至计划营救他。卡皮察多年来一直在剑桥工作和生活，只在暑假时回苏联。他曾被要求返回苏联并一直留在那里，但他拒绝了。卡皮察在卡文迪许实验室的工作非常成功，当选为英国皇家学会会员。他得到了充足的资金来购买昂贵的实验设备，用于研究强磁场对材料的影响。刚被扣留时，他的状态很差，但很快就恢复了活力，他在莫斯科组建了异常强大的物理研究所，苏联政府将他在卡文迪许实验室的设备运回来交给了他。他在同事眼中是一个独断的人，但他同样有挑战权威的勇气，即使面对斯大林也一样。

还是在1934年，西拉德尝试联合诺贝尔奖得主一起抗议日本侵占中国东北。为了鼓励更多的人加入，他规定，只有当80%的诺奖得主都参与时，抗议活动才会举行。抗议的方式是抵制日本和日本科学家。自那以后，招募诺奖得主加入成为政治抗议的流行方式。

1935年，在华盛顿物理学会议上，西拉德见到了威斯康星大学的物理学家格雷戈里·布赖特（Gregory Breit），他帮西拉德在纽约大学找到了一份工作。维格纳能在威斯康星大学落脚，布赖特也起了不小的作用。西拉德在华盛顿还见到了其他知名物理学家，包括普林斯顿大学的汉斯·贝特、乔治·伽莫夫、爱德华·康登和加州大学伯克利分校的欧内斯特·O.劳伦斯。

20 世纪 30 年代中期，西拉德就已经意识到原子武器会在即将到来的战争中起到决定性作用。伴随这一想法而生的是强烈的责任感。这或许能解释为什么他的计划看起来过分复杂。他一边秘密行事，但又不能充分解释为什么要这样做；一边又为尚不存在的链式核反应堆申请了专利。他对自己的处境有清晰的认识，他认为这类似于尽力从火中抢救出了珠宝，在把这些珠宝转移到安全地点的路上，被别人抓住了。

20 世纪 30 年代下半叶，西拉德往返于英国和美国之间，但在 1935 年，他向波拉尼准确地预测了他将在"战争前一年"回到英国。西拉德 1937 年春天到达纽约，在这之前他已经申请移民美国。1938 年 9 月 30 日，纳粹德国和英国、法国签署了《慕尼黑协定》。西拉德此前答应牛津大学前往英国，但在协定签署后，他决定取消前往英国的行程，留在美国。1939 年 9 月 1 日，德国入侵波兰，这再一次印证了西拉德非常有先见之明。

尤金·P. 维格纳

维格纳从 1930 年起就和普林斯顿大学有合作，他同时受雇于普林斯顿大学和柏林大学。1934 年，他和波拉尼一起在曼彻斯特大学待了六个月。原本他在两所大学的工作还能继续一段时间，因为作为匈牙利人，他没有受到德国反犹太法律的影响。然而维格纳意识到他早晚要离开德国。他将欧洲比喻为一艘正在下沉的船，但对弃船而去又感到一丝不安。1935—1936 年，普林斯顿向他提供了全职教授职位，于是，柏林大学的工作就显得多余了。在普林斯顿，维格纳的博士生在固体物理领域的研究非常出色。

他的第一位学生是弗雷德里克·赛兹（Frederick Seitz），他在 1934 年获得博士学位，后来成为影响美国科学政策制定的重要人物。赛兹一度成为美国国家科学院主席。他最重要的身份是洛克菲勒大学极具威望的校长。维格纳的第二位学生是约翰·巴丁（John Bardeen），他在 1936 年获得博士学位。巴丁的物理研究生涯极为辉煌，他是到目前为止唯一一位获得过两次诺贝尔物理学奖的科学家。维格纳的第三位学生是康耶斯·赫林（Conyers Herring），赫林后来也成为不少重要物理学家的导师。维格纳深厚的数学背景和他对实际问题的强烈兴趣相得益彰。这使得他的学生能够研究非常有价值的项目，他们研究实际的固体材料，包括它们的结构和性质。这些杰出的学生后来成为美国最早的三位固体物理学家。维格纳教给学生的最重要能力是如何选择和确定研究问题，如何对问题进行解构，以及如何在理解背后物理规律的基础上全面地解决问题。巴丁在普林斯顿不仅跟随维格纳学习，还受教于冯·诺伊曼，在所有的教授中，巴丁"从这两位年轻的匈牙利人身上学到的最多"。对赛兹而言，和维格纳一起工作"是人生中最有价值的经历"。几年后，巴丁和赛兹都受邀加入曼哈顿计划。1943 年秋天，赛兹进入了维格纳负责的核反应堆小组，巴丁则在海军机械实验室继续之前的工作。

尽管维格纳指导学生非常成功，但在 1936 年普林斯顿却没有和他续约，至少在维格纳的记忆中是这样的。他甚至为遭辞退一事想了个理由："我的工作显然令其他人非常嫉妒，他们都觉得应该得到我的职位。"尽管维格纳对当时的普林斯顿大学称赞有加，但在提到他的物理系时却毫不讳言地说，那里已经过时了，他们完全不在意量子力学，却还觉得自己比其他大学，比如哥伦比亚大学和芝加哥大学的物理系更好，就像是没有任何基础的格丁根大学。他曾经抱怨，在他和冯·诺伊曼到那里六个月之后，普林斯顿的物理系主任依然无法分清两人。物理学家和科学史学家亚伯拉罕·派斯（Abraham Pais）对维格纳没有被续约的事感到疑惑，因此调阅了大学的档案。根据记录，普林斯顿为维格纳提供了一个职位，但不是他想要的，他因此选择离开。

遭到"解雇"一事对维格纳打击很大，动摇了他的自信心。他开始认为或许是他自己不够好，或许普林斯顿"开除"他是正确的决定，不过他依然对大学的做法感到气愤。维格纳在绝望中找到了布赖特，他当时在威斯康星大学。布赖特在普林斯顿高等研究院工作时，维格纳和他有过合作。他们一起发表了一篇关于化学反应光谱的重要论文。布赖特是苏联移民，但他喜欢说德语，他有些粗鲁和不羁，和维格纳完全不同。但布赖特是一位忠实的朋友，他帮维格纳在威斯康星大学找到了工作。

维格纳非常喜欢威斯康星，也很喜欢那里的人，包括普通百姓和物理学家同事。他认为在威斯康星，他比之前任何时候都更像一个美国人。他与一位年轻的犹太女孩阿米莉亚·Z. 弗兰克（Amelia Z. Frank）恋爱了，她是物理系唯一的女研究生。他们于 1936 年结婚，不幸的是，他的太太在 1937 年就病逝了。维格纳陷入了巨大的悲痛之中，1938 年当普林斯顿邀请他回去时，他放下骄傲回到了那里。他被任命成为有冠名的教授，这正是他 1936 年想要但没有得到的职位。维格纳为普林斯顿大学物理系进入世界顶尖行列作出了巨大贡献。

左：年轻时的西奥多·冯·卡门。（位于布达佩斯的匈牙利国家博物馆提供）

下：利奥·西拉德。（第一排右起第三位）1916 年的毕业照。（来自贝拉·西拉德的收藏，约翰·西拉德提供）

右：利奥·西拉德在一份匈牙利文件中的照片，还伴有签名。(已故的乔治·马克斯提供)

下：1919年，尤金·P. 维格纳(第一排右起第二位)在路德中学的毕业照。(位于布达佩斯的费齐凯·塞勒姆档案馆提供)

左：从路德中学毕业时的约翰·冯·诺伊曼。[布达佩斯的费伦茨·萨巴德瓦维（Ferenc Szabadvary）提供]

下：路德中学的老师合影，拉斯洛·拉茨是前排右起第一位。(位于布达佩斯的费齐凯·塞勒姆档案馆提供)

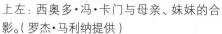

上左：西奥多·冯·卡门与母亲、妹妹的合影。（罗杰·马利纳提供）

上右：从明德中学毕业时的爱德华·特勒。（温迪·特勒和保罗·特勒提供）

下右：年轻时的尤金·维格纳与父母的合影。（玛莎·维格纳·阿普顿和已故的乔治·马克斯提供）

上：1928年，爱德华·特勒和罗伯特·马利肯夫妇在布达佩斯的合影，他们中间的是布达佩斯技术大学的贝拉·波加尼。（温迪·特勒和保罗·特勒提供）

左：西奥多·冯·卡门在加州理工学院讲课。（罗杰·马利纳提供）

上：20 世纪 30 年代中叶，尤金·P. 维格纳和第二任妻子玛丽·惠勒（Mary Wheeler），约翰·冯·诺伊曼和第一任妻子玛丽埃特·科维西在普林斯顿大学与朋友们在一起。（玛丽娜·惠特曼提供）

右：1924 年，利奥·西拉德和两位未来的诺奖得主——挪威科学家奥德·哈塞尔和拉斯·昂萨格在柏林的利希特费尔德。（约翰·P. 霍尔茨马克拍摄，已故的奥托·巴斯蒂安森提供）

上：20世纪30年代早期，西奥多·冯·卡门和马丁·萨默菲尔德、弗兰克·马利纳、沃尔特·鲍威尔、保罗·戴恩在加利福尼亚。（罗杰·马利纳提供）

左：西奥多·冯·卡门在飞机上写字，他旁边的是弗兰克·马利纳等人。（NASA提供）

上：约翰·冯·诺伊曼。（玛丽娜·惠特曼提供）

右：1940年，爱德华·特勒和米丝·特勒的合影。（哈罗德·阿尔戈拍摄，温迪·特勒和保罗·特勒提供）

上：20世纪30年代，尤金·P. 维格纳和沃纳·海森伯的合影。（玛莎·维格纳·阿普顿和已故的乔治·马克斯提供）

左：约翰·冯·诺伊曼和他的第二任妻子克拉拉·丹（Klára Dán）在普林斯顿的家中。（玛丽娜·惠特曼提供）

上：1934 年，尤金·P. 维格纳和迈克
尔·波拉尼父子在英国的曼彻斯特。
（约翰·C. 波拉尼提供）

右：尤金·P. 维格纳和利奥·西拉德。
（已故的乔治·马克斯提供）

左：约翰·冯·诺伊曼和他的女儿玛丽娜。（玛丽娜·惠特曼提供）

下：尤金·P. 维格纳和他的儿子、女儿在一起。（玛莎·维格纳·阿普顿和已故的乔治·马克斯提供）

上：约翰·冯·诺伊曼（在第二排，几乎被挡住了）等人与爱因斯坦在普林斯顿大学。（玛丽娜·惠特曼提供）

左：提出 BET 方程的三位科学家保罗·埃
米特、斯蒂芬·布诺瑙和爱德华·特勒重聚。
（温迪·特勒和保罗·特勒提供）

下：尤金·P. 维格纳（站在最靠后）和布
达佩斯皮革厂的工人在一起。（玛莎·维格
纳·阿普顿提供）

上：约翰·冯·诺伊曼（第二排左边
第一位）出席哈佛大学荣誉博士学
位授予典礼。坐在中间的是哈佛
大学校长詹姆斯·B. 科南特，他右
边是杜鲁门任职期间的国务卿迪
安·艾奇逊。（沃尔特·R. 弗莱舍拍
摄，玛丽娜·惠特曼和哈佛大学档
案馆提供）

右：1937 年，出席乔治·华盛顿大
学举办的理论物理大会的物理学
家。维格纳在第三排最左边，特勒
在第四排左起第四位。（玛莎·维格
纳·阿普顿提供）

约翰·冯·诺伊曼

普林斯顿大学的数学教授奥斯瓦尔德·维布伦，希望能够实现美国数学的现代化。于是他在 20 世纪 20 年代遍访欧洲寻觅人才，其中也到了布达佩斯。他希望能够把像赫尔曼·外尔和约翰·冯·诺伊曼这样的人带回普林斯顿。外尔 1928—1929 学年待在那里，但最后选择返回欧洲。外尔后来又回到了普林斯顿，除了从事数学研究外，他还开设了著名的系列讲座，据此整理出版的《对称》成为经典。普林斯顿还想邀请冯·诺伊曼，为了让他在那里比外尔过得更舒心，决定一并邀请他的朋友和合作者维格纳。1929 年秋天，普林斯顿向他们发出了 1930 年春季学期的邀请。1929 年底，在出发前往普林斯顿前，冯·诺伊曼回到布达佩斯迎娶了玛丽埃特·科维西。科维西是天主教徒，冯·诺伊曼一家 1929 年改宗天主教。那时，他的父亲已经去世。玛丽埃特比约翰年轻五岁，出身于布达佩斯富裕的医生家庭，她们家也改宗过。两人的女儿玛丽娜在 1935 年出生，而在 1936 年他们的婚姻就破裂了。1937 年，玛丽埃特刚到内华达州里诺待了六周，两人就在那里办理了离婚手续。玛丽娜上中学前一直随母亲生活，之后搬去父亲家。1938 年，冯·诺伊曼回到布达佩斯迎娶了克拉拉·丹，他是丹的第三任丈夫。那时冯·诺伊曼已经获得了美国国籍，但同时还保留着匈牙利国籍。然而，匈牙利法律不承认他和玛丽埃特在内华达州办理的离婚手续，因此他不得不放弃匈牙利国籍，以美国公民的身份和丹小姐结婚。

据维格纳说，冯·诺伊曼来到美国的第一天就爱上了这个国家。在冯·诺伊曼看来，美国人"非常明智，比欧洲人少了些拘谨和传统，而且商业气息更浓。但同时也更加敏感"。不过，他在适应美国生活的过程中也遇到过问题。一次，冯·诺伊曼和维格纳受邀参加一个晚宴，在那里遇到了各种麻烦。他们按照匈牙利的传统，比邀请的时间晚 40 分钟到达，没想到那时晚宴快要结束了。维格纳有些谢顶——他希望剃头能够帮助头发长得浓密一些，可惜没什么效果。冯·诺伊曼的太太身着露背礼服出席，这是巴黎的新潮流，可惜这种时尚还没有传到普林斯顿。冯·诺伊曼的穿着又显得过分正式。

1933 年，希特勒被任命为德国总理，差不多同一时间，普林斯顿成立了高等研究院。冯·诺伊曼在那里获得了第一个终身教授职位。这份工作允许他一年中有一半时间留在欧洲。在他即将启程去柏林时，他注意到欧洲即将"重返黑暗时代"。于是，1933 年的夏天，他没有去柏林，而是在 9 月回到了普林斯顿。在等待了很长一段时间后，他在 1938 年的 4 月，用"和缓的措辞"向德国的学术机构提出辞职，表示他辞职是出于对纳粹暴行的不满，并希望"德国的教授们能为受害者提供更多的帮助"。

冯·诺伊曼举办过很多重要的聚会，在那里人们可以尽情交流，还能帮助从欧洲来的逃亡者找到工作。冯·卡门只要在城里就会来参加聚会。冯·诺伊曼很快就适应了美国的生活方式，他对汽车的喜爱也和这里非常契合。随着汽车的数量不断增长，堵车的情况越来越严重，冯·卡门认为："在美国，汽车对于交通运输已经失去了积极作用，但它们可以成为非常好的伞。"他可以把非常严肃的话当笑话来说，例如他在提到大学里的哥特式教堂时说："我们用 100 万美元来反对唯物主义。"普林斯顿虽然只是一个小城，但很快就发展成了充满活力的学术之都。那些杰出访问者的到来令这座城市焕发新貌，在冯·诺伊曼带来的人中，最有名的当数保罗·狄拉克。狄拉克正是在普林斯顿结识了维格纳的妹妹米丝，她离异后从布达佩斯来到这里。本来该由维格纳招待米丝，但他的住宿条件一般，所以米丝住在了冯·诺伊曼宽敞的家里。20 世纪 30 年代还有一位显赫的来访者阿兰·图灵（Alan Turing），冯·诺伊曼希望能把他留下来，不过他选择回到英国曼彻斯特大学，后来在二战中为破解德国密码作出了重要贡献。

冯·诺伊曼表现得既有耐心又宽宏大量，但他对一些美国同事的做法感到有些担忧。他注意到，他们带着一丝挑衅意味去申请专利，并且小心翼翼地保护着自己的想法，不想被人知道。冯·诺伊曼以善于研究其他人的问题著称，并先于研究者迅速找到问题的答案。他"相信只有研究者互相了解对方的工作并进行完善，科学才能不断发展"。

冯·诺伊曼在高等研究院中取得了巨大的成功。该院成立六十周年庆祝会上特别提到了三项出色的研究成果。第一项是数学家库尔特·哥德尔（Kurt

Godel）关于连续性问题的研究；第二项是杨政宁和李政道发现宇称不守恒，他们因此获得 1957 年的诺贝尔物理学奖；第三项就是冯·诺伊曼的研究。从冯·诺伊曼发表的论文来看，在高等研究院的日子是仅次于在德国期间的学术高产期。他在德国差不多每个月发表 1 篇论文，1933—1942 年发表了 36 篇，此后在其余生中，又发表了 39 篇。他投入其他活动的时间与年俱增。

约翰·冯·诺伊曼。(István Orosz 绘)

爱德华·特勒

　　特勒离开德国后并没有直接前往美国，他 1933—1934 年获得了洛克菲勒奖学金，来到了哥本哈根。尼尔斯·玻尔的国际团队非常适合作为过渡，在那里特勒和在德国遇到过的一些科学家一起工作。从特勒和洛克菲勒基金会之间的关系可以看出他对待权威的态度。基金会不鼓励科学家在接受奖学金期间结婚，于是特勒推迟了婚礼。詹姆斯·夫兰克听闻这一消息后，斥责了基金会，于是基金会取消了这项规定。特勒需要向基金会提交一份结婚申请，他写了信，但在此之前还希望能得到玻尔的支持。因为玻尔作为团队负责人，在特勒眼中也算权威人物。他追着玻尔说了三个星期，在终于得到首肯之后，才向基金会提交了申请。从这件事中，既能看到特勒的保守和顽固，也能看出他有意识地想获得当权之人的青睐。

在哥本哈根的这段时间里，特勒的生活发生了许多重要的变化。他到这里时还是单身，离开时已经成家。刚来的时候他认为自己已经非常精通量子力学，但离开时却开始怀疑，自己还有没有可能成为这个领域的专家。很难说玻尔对特勒产生了怎样的影响。玻尔很喜欢悖论，特勒能够理解这些悖论，却始终无法理解玻尔本人。他也理解海森伯，并且能够站在他的角度思考问题，但对玻尔却无法做到这一点。他和玻尔之间仅仅是物理学家之间的交往，从无私交。

这些年特勒不怎么关心政治，但他还是要逐渐面对这些问题。被迫离开德国后，他终于醒悟。德国是他的第二个家，他在那里度过了也许是一生中最无忧无虑和美好幸福的时光。他收到了两份来自英国的邀请，但他接受的那份工作最后也不长久。在来自美国的众多邀请中，他选择了位于华盛顿的乔治·华盛顿大学。发出邀请的是乔治·伽莫夫，他们是 1930 年在哥本哈根认识的。伽莫夫是朗道的朋友，但这两个苏联人的性格却截然相反。朗道性格内向，但喜欢讽刺，常常对政治怀有很深的焦虑。伽莫夫性格开朗，但有些冲动，平时也不太讨论政治问题。

伽莫夫总是随性地传播他的想法，也不太计较功劳的分配。他生性活泼，在他眼里物理就是一个大笑话，即使他以此为生。不过他对待这个笑话相当认真。伽莫夫的工作对早期的核物理研究非常重要。他最著名的科学贡献——宇宙起源的大爆炸理论——是在二战后才有的。在那之后，他在分子生物学的遗传密码方面也提出了开拓性的观点。特勒和伽莫夫是非常亲密的朋友，1931 年，他们骑着伽莫夫的摩托车在丹麦旅行，旅行结束后伽莫夫返回苏联，特勒则去了格丁根。伽莫夫在未完成的自传中，记述了他和妻子后来是如何从苏联逃出来的。最终他去了乔治·华盛顿大学，并在那里帮助特勒得到了全职教授的工作。他们合作举办了一场理论物理年会，意在推动乔治·华盛顿大学的物理学发展。他们一起在伯克利做过客座教授，伽莫夫"没有注意到，特勒会先和自由的人还是先和保守的人接触"。

可以在伽莫夫和特勒之间做一个有趣的对比，这能令我们更了解他们在乔治·华盛顿大学的交往。芝加哥大学曾向默尔·图夫（Merle Tuve）询问，是否应该聘请特勒去那里当教授，图夫在回信中写道："如果只是想要一个天才，那应该找伽莫夫，而不是特勒……特勒是更好的选择。他会帮助每一个人，研究每一个人的问题。他从来没有和别人发生过争吵或有什么矛盾。他是目前最好的选择。"图夫在信中提到的是特勒在美国最快乐的时光，这和冷战时期他在物理学家团体中的处境截然相反。很显然他的生活一定是发生了异乎寻常的变化，才令他不再是图夫信中提到的样子。

1935 年特勒一家搬到了华盛顿，洛克菲勒基金会的工作人员给他提建议说："你是犹太人，犹太人最糟糕的是他们只和犹太人交朋友。千万别这么做。"特勒在回忆录中评价了他在美国的朋友。他并没有刻意地遵照洛克菲勒工作人员的建议来选择朋友，但他很清楚朋友中哪些是犹太人，哪些不是：他的非犹太人朋友包括乔治·伽莫夫、默尔·图夫、路易斯·阿尔瓦雷茨（Luis Alvarez）和他在乔治·华盛顿大学时的很多学生。玛丽亚·梅耶（Maria Mayer）的祖父是犹太人，但她的丈夫乔·梅耶不是。特勒所有的匈牙利朋友都是犹太人，包括贝特、布洛赫和魏斯科普夫。尽管他表示不在意朋友的出身，但却对他们的身份背景了解得异常清楚。

为了前往美国，特勒一家申请了签证，但却遇到了名额限制的问题。好在，明德中学校友、著名经济学家托马斯·鲍洛格（Thomas Balogh）向他们伸出了援手。在乔治·华盛顿大学，特勒的教学任务比较轻松，只需要每周给一小群成人学生讲三次量子力学。那是一些想要学习这门新物理的科学家。他们中就有匈牙利人斯蒂芬·布诺瑙尔，就是和埃米特、特勒一起发现 BET 方程的那位。特勒的主要工作是去验证伽莫夫日常提出的各种奇思妙想。这些想法大部分被证明是无稽之谈，但伽莫夫并不在意。极其偶尔地，特勒会发现伽莫夫的想法不存在任何错误，那时他们就会合作发表一篇论文。他们相处得非常融洽，他们两对夫妇还一起去了佛罗里达。在那里，伽莫夫反犹太的想法显露了出来：尽管他是特勒和朗道的朋友，但他依然指责犹太人在苏联搞共产主义，而且觉得迈阿密当地有钱的犹太人很碍眼。

尽管伽莫夫鼓励特勒可以尝试核物理研究，但分子结构和光谱学还是特勒研究的重心，他因此获得了"分子探长"的外号。他最奇特的贡献来自分子结构共振的研究，和莱纳斯·鲍林（Linus Pauling）的理论有关。这项研究最早要追溯到 19 世纪晚期，奥古斯特·凯库勒（August Kekule）提出，苯分子的结构式是一个平面正六边形，碳原子在六个顶点上，由间隔的碳碳单键和双键连接。但这样一来就有两种描述这一结构的方式，也就是说，同时存在两种可能的结构，它们完全等价但又无法独立存在。鲍林的共振理论可以解决这一困难，但这只是一个便利有效的模型，并没有揭露背后的物理实质。这个模型将两种结构描述作为两个极端情况，而真实存在的结构则是这两种极端情况共振的结果。特勒基于光谱证据为鲍林的理论提供了合理的解释。按理来说，共同的研究兴趣和对彼此研究的支持，应该会让两个科学家走到一起。然而，在那之后（20 世纪 50 年代）他们共同的研究兴趣已经无法弥合政见不同带来的影响，此后他们再也没有开展过合作。

虽然鲍林持左派政治立场，但讽刺的是，他的理论在 20 世纪 50 年代早期的苏联被歪曲成了一个巨大的丑闻。那些观念落后但政治立场激进的化学家，在鲍林的理论中看到的不是便利有效的模型，而是代表了国外中产阶级的意识形态。这很快就发酵成一个政治话题，一些出色的化学家因此丢掉了工作（所幸保住了性命），其中有一部分是生物学领域类似的"意识形态斗争"中的牺牲品。那时核武器项目已经在苏联启动，物理学界因此幸免于难。

20 世纪 30 年代，特勒一家在美国和朋友、同事之间有广泛的交流，这都是托了会开车的福。他们前往纽约州的伊萨卡拜访了汉斯·贝特和他太太萝丝，贝特那时在康奈尔大学担任物理学教授。特勒在斯坦福大学召开的会议上再次见到了费米，费米一家后来也移民到了美国。特勒和贝特两家人开着特勒的车一路旅行到斯坦福，会后又一起回到了东海岸，他们的关系非常亲密。除了费米以外，特勒还见到了尤利乌斯·罗伯特·奥本海默（Julius Robert Oppenheimer），他受邀到伯克利召开研讨会。他还见到了欧内斯特·劳伦斯（Ernest Lawrence），他们一起开汽艇出游。特勒一家在洛杉矶将费米介绍给冯·卡门认识。米丝的父母在布达佩斯就认识冯·卡门，费米也对这位著名的匈牙利熟人印象深刻。那时是 1937 年。

毫无疑问，特勒处在一个由朋友和同事构成的、不断扩大的人际网络中，这个网络中还包含了他的同行中的佼佼者。1939 年 3 月底，玻尔到访普林斯顿期间，在他的办公室有过一次会议。玻尔、西拉德、特勒、维格纳、魏斯科普夫和约翰·A. 惠勒都在场。那时科学家已经发现了核裂变，会议讨论了这一发现可能造成的后果、后续的研究安排以及是否需要保密。那些有过德国经历的物理学家认为应当保密，但玻尔却反对。他认为不可能从原料中分离出铀 235（能够发生裂变的铀的同位素）。如果想要提取出足够制造炸弹的铀 235，就必须把整个国家变成巨型工厂。在那时这听起来是反对制造核武器的有力论证，但在几年后的曼哈顿计划中，分离同位素不再是阻碍。就保密问题来说，与会者意识到如果他们决定秘密行事，就必须令所有人达成共识。于是，他们托特勒邀请费米加入行动。

从中可以看出，尽管特勒没有直接参与到世界政治中，但已经逐步参与到了能够影响世界政治的科学研究之中。当海森伯到访美国时，特勒问他，面对纳粹德国的现状，为什么不选择留在美国。海森伯说："即使我的兄弟偷了一把银汤匙，他依然是我的兄弟。"或在当时，或在之后，这个回答令特勒陷入沉思。要知道这个兄弟所做的远比偷一把银汤匙罪恶得多！特勒那时（即便战后也同样）面对着海森伯，"考虑到我们之间的关系，我完全无法找出一种合适的方式去与你争辩"。这非常不符合特勒的个性，通常只要他认为需要，随时都可以据理力争。

在那个阶段还无法判断出，特勒今后是会参与到大型武器的制造中，还是会继续担任大学教授，过他理想中的生活。1940 年 5 月，罗斯福总统将在泛美会议上发表演讲，特勒决定出席会议，这次会议后，他转变了对国防事务的态度。罗斯福在演讲中提到了人权、对民主的祝福以及科学研究的进展："我相信……你和我，无论将经历怎样漫长的奋斗，必定会团结起来，以一切可能的方式共同捍卫我们的权利、我们的科学、我们的文化、我们的自由以及我们的文明。"特勒感到总统这番话仿佛就是说给他听的。当总统讲到应该"用上全部的知识、所有的科学"时，在成千上万聆听演讲的科学家中，特勒可能是唯一一个想到了原子弹的人。从那时起，特勒终于找到了前进的道路。

第四章

"守护与防卫"：第二次世界大战

> 我们五个都在海难中找到了救生船，成为幸存者，当然会迫切地想要保护这艘船，使它免于任何危险。
>
> ——爱德华·特勒

火星人对纳粹始终保持警惕，下定决心要保护世界免遭其荼毒。他们看到了美国政治的无力，也感受到了周围同事的漠不关心，因此决定通过自身的努力开展行动，来帮助美国更好地应对即将到来的战争。在爱因斯坦寄出著名的信件后（见 116—117 页），促成了关于原子弹项目的总统提案，然而不利的外部环境令这个计划未能迅速启动。爱因斯坦确信能够从原子中释放能量并将其运用于军事，但政客和军方对一群移民科学家提出的大胆设想多少持保留态度。另一个拖慢这项计划的原因在于，罗斯福抱持着极为审慎的态度在做战争准备。尽管罗斯福是反法西斯主义者，并且认为美国将不可避免地参与到即将发生的战争中，但当时有不少人反对美国参与到另一次"国外冲突"中去。没有必要去设想西拉德和他的同事们是否能找到另一种更为有效的方式来启动计划。他们已经作出了他们当时认为最好的选择。

战争期间，冯·卡门和美国陆军航空队（独立的空军直到二战结束才建立）保持密切合作，其他几位火星人则积极投入原子弹计划中，冯·诺伊曼还参与了许多其他的项目。最初提议原子弹计划的移民科学家，后来几乎都没有成为项目的负责人。他们的行动有时会遭到怀疑。有一次，一家和原子弹计划中的工程任务密切相关的公司，向 A. H. 康普顿（A. H. Compton）询问："新移民的推荐是否值得信任？"康普顿并不是简单地向公司的人担保这些科学家的能力，而是在回应前，重复了计算过程来印证他们的结果。针对歧视国外出生的科学家这一问题，西拉德态度鲜明："如果不能把权力交给领域中最优秀的人——只是因为他们出生在国外——那似乎把权力交给第二等优秀的人更无法令人信服，因为这就意味着完全可以把它交给第三、第四或第五等的人。"他的这种说法后来被认为是"彻头彻尾的主观臆断"。不过无论火星人是否担任了重要的管理职位，他们都为战争作出了至关重要的贡献。经历战争之后，无论作为科学家，还是作为人，在他们身上都发生了很多变化。

西奥多·冯·卡门

冯·卡门将科学运用于军事的那些行动并没有引起太多的关注。他既没有和同事产生矛盾，也从未成为公众争议的焦点。尽管冯·卡门参与的项目众多，但都无法和曼哈顿计划以及氢弹计划相提并论。当冯·卡门没能得到想要的结果时，他会安静地投入到其他工作中去，而特勒和西拉德只会为此再投入更多的精力。尽管如此，冯·卡门最终也会和其他人一样如愿，因为在大多数情况下，那些一开始拒绝他建议的人，最后都会改变看法。当他感到失望时会想起一句古老的谚语："明智的判断来源于经验，而经验来源于糟糕的判断。"冯·卡门始终拒绝在军事议题上发表观点，从未迎合过其他人，也没有在国会委员会面前作过证。西拉德和特勒都是决心坚定但缺乏耐心的人，都有很强的政治动机，并且愿意发表政治观点，然而不能因此低估冯·卡门对国防事务的影响。他的自传的合作者曾提到，20 世纪没有哪位科学家"为军事部门贡献的智慧力量能够超过冯·卡门在二战前、战中及战后为美国空军所做的"。

冯·卡门早在 1926 年第一次到访美国时，就与美国空军有过接触，他为国家咨询委员会成员开设了有关航空和空军的讲座。1932 年后，他在加州理工学院工作期间，吸引了不少海军出身的研究生，他们中的一些后来在空军中成为将军。冯·卡门随时准备好迎接创新，例如，他在加州理工学院开设了一门课程，将气象学引入了军事，陆军航空队还派遣了军官来听课。在冯·卡门的职业生涯中，除了美国军队之外，其他一些国家的军队也曾多次利用过他的专业所长。一开始是德国和奥匈帝国，后来还有日本、中国和意大利。

20 世纪 30 年代，意大利在航空军事应用方面处于领先地位，不仅讨论过火箭制造，还有隐约提出过利用原子能推进星际飞船的设想。意大利拥有先进的风洞可供超音速实验使用，这个风洞由一名瑞士科学家设计，这位科学家后来成为意大利空军的顾问。1935 年，冯·卡门来到华盛顿，希望美国政府能够关注高速飞行器的发展（这正是他此前参加的沃尔塔会议的主题），这和航空技术的发展密切相关。他提到了当时独一无二的意大利高速空军中队，还提到了德国、意大利和瑞士在这方面的研究进展。但他在离开时感觉到美国军方并不重视高速飞行器的研究。

与此同时，在德国空军部的全力支持下，德国人于 1935—1936 年间制造出了第一台海因克尔涡轮喷气发动机，并在 1939 年成功制造出第一批飞机。德国人非常有远见，他们在航空设计中充分利用了喷气动力。1937 年，冯·卡门在结束又一次欧洲之行后，再次尝试说服美国政府建造超音速风洞，但还是失败了。直到他遇到了 H. H. 阿诺德 [H. H.（Hap）Arnold] 将军，情况才有所改变。1936 年，他们在加州理工学院第一次见面，不过那时阿诺德还没有能力帮助冯·卡门发挥才干、实现抱负。决定性的会面发生在 1938 年，那时阿诺德被任命为陆军航空队司令，他们讨论了如何利用火箭辅助轰炸机起飞。冯·卡门得到了阿诺德将军的大力支持，也开启了科学家与陆军航空队之间卓有成效的长期合作。冯·卡门这样描述阿诺德将军："他是美国军人中最杰出的典范——逻辑、远见和卓越的奉献精神在他身上完美融合。"在阿诺德的促成下，喷气式飞机进入了美军的装备库。1941 年，就在美国参战前不久，阿诺德将军在英国见到了涡轮喷气式飞机。他立即下令美国开始建造喷气式飞机，他的命令也标志着美国应用喷气推进的开端。冯·卡门梦寐以求并一直在争取的超音速风洞终于在 1944 年得以建成。

阿诺德认为，陆军航空队只有通过反复实验才能提升技术水平，达到航空领域的领先水平。他希望能够充分听取冯·卡门的建议，两人一拍即合。冯·卡门希望建造一个大型风洞，大到能够在其中完成全尺寸飞机引擎的组装，这个风洞中的风速应该不低于 400 英里 / 时。阿诺德立刻下令在俄亥俄州的莱特机场（Wright Field）建造 20 英尺（6.1 米）宽、功率达到 40 000 马力（29 400 千瓦）的风洞。那时，国家航空咨询委员会和陆军航空队之间展开了竞争，讽刺的是，这也推动了对冯·卡门的实验的支持。他和实体企业之间一直保持着密切合作，这些企业和军工密不可分。冯·卡门协助设计了美国最大的工业用高速风洞，推动了高速轰炸机的发展，如 B-47、B-52 以及后来的 KC-135、KC-707。波音公司因此持续收到大量轰炸机订单。

1943 年初，美军真正开始关心超音速飞机：希望制造出速度达到 1 000 英里 / 时的飞机。冯·卡门从世纪之交起就参与到这些项目中。最终，理论和技术形成一体，实际需求也应运而生。直到二战结束后的 1946 年，他才决定进行深入研究。超音速飞机的构想引发了冯·卡门对高速的哲学思考。他提出：人类有没有必要不断追求更高的速度？他给出了激励人心的肯定答案："高速自有其用。它不仅能缩短人与人之间的距离，最终会展现出特有的魔力。"不过，他个人倾向于放缓研究的脚步："我最喜欢坐在有人驾驶的四轮马车中，缓缓行驶在巴黎的林荫大道上，我的父母也曾在古老的布达佩斯这样做。"

冯·卡门加入陆军军械局咨询委员会后，提议建造超音速风洞，并从 1939 年 5 月开始陆续提出了许多相关的正式提案。他的提案得到了多方支持，包括军方研究组织和国家科学院为军械局提供咨询的特殊委员会。1942 年，军械局研究与工程办公室主任 G. M. 巴恩斯（G. M. Barnes）将军在访问英国时了解到，英国人正在建造超音速风洞来研究导弹。巴恩斯立刻下令在美国开始建造这样的风洞。冯·卡门评论说，这就是军方的行事作风，一开始否定，后来模棱两可，最后肯定，但行动很迅速。当然，那时美国已经参战了。这件事生动体现了冯·卡门会尽力推动他的项目，但遇到阻碍时，他会停下来静观其变。

关注细节，善于从细节中获取信息是冯·卡门的另一大特点。下面的故事反映了冯·卡门深知在发现未知的现象后，为其命名的重要性。一次，冯·卡门和他的合作者注意到当炸弹以音速飞行时，飞行情况变得难以预测。但当时没有专门的名词来描述现象中的气流带。冯·卡门和他的朋友休·德赖登（Hugh Dryden）决定发明一个词，德赖登当时是国家航空咨询委员会主席。他们想找一个介于亚音速和超音速之间的词，来描述物体以音速上下某一范围内的速度进行飞行。跨音速（trans-sonic）似乎是一个合适的词，这个词正确的拼法中包含了两个 s，但冯·卡门希望只保留一个 s，写作 transonic，德赖登争辩说从逻辑上来讲应该有两个 s，对此冯·卡门用歌德的话来反驳，有时谈逻辑是可取的，但总是讲逻辑就很糟糕了。

冯·卡门思想开放，鼓励创新。1936 年，加州理工学院的研究生弗兰克·J. 马利纳（Frank. J. Malina）和他的两个同事（一位是化学家，一位是工程师）想要开展一个火箭项目。当他们无法获得任何支持和保障时，冯·卡门伸出了援手。三位年轻人了解冯·卡门对创新的观点，教授本人一直梦想着能探索宇宙。然而，当时制造火箭的商业前景尚不明，所以建议他们不要使用火箭这个词，以免他们的设想被嘲笑。这里还有一个有趣的语义学问题，冯·卡门不太喜欢航天（astronautics）这个词，因为它表示在恒星之间航行，他认为宇航（cosmonautics）这个词更合适，表示在宇宙（cosmos）中航行，这个宇宙特指以太阳为边界的宇宙其他部分。不过，在苏联使用了宇航这个词以后，美国就坚持用航天，相对应地，美国称航天员，苏联称宇航员。

马利纳和他的同事一开始制定的目标非常有限，他们用自己不多的积蓄来支持研究。那时连冯·卡门都没有想到军方会对这个项目感兴趣。1938 年5 月，阿诺德将军参观加州理工学院时，深深地被火箭研究项目吸引，他立刻注意到了火箭的军事潜能，情况就此发生了剧变。他们收到的第一笔经费是 1 000 美元，第二笔是 10 000 美元。到冯·卡门撰写自传的时候，资助已经涨到每年 50 亿美元。他从 1939 年起一直积极参与这个项目，特别关注火箭推进的研究。二战期间，他们将火箭技术用于辅助重型飞机起飞，并一直在寻找合适的推进剂来提供可控的推进力。

冯·卡门一开始并不是直接为军方工作，他获得了国家科学院的授权，就所研究的项目向美国政府提供咨询。出于国防需要，国家科学院需要就冲击波对飞机库和其他建筑的影响提出意见。这一次，他们邀请冯·卡门到华盛顿总部参加会议，请他考虑这个问题。这次冯·卡门乘火车往返，返程途中，当他在休息车厢娱乐时，忽然灵光一闪。他立刻回到车厢，完全沉浸在了自己的世界里，解决了这个问题。他工作时完全不受外界影响，那时离火车到站已经不远了，所以他很可能坐过了站。他工作起来不分场合，火车车厢、加州理工学院的办公室和家里都是一样的。在他家召开过很多重要的工作会议。这个例子也显示出了冯·卡门工作的另一个特点。在遭受冲击波的问题中，其他人一般假设建筑发生弹性形变。但冯·卡门认为结果中包含了明显的非弹性形变的成分。之所以想到这一点是受到了他的博士论文启发。可见，他总是有能力将看似不相关的领域知识联系起来。

冯·卡门时常要面对理论和实用二选一的两难局面。当决定"舍弃经验洪亮的声音，遵循数学微弱的歌声"时，他认为这是又一次"工程科学所取得的胜利"。然而，他并不是一位普通的工程师，他所面对的也不是通常的工程问题，所以经验对他而言价值有限。他指出，包括德国人和苏联人在内的其他人，在同一时间或更早就解决了这个问题，也得到了相同的结果。同一时期不同国家得出同样的结论是非常常见的，战争时期各国军队也都面临同样的问题。

借助火箭助推（JATO）能够大幅缩短重型轰炸机的起飞距离。这项技术有很高的军用价值，能够使轰炸机在前线临时搭建的机场起飞。然而，需要进行大量的实验才能为火箭找到合适的燃料。这个项目以及其他很多项目都需要来自不同领域的科学家和工程师参与，包括化学家和材料科学家。冯·卡门能够游刃有余地和这些领域的专家开展合作。他既能随时解出某个问题的数学方程，但在面对复杂问题时，也会毫不犹豫地寻求专家的帮助。他非常清楚："从长远来看，光是创造纪录和成为首创是不够的。"

火箭助推项目还将冯·卡门引入了商业世界。在马利纳的建议下，他们小组中的六个人成立了一家公司，向军队出售火箭助推装置的零件。每个零件 200 美元，整个装置 1 200 美元。1942 年 3 月，他们注册成立了通用喷气飞机公司（Aerojet General Corporation）。当冯·卡门在自传中提到这家公司时，它的年营业额已经达到 7 亿美元，拥有近 34 000 名员工，在美国国防事务中起到了关键作用。与此同时，还建立了喷气推进实验室（Jet Propulsion Laboratory）。冯·卡门认为，如果美国能够为早期的火箭研究提供更多的支持，他们就能拥有比德国 V-2 更先进的导弹，也能抢在苏联之前发射卫星。早在 1945 年，马利纳和萨默菲尔德就设想了一种火箭，但直到 1958 年美国发射第一颗卫星探索者 1 号时才制造出来。但那时的美国还没有考虑制造远程火箭。

1944 年春天，冯·卡门经历了人生中的关键时刻，那也是美国空军发展的关键时刻。阿诺德将军在前往魁北克与罗斯福和丘吉尔见面的路上，秘密会见了冯·卡门。一位军人和一位科学家在纽约的拉瓜迪亚机场见面。那时，有远见的将军已经不太关心二战，他更想讨论战后以及空军的前景和未来的空中战争。他迫切想要了解新装备的价值，包括喷气推进、火箭、雷达和其他电子设备。他邀请冯·卡门在五角大楼成立科学咨询小组（SAG，后来成为科学咨询委员会 SAB），为之后 55 年的航空研究制定发展蓝图。他深信，能否在航空航天领域取得领先地位决定了美国未来的命运。这和美国在二战前毫无准备的情况截然不同。

冯·卡门一如既往地接受了挑战，并再一次以他独特的人格魅力将身边相处多年的人都聚拢了起来，他们彼此之间有着充分的信任。冯·卡门从没有和人发生过冲突，即使他需要更换合作者或学生，他也一定会确保他们在离开前已经找到了新的工作或导师，这样的周全使他从未树敌。冯·卡门将各个地方的人召集起来，其中包括未来的诺贝尔物理学奖得主 E. M. 珀塞尔和诺曼·拉姆齐（Norman Ramsey），未来的加州理工校长李·杜布里奇（Lee DuBridge）等。

早前冯·卡门曾去见过莱斯利·格罗夫斯（Leslie Groves）将军，他是曼哈顿计划的军方负责人。冯·卡门请格罗夫斯将军指派专门人员向空军提供原子弹的资料。空军不仅想要尽早地做好装载和运输原子弹的准备，也在构想能够在飞机上使用核燃料。格罗夫斯对冯·卡门的态度很无理，他事后向五角大楼报告称，如果空军想要从他这里得到情报，得派一个讲的英语能让他听懂的人来。格罗夫斯在洛斯阿拉莫斯国家实验室和曼哈顿计划的其他研究机构中早就见识过各种奇怪的口音了，因此他提出这样的要求明显带有偏见。这完全是出于嫉妒：格罗夫斯是一名军人，对冯·卡门来说，这不是第一次，也不是最后一次经历不同部队之间的矛盾。他引述过一件逸事，能反映格罗夫斯如何不受科学家们待见："格罗夫斯将军和罗伯特·奥本海默在一个掩体中看第一次原子弹爆炸。记者问：'两位看到了什么？'奥本海默回答：'我看到了世界末日。'这位二星少将则说：'我看到了第三颗星。'"为了启动曼哈顿计划小组和空军之间的合作，最终委派诺曼·拉姆齐担任联络人。1944 年，当冯·卡门组建的咨询小组第一次在五角大楼会面时，阿诺德将军告诉他们，他渴望建立一支更少依赖于人的空军部队。他说，过去的空军主要依靠飞行员，而将来则要依靠科学家。

冯·卡门为二战取得胜利所作的贡献不可估量，而他所作的贡献显然与阿诺德将军等人创设的挑战息息相关。他虽然没有提议新的项目，但在挑战出现时，能够提出新的解决方案和方法。

在火星人中，只有冯·卡门直接体验过二战的恐怖。在战争结束前的几个月，他带领一个专家组跟随美军来到德国。他们到过的其中一个地方是位于哈茨山脉的诺德豪森，在不伦瑞克以南 55 英里的地方。那里负责制造 V-2 型火箭和梅塞施密特喷气飞机上使用的容克斯发动机，那里的工人全部是囚犯。纳粹分子通过操控食物来处决他们：这些囚犯在工厂工作，纳粹分子决定每个人能活多长时间。根据处决的时间不断地减少食物配给，最终囚犯会在设定的时间被饿死。

利奥·西拉德

西拉德想方设法在不暴露具体细节的情况下，拉拢投资者和公司参与开发核链式反应的商业价值。然而，投资者和公司对他所说的廉价能源都持怀疑态度，因为他一直无法提出可靠的支持证据。在失望与绝望的裹挟之下，西拉德决定先为核链式反应申请专利。但当发现核裂变的消息传来时，他又振作了起来。这时，英国海军部向他表达了理解与支持。

在这些人中，有一位特别喜爱西拉德，即使两人后来政见不同，但依然维持着深厚的友谊，这个人就是李维斯·L.施特劳斯（Lewis L. Strauss）。施特劳斯兴趣广泛，他最早自愿以私人秘书的身份为赫伯特·胡佛（Herbert Hoover）工作，之后致力于为弱势群体和逃亡者争取利益。他在金融行业中获取财富。二战期间，施特劳斯在海军任职。战后他参与国家政策制定，特别是与核能相关的事务。他后来成为美国原子能委员会委员，后出任主席，那时冯·诺伊曼也是委员之一。施特劳斯在其职业生涯中，朋友和敌人都非常多。

西拉德和施特劳斯第一次见面是在1937年，那时西拉德和另一位流亡物理学家正在为他们的实验寻找支持。施特劳斯从金钱和人脉两方面为他们提供了帮助。西拉德赞赏施特劳斯的行动力，此后多年一直向他介绍核理论方面的进展。核裂变被发现后，他们的兴趣第二次出现了重叠。

这项科学突破是西拉德人生的转折点，也深深影响了他对世界的看法，更加深了他对德国可能拥有原子弹的恐惧。当然，实现核裂变不等于能实现核链式反应。要发生核链式反应，必须保证铀原子在吸收中子引发爆炸的同时，释放出的中子比吸收的更多。法国研究人员很快就证明核链式反应所需的条件确实如此，并且明确了只有稀有的铀235才能发生裂变，并能产生链式反应。在1939年1月25日给施特劳斯的信中，西拉德写道，这样的链式反应"能大规模地产生能量和放射性元素，但不幸的是也可能被用来制造原子弹"。在这件事上，西拉德的远见要胜于其他参与核物理研究的科学家，包括伟大的玻尔。

费米来到哥伦比亚大学，为西拉德和核研究带来了可喜的突破。费米及其助手赫伯特·安德森（Herbert Anderson）很快就和西拉德开始联合实验。I. I. 拉比当时也在哥伦比亚，他后来成为世界上最受推崇的物理学家之一，是许多诺贝尔奖得主的导师。西拉德对拉比和对待别人一样有些无礼，他总想指挥拉比做实验，或是对他的实验指手画脚，拉比就建议他做好自己的事。但如果西拉德不停地催拉比做新实验，拉比就会让他带着他众多的想法一起走开。

哥伦比亚大学进行的实验旨在确定核链式反应的可行性，实验需要资金。1939 年春天，西拉德从本杰明·利博维茨（Benjamin Liebowitz）那里借了 2 000 美元，这是实验得到的第一笔私人资金。同一年底，西拉德要求利博维茨把这笔借款当作坏账一笔勾销。尽管实验的结果一直不如人意，但西拉德似乎总有办法找到人帮助他。顺便提一下，多年后西拉德把钱还给了利博维茨。回看 1939—1940 年，很难想象西拉德当时所处的环境，他是世界上第一个并且在一段时间里唯一一个想要实现核链式反应的人。

幸运的是，西拉德似乎不在意自己是少数派，甚至是唯一的那个。相反地，他对自己属于"少数敏感的科学家"而感到自豪。法国人当时发现，铀原子在裂变过程中会产生富余的中子，西拉德在哥伦比亚大学进行了一项实验来验证这一发现。实验成功后，他立刻打电话给特勒，在电话中只用匈牙利语说了一句话："我找到中子了。"

西拉德在实验室和实验室之外都采取了切实的行动来推进这项研究。他成立了科学合作协会（ASC），便于接受各方为支持核研究提供的资金。特勒和维格纳立刻加入了协会。西拉德非常在意分离铀 235 的方法，并为此拟定了一份详细的备忘录。我们从中可再一次看出，西拉德绝不是凭空幻想着利用链式反应，而是脚踏实地一步一步努力。他尽力寻找最适合链式反应的减速剂。普通的水不适合，因为水分子中的氢原子会吸收中子。石墨和重水都是候选材料。然而，西拉德无法获得更多的资金支持实验。1939 年春末，安德森、费米和西拉德的三人小组在哥伦比亚大学用铀和水进行了最后一次实验，之后一切都停摆了。

西拉德很清楚他们必须抓紧时间，可惜几乎没有人对他的急切感同身受。1939 年 3 月，捷克的铀矿被纳粹德国控制，并禁止出口铀。德国军方在全世界首先尝试应用核物理研究的成果。而美国没有采取任何行动，似乎只有一群匈牙利人认为战争迫在眉睫，相信核武器能够在战争中发挥作用。而且他们还只能偷偷行动，以免他们的研究成果被德国人窃取。另一方面，正如反复提到的，秘密行事会阻碍他们说服其他人应当立即采取行动。费米非常合作，他声称如果其他人决定秘密行事，那么他也会保持一致。不过法国人不怎么愿意服从其他人的决定，所以在他们破坏了保密的约定后，美国人就没有理由不发表他们的研究成果了。

除了向低级军官寻求微不足道的支持外，没有其他合适的途径能够提醒政府。有一次，当西拉德、维格纳和费米在一起讨论将核链式反应用于军事的可能性时，维格纳建议通报给美国政府。费米正要去华盛顿，一个海军代表委员会负责接待他，不过他们并不相信费米和他所说的事。

国际局势持续恶化，西拉德、维格纳等人深知，德国即将入侵比利时，这将会在核问题上产生极为严重的后果，因为比利时的殖民地刚果拥有大量的铀矿。他们首先想到的是提醒比利时政府铀矿具有重要的战略价值。他们想起爱因斯坦和比利时王室关系不错，或许他愿意直接写信给他们。接着他们又开始考虑，在没有得到美国政府的允许前，私自联系外国政府是否妥当。这对一贯遵守法律的匈牙利人来说是非常重要的问题。经过反复商量，他们最终达成共识，爱因斯坦应该给美国总统写信。

1939 年 7 月 12 日，西拉德和维格纳驾车前往长岛的培科尼克（Peconic），爱因斯坦正在那里度假。他们向他解释了核链式反应的原理和危害，只要令超过临界质量的铀发生裂变，就足以制造一颗原子弹。爱因斯坦瞬间就理解了所有的事，他大感惊奇："我完全没有想到过这些。"在那之前，爱因斯坦一直不认为在他所处的时代能够实现核能的利用，尽管所有物理学家的相关研究都是基于他 1905 年提出的著名方程 $E=mc^2$。在这个方程中，E 表示能量，m 表示质量，常量 c 是光速。这个方程将质量和能量等同起来，首次暗示了物质内部蕴藏着巨大的能量。有了核链式反应后，就有可能将物质内部的能量释放出来，行善作恶皆有可能。

爱因斯坦一定对西拉德和维格纳所说的事感到震撼，因为它展示了科学强大的应用价值。同时，他还第一次意识到，存在除了太阳之外的其他能量源。这件事的政治影响同样巨大，德国的物理学家显然也会得出和西拉德相同的结论。这足以令爱因斯坦放弃他的和平主义思想。如果德国拥有核武器，那么他们必将征服并奴役全世界。请爱因斯坦联系总统是一个明智的选择：虽然他没有直接参与核物理的研究，但他是推动近代物理学发展的重要人物。爱因斯坦是坚定的反纳粹主义者，他声望极高，又为民众所熟知。不过，据维格纳后来回忆，"西拉德最初不赞成找爱因斯坦，并和他一同与政府沟通"，因为他不希望政府介入这个项目。之后，当有人批评说，正是匈牙利物理学家对政治的看法过分天真，才令原子弹计划迟迟无法启动时，西拉德简单地回应道："我们都是新手，不熟悉美国的情况。"

在达成原则性共识后，他们决定在第二次会面时请爱因斯坦在给总统的信上签名。会面时间定在 8 月 2 日，还是在长岛。这次维格纳没去，由特勒开车带西拉德去见爱因斯坦（因为西拉德不会开车）。爱因斯坦的信后来成为著名的历史文献。在《利奥·西拉德：他所知道的事实》（*Leo Szilard: His Version of the Facts*）一书中，这封信作为第 55 份文件被引用。

阿尔伯特·爱因斯坦

老格罗夫大街

纳苏岬

培科尼克，长岛

1939 年 8 月 2 日

F. D. 罗斯福

美国总统

白宫

华盛顿特区

总统先生：

在看过 E. 费米和 L. 西拉德最近一些研究的手稿后，我开始期待在不久的将来，铀元素将成为一种重要的新型能源。由此引发的一些情况值得关注，如有必要，政府应当尽快采取行动。我认为自己有责任让您关注下面的事实和建议：

在过去四个月里，通过法国的约里奥（Joliot）和美国的费米、西拉德的研究发现，有可能利用大量的铀来实现核链式反应，反应过程中将产生巨大的能量和大量新的放射性元素。现在几乎可以肯定在不久的将来一定能实现这件事。

这一新的现象同样能用来制造炸弹，完全可以预见——尽管还没有很大把握——制造出一种威力巨大的新型炸弹。如果一艘船上装有一枚这样的炸弹，在港口发生爆炸，那么整个港口连同周围的一些区域都将被炸毁。不过，已经充分证明这种炸弹由于太重而无法空运。

美国只有为数不多的贫铀矿，加拿大和前捷克斯洛伐克有一些富铀矿，但最重要的铀资源在比属刚果。

鉴于这样的情况，您可能认为有必要使政府和研究链式反应的物理学家保持长期联系。一种可行的方案是由您指派一位信得过的人负责联络，最好是以非官方的身份。他的任务有以下这些：

a）联系政府部门，使他们了解研究的进一步进展，为政府行动提供建议，特别要关注为美国寻找到铀矿供给。

b）加快研究进程，目前的研究只能在大学实验室有限的预算下进行。如有经费需要，由他负责联系愿意为研究出力的个人争取经费，还可以寻求与企业实验室合作，以获得需要的设备。

我了解到，德国在接管了捷克斯洛伐克的矿场后，已经停止了铀的交易。从德国副国务秘书长之子冯·魏茨泽克（Von Weizsäcker）那里了解到，柏林的威廉皇帝研究所正在重复美国科学家有关的铀研究，这样或许就能理解德国这么早就展开行动的原因。

您最真诚的

A. 爱因斯坦

西拉德在爱因斯坦的信中加了一份技术备忘录,详细说明了如何建造核反应堆,以及反应堆在军事和其他方面的用途。这份备忘录集聚了建造反应堆的新近研究成果:利用减速剂将中子变成慢中子,就有可能在核反应过程中产生额外的中子。8月15日,爱因斯坦的信连同西拉德的备忘录一起交给了总统的一位朋友亚历山大·萨克斯(Alexander Sachs),但直到10月11或12日,萨克斯才将它们亲手交给罗斯福。

1939年9月1日,二战爆发,美国在之后两年里选择保持中立。但国会很快废除了中立法中的武器禁运条款,这样一来美国就能向参战国出售武器。

西拉德眼下最关心的是如何获得大量高纯石墨,石墨中极微量的杂质就会导致中子被吸收而不是被减速。德国人也尝试用石墨作为减速剂,但他们的实验失败了。他们没有意识到所用的石墨不纯,这之后他们只能改用重水。多亏有西拉德,美国人才能推进研究,并成功使用石墨。这正是西拉德关注最微小细节所取得的回报。这件事也令美德两国在核武器研究方面拉开了实质性的差距。

罗斯福从萨克斯那里收到爱因斯坦和西拉德的文件后,成立了一个铀咨询委员会,并给爱因斯坦回信,信中提到:"你的这封信非常重要,我为此立刻召开了一次会议……彻底研究你所说的利用铀的可能性。"这个新委员会的主席是国家标准局局长莱曼·J. 布里格斯(Lyman J. Briggs)。西拉德、维格纳和特勒都是委员。委员会的第一次会议在1939年10月21日召开。会议中最令人难忘的是陆军上校基思·亚当森(Keith Adamson)和维格纳之间的争论。

亚当森告诉科学家们,通常经历两次战争才能开发一项新武器。能为战争带来胜利的是民众的士气,而不是新的武器。维格纳抓住了机会:他质疑上校用了多少军费来激励民众的士气。军方代表很快同意提供6 000美元供科学家开展铀的研究。这是原子弹计划中第一笔来自政府的资金,不过这笔钱耽搁了一段时间才到科学家手中。维格纳在1973年对亚当森表达了比当时会议中更充分的肯定,他认同亚当森的看法:"民众的士气是决定性因素。"

与此同时，维格纳继续开展研究，西拉德则继续为此付出各种努力。他组织会议，撰写备忘录，鼓励物理学家们不要发表研究成果。西拉德描述了一些必要的实验，并强调，即使这些实验得出了否定的结果，但只要能明确地证明不可能维持核链式反应，那就是有价值的结果。费米和西拉德一起设计出了一个铀-石墨反应堆，他们称之为"堆"（pile）。

直到 1940 年 2 月情况仍然没有任何变化，资金也一直没有到位，于是西拉德又去找爱因斯坦。他们决定由西拉德向《物理评论》（*Physical Review*）杂志投稿，发表关于铀-石墨反应堆的研究。然后询问政府是否想要截住这篇文章。这一次政府和科学家的角色互换了，科学家们强迫政府采取行动的做法甚至可以称得上是敲诈。之所以如此，是因为西拉德对政府的无能感到愤怒。而更令他愤怒的是，法国的约里奥发表报告称，中子捕获无法维持链式反应的发生。法国人还为它起了个名字：收敛的链式反应。西拉德的反应能持续下去，因此他称之为"发散的"。西拉德在报告中首先引用了威尔斯的《获得自由的世界》，因为作者在其中预言了后来原子弹的发明。最终西拉德告诉《物理评论》的编辑，如果政府提出要求，就撤回他的投稿和其他一些文章。

在此期间，德国也发表了在军事上应用核能的相关报告。这提醒了西拉德，他和爱因斯坦决定给总统写第二封信。这封信写于 1940 年 3 月 7 日，信中提到了德国的研究进展，还提到如果美国政府不采取行动，那么西拉德将在《物理评论》上发表系列文章。西拉德在备忘录中还提到，有可能为海军提供核燃料，这对于和日本之间的战争极为有利。珍珠港事件在这之后 20 个月才发生，足证西拉德的远见。在爱因斯坦第二封信的推动下，6 000 美金终于到位，实验得以启动，费米在他们之中格外活跃。西拉德依然坚持对研究保密，费米却不同意。但西拉德指出，如果德国人了解到石墨纯度的重要性就可能重返正确的研究路径，费米因此认同了在这件事情上保密的意义，自那以后研究完全变为秘密行动。1954 年，在奥本海默的听证会上，费米肯定了西拉德在作出保密决定一事上的领导作用。

1940 年春天，路易斯·A. 特纳（Louis A. Turner）提出一个重要想法，中子能令铀 238 转化为钚 239,自然界中不存在这种元素,但它非常容易发生裂变。钚后来成为制造原子弹的重要原料。在此基础上,西拉德创造性地提出了另一种类型的反应堆,后来被称为增殖反应堆。在增殖反应堆中,放射性核释放快中子,击中覆盖在周围的铀 238,使其转化为钚 239。特纳也向《物理评论》投了稿,因此询问是否应该撤回。他的发现有巨大的军用价值,但目前的研究都是自发的,缺乏有效的机制保障,也因此无法判断稿件应该被撤回还是发表。莱曼·J. 布里格斯又成立了一个新的委员会——核物理咨询委员会,西拉德、维格纳、特勒和《物理评论》的编辑格雷戈里·布赖特都在其中。美国正式开始有组织地研发。范内瓦·布什(Vannevar Bush)领导的国防研究委员会(NDRC)指导军事科研工作,并建立了审查制度。

讽刺的是,正是西拉德的强力倡导才令保密制度得以建立,但这项制度却让军方和政府将费米和西拉德几乎排除在原子弹计划之外。根据陆军情报称,费米是"无可争议的法西斯分子",而西拉德是"十足的亲德分子",对两人的最终定论是"不建议雇佣两人参与保密行动"。然而,这无法阻止西拉德开展研究。他的思维总是领先于他人,使他迫切地想要采取行动。有时,通过政府采购迟迟无法获得实验设备的时候,他会自己花钱购买。这也使他变得非常善于寻找实验需要的材料。有一次,他与菲尔德(Feld)和马歇尔(Marshall)合作,他们的报告署名为菲尔德、马歇尔、西拉德。于是有人开玩笑说,西拉德在柏林时的外号是"总干事"(Generaldirektor),现在被提拔为了"陆军元帅"(Feldmarschall)。

很难相信,在 1939 年 6 月到 1940 年春天这段时间里,美国总体上没有开展任何与核链式反应和铀项目相关的行动。西拉德再次动员爱因斯坦发声,他们又一次通过萨克斯与总统取得联系。罗斯福提议由布里格斯召开另一次会议,但当萨克斯询问是否邀请西拉德和费米参会时,布里格斯说:"你应该知道,这些事情是保密的,他们不应该参与进来。"其中显然包含了多重讽刺意味。首先,正是西拉德和费米发现了这些需要保密的事情。其次,也是他们先提出要秘密行事,以防止德国人获取到他们的研究成果。再次,还是他们两个,特别是西拉德推动美国政府参与到研究之中。不过最终,秘密进行的原子弹计划没有将西拉德、费米和其他"外国人"排除在外。在实现保密的各种措施中，西拉德认为分区实施（compartmentalization）会产生不利的后果。分区实施意味着科学家在不同实验室中研究项目的不同部分，他们对彼此的研究内容完全不了解。西拉德向范内瓦·布什抱怨说，分区实施"令这项研究从一开始就存在严重缺陷"。他用建立一个秘密社会来类比，最后发现情况更糟糕："和秘密社会不同的是，我们这里缺少一个掌握一切的核心小组。"始终不让科学家们了解项目的全貌，会引发令人不安的结果："他们不再将取得整个项目的成功视为自己的责任。"西拉德预测他们这样的组织形式会"导致研究进度拖慢四到八个月"。

不过后来事情发展得越来越快，国防研究委员会在 1941 年 12 月 6 日召开了一次会议，决定加快推进核链式反应的开发。第二天就发生了珍珠港事件，8 日美国宣布参战。芝加哥的物理学家亚瑟·H. 康普顿（Arthur H. Compton）那时是原子弹计划的负责人。但有报告认为他不够可靠，范内瓦·布什没有接受秘密情报人员的意见，并要求他们继续调查，让康普顿接受审查。当康普顿最终通过审查时，他在芝加哥冶金实验室（下面会提到）的研究任务已经全部完成了。

1942 年 9 月，莱斯利·格罗夫斯（Leslie Groves）将军被任命为曼哈顿计划，更准确地说是曼哈顿陆军工程特区的总负责人，就此完成了项目启动的最后一步。格罗夫斯 1913 年进入华盛顿大学，随后进入麻省理工学院和西点军校，1918 年毕业。在加入曼哈顿计划之前，他还在另外三所军事学校学习过，并参与了许多军事建造项目，最著名的项目要数建造五角大楼。差不多从项目启动到 1946 年，他一直是负责人，直到 1947 年项目由新成立的原子能委员会接管。一开始，他只是负责曼哈顿计划的相关工程建设，但后来逐渐成为整个原子弹计划的总负责人。

参与曼哈顿计划的英国物理学家团队负责人詹姆斯·查德威克（James Chadwick）曾多次公开表示："如果没有格罗夫斯，科学家根本无法造出原子弹。"有一次，亚瑟·康普顿问格罗夫斯："如果有一天必须要选择，你会不会把美国的利益置于全人类的利益之上。"他们两人都是牧师的儿子，也都对上帝心存敬畏。格罗夫斯回答，他"必须优先考虑人的利益"。随后补充道，美国是"为人类提供服务的"最佳机构。然而，格罗夫斯和科学家无论在对事情的看法还是态度方面都有明显的差别。格罗夫斯曾向康普顿抱怨，科学家"不懂得如何接收指令和发出指令"。据特勒所说，"1934年到1945年期间，如果让科学家团体在洛斯阿拉莫斯投票选择最不受欢迎的人，格罗夫斯将军几乎每次都能当选"。

格罗夫斯强烈支持在曼哈顿计划中分区域开展研究。他的传记作者斯坦利·戈德伯格（Stanley Goldberg）在将军和科学家身上看到了一种对称性——又或者更像是一种反对称性。两边的人都将自己的经验带到项目中，也都认为是对方阻碍了项目更有效地推进。格罗夫斯有工业背景，涉足工程的人更关注眼前的任务。而科学家则认为需要进行最广泛的交流，并从全局来看问题，而不是纠结于细节。但毫无疑问的是，在曼哈顿计划中，格罗夫斯比西拉德和其他人拥有更大的权力。

西拉德在原子弹计划中的作用开始逐渐减弱，而坚持强出头，很可能令他比之前更容易遭到军方的排挤。西拉德是芝加哥大学的访问助理研究员，之后成为该校冶金实验室（Met Lab）的首席物理学家。

为了能更清晰地理解，这里先简单列举原子弹项目的主要构成。整个项目由国防研究委员会负责，该委员会主席是范内瓦·布什，副主席是詹姆斯·B.科南特（James B. Conant）。后来科南特成为主席，而布什被任命为科学研究与开发办公室（OSRD）主任，负责监管所有新型武器的开发。布什在一战期间曾为海军做过研究，后来在麻省理工学院任教，二战前是华盛顿卡耐基研究所所长，并以政府科学顾问的身份担任过多个职位。布什作为科学研究与开发办公室主任直接向总统汇报，而科南特则向布什汇报。

曼哈顿计划最终建立了以下子项目基地：

芝加哥大学的冶金实验室，主要任务是建造第一台铀-石墨反应堆，以及证实钚也能发生核链式反应，负责人是亚瑟·H.康普顿（他一开始是整个原子弹计划的负责人）。另外两所大学的实验室也参与其中。一所是哥伦比亚大学的实验室，科学家们在哈罗德·C. 尤里（Harold C. Urey）的带领下尝试用气体扩散的方法分离铀的同位素；另一所是加州大学伯克利分校的实验室，他们在欧内斯特·O. 劳伦斯的带领下尝试用电磁方法分离铀的同位素。

田纳西州橡树岭的克林顿工厂，负责分离铀235和铀238。

华盛顿州汉福德（临近帕斯科）的汉福德工厂，负责生产等比例扩大的铀–石墨反应堆，在反应堆中，中子轰击铀238，将其转化为钚239。

新墨西哥州的洛斯阿拉莫斯实验室，是建造第一颗原子弹的秘密场所。罗伯特·奥本海默是科学负责人。这里汇集了冶金实验室和其他地方的智慧成果、橡树岭的铀235和汉福德的钚。

奥本海默有时被认为是整个曼哈顿计划的科学负责人。诚然，一旦开始制造原子弹，洛斯阿拉莫斯实验室无疑是整个项目至关重要的部分，但奥本海默自始至终都不是科学负责人。官方负责人是科南特，布什在国家科学研究与开发办公室的副手，他是格罗夫斯将军的顾问。科南特还提名了另一位顾问，加州理工学院的理查德·C. 托尔曼（Richard C. Tolman），他是国防研究委员会的副主席（主席是科南特，在他之前是布什）。奥本海默在招募合作者时，收到了来自格罗夫斯和科南特的信，这封信是为了给奥本海默和他招募的那些人增添信心。

布什、科南特和他们所在的机构对美国成功启动并实施原子弹计划功不可没。美国缓慢而确定地跟上了战争的步伐，就如同罗斯福总统一直在等待加入反法西斯联盟的信号。这个信号就是珍珠港事件。当美国官员得知英国在两位逃亡科学家——利物浦的奥托·弗里施（Otto Frisch）和伯明翰的鲁道夫·皮尔斯——的帮助下取得了重大突破之后，更加大了对原子弹计划的刺激。他们看到了制造原子弹的可能性。英国所取得的进展，极大提升了美国调动人力和资源来开发核武器的决心。西拉德强调了英国在制造原子弹过程中所做贡献的重要性，但不认为应该赞扬那些"在英国的官方历史中被认为做出过贡献的人"。

一组英国科学家很快将加入曼哈顿计划，因为预见到处于战时的英国不可能完成类似的项目。这个小组由查德威克和马克·奥利芬特（Mark Oliphant）带领，查德威克因为发现中子而获得诺贝尔奖，这两人之前都是卢瑟福的亲密助手。弗里施和皮尔斯也在小组中，还有另一位德国逃亡者克劳斯·福克斯（Klaus Fuchs），他在战后被发现是苏联间谍。

奥利芬特为英国初期的研究提供了重要支持，并让丘吉尔政府注意到了这个项目。在战争最开始的几年里，相比于美国，英国有更完善的机制保障政府获得科学方面的咨询意见。珍珠港事件和英国的介入都改变了美国对原子弹计划的态度。罗斯福总统在 1941 年 10 月的总统令中并未对核研究作出明确指示，并要求布什停止推进。而到了 1942 年 1 月，总统正式下令支持原子弹研究。如果没有爱因斯坦的信和在哥伦比亚大学进行的有效研究，曼哈顿计划不会以现在的方式启动。虽然事后有不少观点认为，如果美国政府和军方能够在一开始就认识到制造原子弹的可行性和重要价值，或许能为计划多争取到一年的时间。但是，没有必要深入思考这些假设，原子弹如果提前到 1944 年夏天就被用来攻击德国，任何人一想到产生的后果都会不寒而栗。

专门负责原子弹制造的机构成立后，西拉德转而开始思考核武器在战后所扮演的角色，以及战胜国之间可能出现的竞争。其他科学家和他有同样的担忧，即使那时原子弹尚未制造出来。1942 年，西拉德起草了一份备忘录，内容是关于如何在战后与德国一起"赢得和平"。他在备忘录中引用了伊姆雷·毛达奇（Imre Madach）的剧作名，由此可见他对这部剧作印象至深。他写道："无论战争最终胜利或失败，由战争拼凑出的历史都是《人类的悲剧》。"西拉德设想在战后实行全球管制，防止出现先发制人的战争，以此来阻止核武器扩散。他还提议控制世界的铀存储量。他预见到，如果各国都能获得核武器，那么即将到来的和平将是"武装和平"。他提到的"武装和平"后来逐渐演变为冷战。

西拉德意识到，正因为他能看得更远，所以他可能是那些只专注于眼前任务的人的眼中钉。有一次，他罕见地尝试解释他处理问题的方式："我一向有话直说，如果不能有一说一，我实在不知道应该如何表达想法。"他也认为应该"为自己的直言不讳向小组的所有人致歉，但也希望他们能将他的冒犯视为战争中不可避免会遇到的困境"。他还提到，有各种快乐的理由，但责任感支配着他，令他无法快乐。这是"在证明，那些切实为开发（这个可怕的武器）做出过贡献的人，在上帝和世界面前，有责任去关心和确保，人们能在合适的时间以合适的方式去用它"。这时，他仍然在全力支持原子弹的制造，并希望能加快制造的进程。在战争开始的几年里，他一想到德国可能会抢先制造出原子弹，就感到惶惶不安。在此期间，他曾告诉一位同事，他"会写下所有的事情，不是为了发表，只是把它们告诉上帝"。当同事告诉他，上帝可能已经知道所有的事时，西拉德回应说，或许是这样的，但上帝知道的一定"不是这个版本的事实"。

西拉德和格罗夫斯很快就变得互相不待见，拉努埃特从他们身上看到了科学家和军人之间的矛盾。但还不止于此：如今已经不太可能出现一位美国将军，能像格罗夫斯那样公开表达了反犹太立场之后还能安然无恙。拉努埃特引用格罗夫斯的话说："我没有歧视，只是不喜欢某些犹太人，不喜欢犹太人身上某些众所周知的特点，但这并不是歧视。"格罗夫斯眼中的西拉德固执己见、傲慢自大，一直试图阻止美国在日本使用原子弹。他指责西拉德一战期间在德军服役，指责他什么工作都不做，也不教书，全部的时间都用来学习。尽管格罗夫斯承认，曼哈顿计划的提议所以能够让总统知晓，都是西拉德的功劳，但他对此持否定态度，认为这是西拉德一意孤行的结果。格罗夫斯一直希望能将西拉德赶出曼哈顿计划，最好能把他关押起来。但其他人，主要是战争部长史汀生（Stimson）阻止了他。格罗夫斯表示："如果在像德国一样的国家，我想说，至少有一打（科学家）应该被枪毙，另外一打有嫌疑的，保险起见也应该被枪毙。"可以看出，格罗夫斯完全无法理解民主的意义，也不明白他们和德国作战，就是为了消灭那些令他羡慕不已的事情。而另一边，西拉德认为格罗夫斯将情报分区令原子弹制造的进程推迟了一整年，这是一项非常严重的指控。

上面提到的格罗夫斯对西拉德的看法已经是拉努埃特修饰后的结果。汉斯·贝特的结论则非常简单："莱斯利·格罗夫斯恨西拉德。"将军在他自己的书中比在其他场合更为谨慎，西拉德的名字只出现过两次。其中一处他提到"杰出的匈牙利物理学家尤金·P. 维格纳和利奥·西拉德"，另一处提到西拉德是和一个技术问题有关。但他反复提及一些科学家，他们大多在欧洲出生和学习，认为他们更应该掌控整个计划。很难相信西拉德不在其列。他还提到了专利问题，并且承认他们"对由此带来的资金方面的迅速调整完全没有兴趣"。为了展现曼哈顿计划执行期间由专利问题带来的麻烦有多大，他提到负责专利的部门不得不查阅 8 500 份技术报告，检查 6 000 份笔记，研究 5 600 项发明。

第一个核反应堆在芝加哥大学斯塔格球场的壁球室中建造。1942 年 12 月 2 日，反应堆投入使用。当它成功运转后，西拉德对费米说："今天将成为人类历史上黑暗的一天。"而费米和他不同，"没有沉湎于已经取得的成功"，而只是交代助手关闭反应堆，明天早上回来继续实验。非犹太裔的亚瑟·康普顿在回忆录中写道，12 月 2 日是那一年犹太光明节的前夜，自由之光即将照射进来。也就在那天，美国国务院报告称，已有 200 万犹太人遭到纳粹屠杀，据估计还有超过 500 万人身处危险之中。

1943 年 3 月，西拉德获得了美国国籍。联邦调查局探员在格罗夫斯将军的授意下，一直跟踪并调查西拉德。在保密档案中，他被描述为"拥有犹太血统，喜爱美食……说话时偶尔带有外国口音，通常与同样有犹太血统的人合作"。联邦调查局在整个战争期间花费了大量的财力和人力来保护西拉德，但他总是嘲弄那些尾随的人，他会邀请他们一起坐车，或请他们喝咖啡，雨下得很大的时候还会借伞给他们（这些探员倒宁愿被淋得浑身湿透）。西拉德把格罗夫斯的做法和纳粹相提并论。

西拉德和军方之间还有其他矛盾，因为他采取了各种行动来保护他的专利权，这些专利与核链式反应以及核反应堆有关。这些行动极大地阻碍了他参与原子弹制造的后续阶段。在政府支持下获得的发明都属于政府，而在政府支持介入前的发明则归科学家所有。其中最主要的发明是用未分离的铀产生链式反应。西拉德想要单独或和费米一起申请一项专利。他非常认真地处理这件事，意识到一边拿着政府的工资，一边和政府争专利权，这两件事之间存在矛盾。因此在维护专利权期间，他从之前的政府部门辞职，但还是继续在芝加哥大学研究原子弹。

政府希望以象征性的一美元来获得西拉德的专利，但西拉德不同意这种象征性的方案，他希望得到真实的回报。西拉德想起了一战中的一个故事，一个穷裁缝被奥匈帝国的军队征召入伍，他不愿意参战，但有一次，他的警惕心帮他救了很多人。指挥官问他想要得到一枚奖章还是1 000克朗奖金。裁缝思考一番后，问指挥官这枚奖章值多少钱。指挥官告诉他奖章的道德价值是无法用金钱来衡量的，但裁缝还是坚持想知道，指挥官只能告诉他奖章值5克朗。裁缝接着问，他能不能同时得到一枚奖章和995克朗奖金。西拉德认为他的处境和这个裁缝差不多。最终费米和西拉德因为核反应堆（核链式反应）得到了50 000美元奖励，但那时费米已经去世。

当原子弹可以投入使用时，德国可能拥有原子弹的威胁已经不复存在。因此，西拉德希望阻止原子弹的使用，他做了三次尝试，但都以失败告终。在给总统的一份新备忘录中，西拉德不仅提到了战后与苏联之间可能发生的军备竞赛，还提到小型原子弹可能通过走私进入美国，并用于袭击活动。西拉德虽然没有预见到恐怖主义的出现，但却提到了他们可能使用的袭击手段。他还构想了利用火箭运输原子弹，可以在远距离外轰炸美国。这个预测也相当准确，这类武器的威胁的确在二战后不久就出现了。出于这些考虑，西拉德警告说，拥有核武器的国家可能会发动先发制人的战争。他总结道，避免这一灾祸的唯一方式是建立全球控制体系。西拉德又一次请爱因斯坦帮忙，但这一次不需要爱因斯坦在备忘录上签名，只要附上一封介绍信即可。这表明他渐渐地不用再依赖爱因斯坦的盛名，再后来他能直接给世界各国领导人写信。

爱因斯坦在介绍信中提到了向总统提供科学咨询的问题，这在后来变得非常重要。他提到，西拉德"极为担心在从事研究的科学家和负责制定政策的（罗斯福的）内阁成员之间缺少充分的沟通"。西拉德在他的新备忘录中提到，使用原子弹"将引发美国和苏联在制造这类武器方面的竞争"。他同时还担心，美国目前的进展可能令它失去原有的优势。他对美国的备战工作停滞不前的抱怨，和多年后特勒在制造氢弹问题上的争辩非常相似。罗斯福于 1945 年 4 月 12 日去世，因此西拉德的备忘录没能交到他的手中。这是他为阻止原子弹使用所做的第一次尝试。哈里·杜鲁门（Harry Truman）继任总统，所有的事情不得不仓促地重新开始，因为他担任副总统期间对曼哈顿计划一无所知。

虽然西拉德完全不了解这位前副总统，但这并没有阻止他尝试的脚步。他决定从参与原子弹计划的人中，找一位来自杜鲁门的家乡——堪萨斯州的人作为联络人。西拉德找到了这样一个人，但他和新政府的第一次接触不太成功。他没有给詹姆斯·贝尔纳斯（James Byrnes）留下好印象，贝尔纳斯直接向总统负责，后来很快就成为国务卿。西拉德想要提出建议，贝尔纳斯是一位南方绅士，对西拉德言之凿凿的风格很反感，认为他想要参与政策的制定，这不是他希望的。西拉德感到很失望，他觉得，如果贝尔纳斯出生在匈牙利，然后学习物理，而他自己出生在美国成为能够影响政府决策的人，这个世界会变得更好。

不过西拉德不是轻言放弃的人，尤其是面对未来核武器和核能利用这一具有本质意义的问题。他的第三次尝试是向新总统写了一封请愿书。与此同时，新政府成立了一个过渡委员会负责核相关事务，这个委员会提议对日本使用原子弹。西拉德和他的支持者深知很难改变过渡委员会的决定，但还是希望至少能够公开发表反对意见。这是曼哈顿计划中的重要时刻，原本促成其启动的人转而公开反对使用原子弹。但这不意味着西拉德改变了立场，到欧洲战场的战争结束时，西拉德希望能够遏制纳粹德国带来的威胁，正是这种威胁促使他完成了这些年来的努力。

在第一封请愿信中，西拉德遗漏了进攻日本会造成大量美国人伤亡这一事实，他于是修改了请愿信，提议"先作出适当的警告，并给出有条件的投降机会"，如果都无法结束战争，再使用核武器。几乎没有科学家愿意在第一封请愿信上签名，后来有 67 位签署了修改后的请愿信，西拉德请康普顿将签名后的信带去华盛顿。有很多人支持西拉德的请愿，但也有很多人反对，他们主要考虑降低美国的人员伤亡。

这封 1945 年 7 月 17 日的请愿信中清楚地透露出，直到最近美国都一直担心受到原子弹的攻击。但德国投降后，这一威胁解除了。值得一提的是，在那时，至少美国政府中有权限查看情报汇报的人应该非常清楚，德国人在制造原子弹上从未取得过进展。这封请愿信更进一步提出，"除非在战后公开投降条约的细节，并确保给过日本投降的机会"，否则，用原子弹"轰炸日本是不正当的行动"。从他们的想法中可以看出，西拉德和他的同事没有完全排除，在特定条件下使用原子弹轰炸日本的正当性。在备忘录中还强调了这件事的道德考量，再次警告称，如果各国都能制造核武器，那么战后的美国将时刻受到威胁。这封请愿信没有起到作用，那时，在日本投放原子弹的准备工作已经进入了最后阶段。这封请愿信的落款时间就在第一次成功进行核试验的前一天，那次实验在新墨西哥州阿拉莫戈多附近的特里尼蒂（Trinity）进行。

在洛斯阿拉莫斯，特勒因为这封请愿书陷入了两难之地，这章后面会讲述这段经历。第一颗原子弹在广岛爆炸后，西拉德写信给未来的妻子格特鲁德·韦斯［Gertrud Weiss，格特鲁德的别称是特露德（Trude）］说，"对日本使用原子弹是人类历史上最严重的错误之一"。尽管是西拉德促成了原子弹计划，但由于他反对使用原子弹而获得了日本人的支持。不应该站在 60 年后的立场来评价西拉德在 1945 年夏天的数周里所做的事，在当时的历史背景下反对使用原子弹绝非易事。本章的最后将再次回到这个话题上。这里只提一下西拉德当时一系列发狂般的举动，包括在原子弹爆炸后立刻与教会的领袖们取得了联系，其中就有芝加哥的罗马天主教的红衣主教。红衣主教这样回复他："上帝将你提到的能量闭锁得如此严密，直到数千年后才被释放，必定是有重要的理由才拖延至今。"西拉德询问他这个理由是什么，他回答："教会将认真考虑这件事，相信时间会给出答案。"

曼哈顿陆军工程特区随即发布了关于计划的史密斯报告（Smyth Report）。西拉德对报告的发布感到愤怒，因为参与这个计划令他在世人眼中成为"战犯"。他对参与制造第一原子弹的荣誉的态度非常矛盾。尽管他在道德上谴责军方使用原子弹，但他同时又认为在二战期间使用或储备原子弹是合理的，甚至是必须的。在 1944 年 1 月 14 日他写给科学研究与开发办公室主任范内瓦·布什的信中，他详尽阐述了这一观点：

> 在公众意识到原子弹的巨大潜能前所缔造的和平，并不是真正的和平。有了原子弹之后，这个国家的人民不会再愿意为换取稳定的和平而付出本来必须要付出的代价。在接下来几年里，如果我们理所当然地允许继续发展原子弹，那么只要有两个国家同时拥有这项威力巨大的武器，那就不可能实现和平，除非这两个国家之间能够建立起牢不可破的政治联盟。因此，必须迫切地采取严格措施来控制铀矿，必要时可以采取武力。而只有在这次战争中使用核武器，让人们深刻体会到它所具有的毁灭性力量之后，才有可能实行那些必须采取的严格措施。

尽管结果令人悲伤，但西拉德确实准确地预测了二战尾声和冷战期间核武器的命运。他还作出了另一项令人悲伤的预测——他后来对此感到非常恼火——如果为战后的世界局势着想，就不可避免地要在二战中使用原子弹。

到了 1945 年春天，西拉德的立场发生了变化，他竭力反对在日本投放原子弹。他认为这么做会刺激苏联也开始研发原子弹。然而西拉德在 1945 年时还不知道，苏联早就已经开始研发原子弹了，并且通过间谍活动窃取了大量美国核计划的关键信息。1960 年再次谈到这个问题时，他意识到，如果不在日本投放原子弹，也无法为美国在军备竞赛中赢得更多的时间。不过西拉德认为，如果美国没有在广岛和长崎投放原子弹，或许核武器军备竞赛根本不会发生。

1945 年，决定使用第一颗原子弹还出于其他一些考量。路易斯·阿尔瓦雷茨在 1987 年出版了回忆录，之后不久他就去世了。回忆录中提到 1945 年时，他写道：

> 设想一下，如果我们选择进攻日本本土，与他们展开持久激烈的战斗，最终造成数十万人伤亡，而《纽约时报》这时曝出，国家投入二十亿美元制造了威力巨大的秘密武器，但却没有使用，那么无

论是出于战略原因还是道德考量，哈里·杜鲁门在 1946 年都将很难向民众交代。

阿尔瓦雷茨写下这些话的时候，公众对于使用原子弹已经出现了不同的态度。尽管战争中的其他行动，比如东京大轰炸，造成了更为严重的后果，但公众更倾向于忘记这些。据康普顿估计，在 1945 年 3 月 9 日的空袭以及由此引发的东京大火中，约有 8 万人丧生，16 平方英里被炸毁，近 150 万人失去家园。考虑到这一点，再看另一位诺贝尔物理学奖得主菲利普·安德森（Philip Anderson）在 1999 年一次谈话中所说的话，会非常有意思。他发声反对研发氢弹和星球大战计划，但对于 1945 年使用原子弹的事并未表示歉意。

> 有些人对于在日本投放原子弹感到内疚，但我没有这样的感受。只有一件事影响到了我的情绪，而这件事很多美国人并不知道。我曾经到过日本，从当地的日本朋友那里了解到了东京大轰炸的情况。那几乎是屠杀，如此之多的人在轰炸中丧生，在我看来，这件事比原子弹可怕得多。我还注意到另一件事，我不明白为什么极少有美国人注意到这件事，那就是南京大屠杀。南京大屠杀和日本在中国、韩国所做的其他事情令人发指。因此我对使用原子弹不发表任何指责。同样的，我也不同情经历了德累斯顿大轰炸的德国人。有句老话说得好："恶有恶报。"德国和日本正是罪有应得。正是原子弹让他们不再幻想能取得战争的胜利。

汉斯·贝特也认为没有必要后悔使用原子弹来加快战争的结束。他认为西拉德之所以反对使用原子弹，是因为他没有充分了解当时的情况。根据贝特所说，当时的情况充满了不确定，令人困惑又非常紧急，哪怕是西拉德也不可能充分预计原子弹的相关行动会产生怎样的后果。

在本章结尾，我们将再来审视在日本投放原子弹的决定是否对结束战争起到了决定性作用。

利奥·西拉德。(István Orosz 绘)

尤金·P. 维格纳

维格纳也意识到了 1938 年底发现核裂变的重要意义。他和西拉德都明白这项发现使核链式反应和原子弹变为可能。然而，这偏偏是在企图征服世界的纳粹德国做出的发现，情况一下子变得非常危险。虽然维格纳主要从事理论研究，但他也不排斥应用研究，他当时立刻意识到必须要进行实验。维格纳为人有些过于礼貌，他想让同事进行一些核物理相关的实验时，显得非常有说服力。同事们说他是"令人愉快的讨厌"。当然，维格纳不仅仅是理论家，他学化工出身，并且精通数学。他和迈克尔·波拉尼合作研究的化学反应机制在其他科学领域也有广泛应用，并且，维格纳愿意随时为其他人提供帮助。

1939 年，约翰·A. 惠勒在普林斯顿和来访问的尼尔斯·玻尔一起研究核裂变的详细理论。惠勒向维格纳请教了一些问题，他这样回忆他们之间的交流：

> 我们必须了解这种新的现象，裂变……我们的匈牙利朋友尤
> 金·维格纳伸出了援手。他在普林斯顿吃了些牡蛎之后就病倒了，

住进了校医院。我想去医院看望他，顺便看看有什么能帮忙的。我和玻尔正在研究的问题有点类似化学反应。铀的裂变有点类似一氧化碳分子分裂成碳原子和氧原子。我记得他和迈克尔·波拉尼正是研究这方面理论的。他确实帮到了我们。

1939 年 9 月 1 日，玻尔和惠勒的论文在《物理评论》上发表，同一天，德国入侵波兰。维格纳对德国进攻波兰并没有感到很惊讶，但他发现很难让美国人意识到纳粹德国的危险性。他在向美国人发出核战争威胁警告的时候遇到了更大的阻碍，部分是由于移民身份而不受信任。尽管维格纳认为自己属于温和的反纳粹主义者，但很多美国人却为他贴上了"欧洲激进分子"的标签。

维格纳积极招募科学家一起思考和研究核物理。他和西拉德找到费米一起商讨。年轻的理查德·费曼当时还是一名研究生，当维格纳听到费曼在普林斯顿的报告时，他意识到，眼前这位年轻人的才智丝毫不逊色于约翰·冯·诺伊曼、沃尔夫冈·泡利和阿尔伯特·爱因斯坦。他劝说罗伯特·威尔森和费米一块干，威尔森多年后成为国家加速器实验室的负责人，也就是后来的费米实验室，这间实验室坐落于伊利诺伊州的巴达维亚。当时还没有政府资金的介入，也因此维格纳和其他人的工作没有受到任何限制，他们可以随心所欲地讨论工作。倒不是说他们没有意识到保密的重要性，只不过原子弹的研究一开始非常困难。他们在其他人看来不过是一群怀着疯狂想法的疯狂外国人。

上面已经简要地叙述了他们向爱因斯坦寻求帮助的过程。这里再来看看路上发生的事。那年夏天，维格纳开着自己的车和西拉德一起去长岛的培科尼克找爱因斯坦，这是他们第一次去爱因斯坦的避暑别墅，他们只知道大致的地址，因此迷路了。他们向不同的人询问爱因斯坦别墅的方位，但似乎没有人听说过他。最后，是一个孩子为他们指了路。特勒曾经描述过同样的故事，听起来就像是他的亲身经历，这足以说明维格纳和西拉德第一次去找爱因斯坦的过程已经成为传奇。当特勒载着西拉德第二次去找爱因斯坦时，他们已经熟门熟路了。

他们本意是想提醒比利时，刚果的铀矿至关重要，并将此事告知美国政府。他们找爱因斯坦，不仅仅是因为他比西拉德更有名，更因为他是比利时王后的朋友。之后他们逐渐认识到美国应该开始制造原子弹，于是决定由爱因斯坦写信给罗斯福总统。爱因斯坦用简洁而准确的德语口授了信的内容，维格纳匆匆记了下来。他们拿着信回到普林斯顿，由维格纳负责将信翻译成英语，虽然在签名前，西拉德还做了一些修改，但维格纳仍然应该为这份著名文件的文字负主要责任。西拉德和特勒后来又前往培科尼克取爱因斯坦签过名的信，信的落款时间是 1939 年 8 月 2 日。那时，维格纳已经离开东北地区前往加利福尼亚，这趟出行是之前就安排好的。

正如我们之前看到的，事情的进展非常缓慢，但在 1939 年 10 月 21 日，国家标准局在华盛顿召开了一次会议，任命局长莱曼·J. 布里格斯担任铀事务委员会的主席。格雷戈里·布赖特是委员会的委员，也是他帮助维格纳在威斯康星大学找到了工作。之前已经提到过在国家标准局的一次会议中，维格纳不得不对一位将军的意见提出反驳，这位将军认为战争的胜利依靠的是民众的士气，而不是新的武器。

1939—1941 年，事情几乎停滞不前，而德国人在这段时间所取得的进展更令人忧心。1940 年 4 月 27 日，国家标准局又召开了一次会议，出席会议的还是同一批人，结果也同样令人失望。维格纳注意到格雷戈里·布赖特和哈罗德·尤里两人非常有建设性，他们和其他科学家一起积极推动事情的发展。布赖特是另一个委员会的负责人，这个委员会审查所有与核裂变相关的论文，判断其中是否包含敏感信息。如果发现有敏感信息，将撤回他们向科学杂志的投稿。

在此过程中，维格纳的个人生活也发生了重要的变化，特别是他在 1941 年迎娶了物理学家玛丽·惠勒（她和约翰·A. 惠勒没有关系），这是他的第二段婚姻。他们后来有了两个孩子戴维（David）和玛莎（Martha），他们的婚姻一直非常幸福，直到 1977 年玛丽去世。

最终核计划正式启动，亚瑟·康普顿在芝加哥成立了冶金实验室。几个月后，维格纳前往芝加哥指导一支由大约七名年轻物理学家组成的理论研究小组。他很早就知道康普顿，在柏林开展的研究中还用到了康普顿效应。康普顿提到，他们两人见面时，维格纳"几乎热泪盈眶"地催促他帮助美国制造原子弹。康普顿在 1941 年 12 月 8 日再次会见维格纳——前一天日本袭击了珍珠港，告诉他计划已经重新组织，他们决定在芝加哥大学建造第一个铀-石墨反应堆。原本在哥伦比亚大学进行的反应堆建造工作转移到了芝加哥大学，哥伦比亚大学的研究小组也一同前往芝加哥，其中就有费米。维格纳和普林斯顿的研究小组也去了那里。研究的参与者大多数是外国人或是刚刚获得美国国籍的。1942 年 4 月，维格纳和妻子搬到了芝加哥。自那以后，用费米的话说，他们生活中最大的问题"不是没有钱，而是钱太多"。

发生巨大变化的不仅仅是财务状况。尽管一开始是西拉德和维格纳提议秘密行事，但当政府介入后，保密工作做得有些过头了。军队对保密事务过分重视，虽然可以理解这么做的原因，但也确实降低了研究的效率。在研究初期没有对研究内容保密，这对研究的推进极为有益。西拉德在提到英国早期的研究时也谈到了这一点。

由维格纳带领的理论研究小组在华盛顿州汉福德开展研究，他们的主要任务是设计用来生成钚 239 的核反应堆。投放在日本的其中一颗原子弹（广岛）用的是铀 235，另一颗（长崎）用的则是钚 239。芝加哥大学的研究进展得非常顺利，但维格纳的心情却一直如噩梦般，他时刻担心德国人会抢先制造出原子弹。从他的回忆录中能看出，当时他对同盟国能够取得战争的胜利持怀疑态度。当特勤局来采集所有曼哈顿计划参与人员的指纹时，维格纳拒绝了。他害怕如果德国赢得了战争，会处决所有参与曼哈顿计划的人员。他们很容易就能通过采集的指纹被辨认和抓捕。他的想法过于单纯：他忘记了一点，作为一名犹太人，他无论如何都会被抓捕并处决。他专注于计划的研究，1943 年他一篇文章都没有发表，这是 20 年来的第一次，虽然他可能取得了新的发现，但这些发现需要保密。

1942 年 7 月，维格纳和他的同事，主要是盖尔·杨（Gale Young）设计出了功率达到 100 000 千瓦的核反应堆。在这个反应堆中，铀块被置于用石墨制成的圆筒中，用水来冷却。改进后的版本在汉福德投入制造。核反应堆的设计不仅用到了物理理论,还涉及现在被称为材料科学的理论,其中包括冶金学。在对核链式反应进行了 5 周的论证后,维格纳和同事在 1942 年 12 月 2 日提交了一份方案,用来建造生成钚的反应堆。这份计划经过仔细检查后交给了杜邦公司(Du Pont Company)。那里的工程师预见到了一些困难,但还是以维格纳的方案为基础来设计生产钚的设备。维格纳和工程师在合作中发生了一些不愉快:一些工程师认为维格纳侵入了他们的专业领域。然而,核工程在当时仍然处于摸索阶段,没有谁是真正专业的。事实上,给这些工程师发出指令的已经是当时世界上最有资格的人。阿尔文·温伯格将维格纳称为"第一位核工程师。"在亚瑟·康普顿看来,费米、格伦·T. 西博格和维格纳是实验室中"最厉害"的人,实验室的工作需要的是"原创性、技术方面的知识和探索未知的能力"。

第一个核反应堆成功运行后,维格纳用一瓶有名的意大利红酒基安蒂酒来庆祝。这瓶酒包含了太多的意味,它既反映了维格纳对计划的信心和奉献,也能从中看出他的远见。过往的经历让他懂得,像意大利红酒这样的东西在战争中是很难留存的。他在欧洲除了学习化工外,还学到了如何在战争中生存。"能在意大利红酒难再进口前想到买一瓶,更多的是依靠先见之明,而不是准确预测到 1942 年会需要这瓶酒(比如用来庆祝核反应堆投入使用)。"

康普顿注意到维格纳具备的化工知识十分有用,也留意到维格纳和杜邦公司工程师的合作困难重重。据康普顿所说:"维格纳无法相信像杜邦公司这样的大企业能够做出什么好事,他在欧洲的经历让他把这些公司视为美国民主的暴君。"在这件事上康普顿可能误会了维格纳,后者不太考虑这些意识形态方面的问题。他在回忆录中提到,他只是单纯地不满意杜邦公司的表现。

杜邦公司的人"都长于应用,缺少从事理论工作的经验"。他们"还一直怀疑维格纳和他的团队所做的事是否有用"。西拉德也注意到了维格纳和杜邦公司合作时遇到的困难。维格纳询问工程师自己能帮上什么忙时,他们告诉他只需要他回答问题即可。对此,维格纳用礼貌的话语讽刺道:"如果你们知道该问什么,就一定能找到这个问题的答案,答案都在我提供的问题里。而我要做的只是把文件交给你们,我非常乐意这么做。"这些工程师并不明白,在这个几乎完全创新的项目里,能够问出正确的问题才是最难的。尽管如此,维格纳和工程师们不得不学着合作,虽然双方都在努力,但还是有一次维格纳甚至向康普顿提出辞职。好在最后合作还是成功的。康普顿提到:"表面之下的紧张关系一直存在,所以我一直非常担心项目能否顺利进行。"

我们不应该低估杜邦公司所承担任务之艰巨,责任之重大。和物理研究不同,工程所做的不是探索未知,而是执行明确的计划,但曼哈顿计划和杜邦公司负责的汉福德反应堆的建造都没有明确的计划。而像杜邦公司这样的企业还承担着其他责任,包括必须对股东负责。格罗夫斯将军通知杜邦的负责人必须参与项目后,就再也没有跟公司的董事会说过任何事。杜邦所面对的不仅仅是一项缺少经验的巨大工程,而且还是一项保密工程。

格罗夫斯这样描述那次关键的董事会会议,董事进入会议室时,"要求他们不能翻看面前倒扣着的文件"。他们被告知,这项任务的量很大,并且有重大的军事价值,但出于保密起见,不能告诉他们其他信息。如果他们觉得有必要,可以翻看眼前的文件。最后没有人翻看文件,并且一致投票同意参与项目。还有一个细节:在杜邦公司签署的合约中,他们得到的补偿只能抵充成本,没有盈利。但出于合法考虑,决定在项目完成后向杜邦公司支付1美元作为报酬。但政府审计员发现杜邦公司并没有完全履行合约,因此要求他们返还 39 美分。

维格纳回顾他在原子弹计划中的贡献以及原子弹造成的可怕后果时,可能会说他非常后悔参与了这项工作,不过那只是为了让提问者满意。事实上,无论出于理性还是感性,他都不后悔自己做过的事。他坚决认为,应该在德国投降前制造出原子弹,如果再早一些,或能对三巨头(罗斯福、丘吉尔和斯大林)在雅尔塔的会面产生影响,也可以缓解东欧的严峻局势,削弱苏联的统治。尽管如此,维格纳从来没想过在日本投放原子弹,也没预料到这件事会发生。但他也理解军方开发出了原子弹之后,一定会急切地想要在战争中使用,来彰显它的巨大威力。他认为原子弹或许挽救了很多人的性命，如果美国进攻日本本土，那么会有更多的美国人和日本人死于战争。维格纳在 1984 年回忆起了曼哈顿计划中的一件事，在德国宣布投降后，他认为：

> 没有必要再继续研发原子弹了，但政府却不这么认为。格罗夫斯将军想要继续研究，他说我们可以用它来对付日本，以尽快结束战争。

> 我们提议向日本科学家和军方高层介绍原子弹的威力。格罗夫斯还是不同意，他认为应该用一个城市来展现威力。这就是后来发生的事情，但我们都反对这么做，并且对此感到很不开心。我们认为如果把原子弹投放在无人居住的地区，既能展现其威力，又能挽救很多日本人的性命。但我必须承认，也一定会承认，我们的想法可能错了。多年后，我在一本书中读到，原子弹投放在广岛和长崎或许拯救了很多日本人。我当时认为，当着日本科学家和政客的面在无人区进行试验足以震慑他们。于是我拜访了日本的朋友，向他们询问，除了一个人之外，其他都说："不，这样的试验对天皇完全没有用。"他们认为："在无人区进行试验不可能有同样的效果，你们能用现在的方式演示再好不过。"或许确实应该这么做，但我当时并不知道。我的日本朋友肯定比我更了解日本的政客、天皇和军队高层。但我对他们的看法还是感到惊讶，尽管许多日本人在原子弹爆炸中丧生，但他们认为这能拯救更多的人。因此，格罗夫斯将军是对的，原子弹确实应该用现在的方式来演示它的威力。

为了展现当时的氛围，我们将再提到约翰·A. 惠勒，他被称为 20 世纪最全能的物理学家。惠勒参与了曼哈顿计划，并且毫不犹豫地将他为原子弹研发所作的贡献视为一生最重要的成就。他回忆道，许多美国士兵后来找他并表示是这两颗原子弹救了他们的命。"1945 年秋天，所有驻扎在冲绳岛的美国部队都已经准备好进攻日本本土——他们非常清楚，日本人宁可死也不会投降。"惠勒经常会思考："如果我们能早一年制造出原子弹，还能救下多少人。"这个问题和他痛苦的个人经历有关，1944 年 10 月他的弟弟在意大利的一次行动中丧生。在他牺牲前不久，惠勒收到了他的来信，信中写道："抓紧时间！"显然，他的弟弟猜到惠勒正在为战争工作。惠勒估计："如果战争不是在1945年年中结束，而能提早一年，在1944年年中结束，1 500万人可能因此获救。这个想法令人感到沉重。"

阿尔瓦雷茨不确定日本天皇是否是因为原子弹才接受无条件投降的。第二颗原子弹投放在长崎之后，过了几天日本天皇就在广播中发表演讲，宣布投降。他在演讲中提到了一种可怕的新型炸弹，以及它难以估计的破坏力。在广岛和长崎被投放原子弹之后，过了50年，汉斯·贝特认为原子弹巨大的破坏力令其显示出"超自然"的威力，天皇以此为理由投降就不会显得"丢脸"。有意思的是，第一颗原子弹在广岛爆炸后，并没有多少新闻报道了它造成的破坏，是第二颗原子弹才令消息传播开来。

为了确定爆炸的威力，阿尔瓦雷茨制造了一台设备来测试压强。除了负责投放原子弹的飞机外，还有一架飞机负责投放携带降落伞的这台设备，设备通过无线电信号将数据传回。在长崎的原子弹准备投放前，阿尔瓦雷茨在测量设备上绑了一封信，他在信中警告日本人，如果他们再不投降，将遭受一场狂暴的原子弹轰炸。这是阿尔瓦雷茨和他的两名同事私自采取的行动。这封信被交给了他的一名前同事，日本人相根良吉（Ryokichi Sagane），他战前曾是伯克利大学的客座教授。日本人找到这封信后，立刻将其呈交给日军最高指挥部。日本在原子弹投放到长崎后迅速投降，阿尔瓦雷茨的信对此有没有产生影响，有多大影响，我们都不得而知。

另一位知名物理学家莫里斯·戈德哈伯（Maurice Goldhaber）认为，在日本用原子弹用得太晚了，那时候日本败局已定。原子弹只是给了日本统治者一个合适的投降条件，但其实在突袭之下，他们无论如何都会投降。尽管戈德哈伯留意到，公众之所以赞成（或至少曾经赞成）使用原子弹，是认为美国人如果进攻日本本土会造成很大的伤亡，但可能原本就没有必要进入日本本土。他认为原子弹对加快日本投降起到的作用微乎其微，不过没有什么证据能支持他的观点。相反地，温斯顿·丘吉尔也谨慎地估计过如果同盟国进攻日本本土，会造成多少伤亡：他估计会有100万同盟国士兵和200万日本人丧生。

从对二战的影响来看，制造出原子弹的时间和制造出它这件事本身一样重要。维格纳更多地从这个角度来考虑原子弹的价值，而不太关心战后的事情，对他而言，这是完全不同的事。之后原子弹在战略上转向针对苏联，美国并不想过早地暴露原子弹的存在，因为这会促使苏联投入更多的人力物力进行研发。而事实上，苏联一直掌握着洛斯阿拉莫斯的研究进展。

约翰·冯·诺伊曼

二战为约翰·冯·诺伊曼带来了新的挑战，他也非常乐于接受挑战。他在1937年获得美国国籍，之后他很快报名参加考核，想要成为美军军需储备部门的一名上尉。虽然他通过了所有的考核，但因为那时他已超过 35 岁[1]，所以他的申请被拒绝了。军方的这一决定可能有些官僚死板，却对美国的战争产生积极的影响。

1938 年 9 月 30 日，英国首相、法国总理与希特勒、墨索里尼签订《慕尼黑协定》，很多欧洲人为此欣喜若狂，但冯·诺伊曼和西拉德看法一致，欧洲在 1939 年一定会爆发战争。他回到布达佩斯，催促家人离开，但他们当时沉浸在错误的乐观之中，并没有听他的劝告。他回布达佩斯还有另一件事要做，就是迎娶他的第二任太太克拉拉·丹。1939 年夏天，就在战争爆发前不久，他们决定举家离开匈牙利前往美国。克拉拉的父母也一起去了美国，但不久后她的父亲自杀，母亲返回了匈牙利。他的母亲在大屠杀中幸存，晚年和克拉拉的妹妹一起居住在英国。

在美国宣布参战前，冯·诺伊曼已经做好了投入战争的准备，并且始终将德国和苏联视为美国的两大劲敌。这两个国家一开始签订了互不侵犯条约，但后来发展成了你死我活的敌人。他们中的一个与美国结盟，另一个则成为美国的敌人。冯·诺伊曼则将这两个国家都视作敌人，这类似于年轻的

---

1. 原文如此。冯·诺伊曼出生于 1903 年 12 月 28 日，当时还未超过 35 岁。——译者注

西拉德在一战前所作的断言。西拉德将轴心国和俄国摆在一起，预测他们尽管立场不同，但最终都是战争的失败者。

伴随着战争的准备以及战争的持续扩大，冯·诺伊曼和美国军方的联系越来越紧密。1940 年 9 月，他从阿伯丁弹道研究实验室的科学咨询委员会的顾问升任为委员。其他委员还有乔治·基斯嘉科夫斯基（George Kistiakowsky）、I. I. 拉比和西奥多·冯·卡门，这个委员会每年会召开几次会议。据冯·诺伊曼说："事实证明，美国的科学研究组织至少不逊于任何一个交战国，比其中几个大国更好一些。"咨询委员会要解决的问题中，有一个是由冯·卡门自己提出的，这个问题是关于冲击波达到平衡的过程。贝特、特勒、冯·诺伊曼对这个问题都很感兴趣。

战争期间，冯·诺伊曼担任过以下职务：从 1941 年 9 月到 1942 年 9 月，他先后成为国防研究委员会第八小组的顾问和委员，同时还是参与高等研究院和应急处置办公室之间合作的首席科学家。冯·诺伊曼参与研发了鱼雷和反坦克武器的聚能弹药。这些弹药的几何外形非常特别，可用于"修正、集中或者说限制爆炸的物理效应"。美国正式加入二战后，冯·诺伊曼作为出色的爆炸武器设计师而声名远扬。

由于参与了各种不同的项目，对冯·诺伊曼的保密调查更加严格，但他对此一笑了之。他经常要出差，身后总是跟着两只"大猩猩"。他和斯塔尼斯拉夫·乌拉姆在芝加哥火车站见面，想要招募乌拉姆去洛斯阿拉莫斯工作。但冯·诺伊曼不能告诉乌拉姆具体的工作内容和工作地点，他只能说那个地方在西南边。乌拉姆说："我知道你不能告诉我，你跟我说要去西南边，是为了让我以为你要去东北边。但我明明知道你要去西南边，为什么你还要骗我呢？"这段对话和一个古老的犹太故事有关，故事里的两个男人在俄罗斯火车上有过一段类似的对话：

"你要去哪里？"

"基辅。"

"骗人，你告诉我要去基辅，是为了让我以为你要去敖德萨？但我明明知道你要去基辅，为什么还要骗我呢？"

事实上，在乌拉姆得知他们要去新墨西哥州以后，他去图书馆查阅了一些关于当地的资料，并且发现之前来查阅过同一本书的正是那些已经从威斯康星大学中消失的人，并由此推测他们或许也去参与了和战争相关的秘密工作。从这个例子里可以看出保密工作难度之大。还有一件类似的事情，铀的研究在曼哈顿计划启动后成为机密，于是伯克利大学图书馆与铀相关的书籍资料突然间全部消失了。那些对此感兴趣的人很容易推理出铀一定涉及某些机密工作。

1942 年 9 月，冯·诺伊曼接受了海军的任命，于是从国防研究委员会辞职。不过最终他在不离开海军的前提下，重新加入了国防研究委员会。他有能力同时做很多事情。他为海军的水雷战部门做运筹学方面的研究。例如他要从数学上找出德军在美国和英国间航线上的水雷布局。为了完成海军的工作，他在英国待了很长时间。他为军队所做的事也得到了充分的表彰。1946 年 7 月，他获得了美国海军杰出公民服务奖章；同年 10 月，又获得了杜鲁门总统颁发的功勋奖章。表彰词指出，约翰·冯·诺伊曼"为海军提高烈性炸药使用效果而开展的研究作出了重要贡献，从这些研究中还发现了采取进攻行动的运筹学原理"。表彰词还强调了他为提升广岛原子弹的爆炸效果所作的贡献。

1943 年年终，他从英国被召回美国，加入了原子弹计划，正是他指出，当原子弹在远高于地面的位置爆炸将取得最佳效果。有趣的是，当其他火星人被招募加入原子弹计划时，冯·诺伊曼却不在其列。因为他是一名数学家而非物理学家，而且，他能迅速地解决很多紧急的问题，虽然这对完成各种不同的任务而言非常重要，但开发原子弹是一项长期任务。他或许不适合把所有时间都投入到某一个项目上。但到 1943 年秋天，他在从事很多其他工作的同时，也参与到了洛斯阿拉莫斯的研究工作中。

冯·诺伊曼在洛斯阿拉莫斯为引爆钚原子弹设计压拢装置，这件事体现了他"能快速理解其他人的工作，然后比他们研究得更好"。在西拉德关于核链式反应和原子弹的构想中，反应从一个中子开始，之后中子数不断增加。当中子达到足够数量时，几千克核燃料就能释放出大量能量。这一过程必须在极短时间——大约百万分之一秒——内完成才能引发爆炸，时间一长核燃料会飞散，释放的能量将大大减少。任务是要将一定量的核燃料装在一起，这个量应当足以维持链式反应（被称为临界质量），但问题在于链式反应必须在原子弹引爆后才能发生。一种可行的方案是先将临界质量的材料分成两半，再突然压拢到一起。这种称为"枪法"的引爆方法存在很多操作困难，最麻烦的是由于自发裂变的危险性极大，所以这种方法不适用于钚原子弹。

赛斯·内德梅耶（Seth Neddermeyer）提出了另一种方法，通过引爆烈性炸药产生冲击波，将钚压成一起达到临界质量。他的提议一直没有得到关注，直到 1943 年夏末冯·诺伊曼来到了洛斯阿拉莫斯。他通过计算证明，内爆法比"枪法"耗时更短，并且能以更高的压力压拢核燃料，因此需要的核燃料更少。在内爆式原子弹中，球壳状的核燃料（钚）周围包裹着一层烈性炸药。炸药引爆后产生的冲击波将核燃料压拢成一个球体，质量达到临界质量。很多人将发现内爆方法更具优越性的功劳归于冯·诺伊曼一人。但爱德华·特勒却有不同看法。据他所说，他和冯·诺伊曼一起讨论过内爆技术，在冯·诺伊曼一开始的计算中，他假设材料是不可压缩的。他计算出爆炸产生的压力非常之大，特勒由此想到或许能用这种方法压拢核燃料。特勒学过地球物理，他知道由于地核处压力极大，铁在那里可以被压缩。因此他提出了这种压缩的可能性。不过，就算是冯·诺伊曼也难以在考虑压缩的情况下进行计算，他因此想到使用计算机。理查德·C.托尔曼在罗伯特·塞伯尔（Robert Serber）的帮助下，最先提出了内爆问题解的一些特征。之后内德梅耶和其他人都加入了研究，还有一些来自英国的科学家以及汉斯·贝特，都发挥了一些作用，但最后是冯·诺伊曼得出了近似正确的答案。

在计算机出现之前，冯·诺伊曼犹如人体计算机。然而，他出色的计算能力也不足以应对武器研究中遇到的流体力学问题。这促使他转而投入到计算机的开发中，二战期间及战后他在这方面所做的研究成为其一生重要的成就。

冯·诺伊曼在英国研究水雷布局时，雅各布·布鲁诺夫斯基（Jacob

Bronowski）和他一起工作过，布鲁诺夫斯基在二战后成为英国著名的科普作家。他这样形容冯·诺伊曼："讨人喜欢又有个性……是我认识的人中最聪明的一个……是天才……但不是谦逊的人。"但冯·诺伊曼对赞美不感兴趣，他知道他所做的都是对的。他告诉布鲁诺夫斯基，不用表扬他，只要在他犯错的时候告诉他就行。布鲁诺夫斯基知道这确实是他真实的想法，并非出于自大。

在使用原子弹的问题上，冯·诺伊曼抱持着实用主义的观点。他认为不必因为发明原子弹而有犯罪感，也否认了制造原子弹的唯一目的是不被纳粹德国抢得先机。他进一步认为，没有必要在战后对核武器实行全球控制。据麦克雷所说，在1943年的晚些时候，冯·诺伊曼希望美国能够赶在"两个敌人"之前制造出原子弹。他在这里指的是德国和苏联（不是日本）。到1943年底，他预想欧洲的战争将在不久的将来结束，但他对美国与苏联之间的关系持"百分之百的悲观态度"。因此，他开始为自己和这个接受他的国家做起了应对战后世界局势的准备。

冯·诺伊曼对于在日本投放原子弹一事没有感到一丝不安。他希望能够挽救美国人的生命，正如之前提到的，所有人都认为如果美军进攻日本本土，那么日本人一定会不惜一切代价守卫他们的国家。原子弹投放在广岛和长崎之后，奥本海默的反应代表了一些科学家的态度。他引用了一段印度经文："我成了死神，世界的毁灭者。"冯·诺伊曼觉得他们有些虚伪，令他感到烦躁。他评论说："有些人为认罪而认罪。"

爱德华·特勒

1941年，特勒和他的妻子米丝加入了美国籍。同一年，他离开乔治·华盛顿大学，转到了哥伦比亚大学，他在那里表面上是教书，实际上是参与铀的研究。参与研究的人先是从哥伦比亚前往芝加哥，又从芝加哥转到洛斯阿拉莫斯。他后来再也没有回到乔治·华盛顿大学，在美国那段无忧无虑的生活也就此结束了。

听了罗斯福总统的演讲之后，特勒深受激励，积极投身到美国的战争事务中。然而，美国人对希特勒和墨索里尼的担忧远不如他和其他移民，他对此感到非常失望。罗伯特·塞伯尔就是一个例子，他是罗伯特·奥本海默的学生，一名杰出的物理学家，后来也是曼哈顿计划的重要参与者。但在1940年5月，塞伯尔一点也不关心战争，他认为那只是"资本之间的利益冲突"。

1942年，特勒和费米之间进行了一场决定特勒和美国人未来的讨论，费米在讨论中问到是否有可能"利用原子爆炸产生热核反应"。在热核反应中，两种元素的原子结合在一起，生成另一种原子序数更大的元素。显然，要实现热核反应，需要提供巨大的能量来克服原子核之间的排斥，而原子弹或许能产生足够的能量。伽莫夫和特勒讨论过恒星内部的热核反应过程。费米建议用氢的同位素氘进行反应，这比用氢来反应效率更高。特勒认真思考了费米提出的问题，得出结论：在极高的温度下，原子弹中释放的所有能量都会以辐射的形式流失，无法用来启动热核反应，也就是所谓的核聚变。费米接受了特勒的解释，于是自那之后他们将关于热核反应的想法束之高阁。

但只过了一段很短的时间，1942年春天这个话题在芝加哥大学的冶金实验室再次被提起。特勒和同事埃米尔·科诺平斯基那几天闲来无事，于是特勒决定向他解释为什么无法实现核聚变。据特勒回忆称，他当时越解释，越肯定自己是错的，用核聚变制造炮弹或许可行。1942年夏天，在加利福尼亚的伯克利有一场物理学会议，特勒和贝特一同前往。他们在路上讨论了热核反应的可能性，到达目的地时贝特就已经确信核聚变是可以实现的。奥本海默在参加加利福尼亚的会议期间，离开会场前往北方会见了亚瑟·康普顿，奥本海默提醒康普顿，热核反应可能实现，但其危险性极大，可能会点燃海洋和大气。直到1945年，人们再次担忧原子弹是否会炸毁整个地球时，特勒和其他人才意识到这一点。

特勒在哥伦比亚大学和费米、西拉德的合作，是他最早实际参与到原子弹计划的准备中（不考虑他帮助西拉德一起找爱因斯坦写信的事）。早在当时，埃德温·麦克米伦（Edwin McMillan）和格伦·T. 西博格就发现了两种超铀元素镎和钚，他们预测钚可以发生裂变。费米早前将一种元素误认为是超铀元素，但麦克米伦和西博格却受此启发，做出了重要的发现。

如之前提到的，在美国宣战后，铀的研究意义发生了巨大变化。一开始决定将研究搬到芝加哥时，并没有邀请特勒一同前往。尽管他已经成为美国公民，但他的一部分家人还留在敌军控制的地区。是奥本海默为他获得了审查许可，考虑到这一点，后来这两人关系的演变就有了一丝讽刺意味。在1945年7月进行钚原子弹实验前的几周，费米再次提出了原子弹是否会燃烧海洋和空气的疑问，特勒和他的小组负责解决这个问题。1945年的计算以及之后更为精确的计算都表明，原子弹爆炸不会燃烧海洋和大气，但科学家们会考虑这个问题，就足见问题的严重性。

美国早期对待原子弹计划的犹豫不决和后来高效的行事、全力以赴的投入形成了鲜明对比。可以看到，1942年12月第一个核反应堆在芝加哥建成。1943年3月，包括特勒在内的第一批研究人员转移到了芝加哥。奥本海默成为武器设计小组负责人之后，提议另建一所实验室，于是有了洛斯阿拉莫斯实验室。奥本海默安排特勒为新来的人员介绍情况，更早的时候特勒还帮他一起为洛斯阿拉莫斯招募科学家。奥本海默还让特勒负责组织每周的研讨会。一开始，比起原子弹，特勒对热核爆炸更感兴趣，因为原子弹已经得到了理论证明。可以从两个角度来分析他的态度。一则洛斯阿拉莫斯眼下的任务是制造原子弹，而特勒能做的不多。二则原子弹的制造到了这个阶段，理论方面的工作只剩下计算，但特勒不太擅长计算，因此他无法充分发挥才能。特勒似乎并没有以预想中的热情投入到原子弹制造的各项任务中。另一方面，有人可能认为他正在为后续的项目做准备。或许是奥本海默让特勒相信，研发氢弹也是眼下重要的工作之一。

汉斯·贝特是特勒所在的理论研究小组的负责人。他们研究物理的方式完全不同。贝特喜欢研究那些被费米称之为"小砖块"的问题，特勒形容贝特的研究风格是"有条不紊、严密谨慎、细致周到、关注细节"。那么，特勒怎么形容他自己研究物理的风格呢？"虽然我也会造一些小砖块，但更倾向于（也更擅长于）研究由砖块形成的复杂结构，发现砖块是如何堆砌起来的。"他这样形容奥本海默的工作："奥本海默研究物理的方式，更像是在砌砖而不是造砖。"所以当奥本海默任命贝特为理论小组负责人时，特勒"有些受伤"。在贝特让特勒做内爆方案的详细计算时，他们之间爆发了冲突。特勒不想被做详细计算这样的工作困住，于是他拒绝了这项任务。据特勒所说，他们之间的友谊自此开始破裂。奥本海默让特勒继续做之前参与的各种项目，另一项额外的工作是出差，去哥伦比亚大学和那里的研究人员讨论工作进展。其他人则被调派到汉福德、橡树岭和芝加哥。

1943 年深秋，一些英国物理学家来到了洛斯阿拉莫斯，其中包括查德威克、皮尔斯、福克斯等人。玻尔也来了，这如同是全世界物理学家的重聚。冯·诺伊曼在洛斯阿拉莫斯待的时间不长，1944 年他带来了第一台计算机，这台计算机是电动的而非机械的。特勒依然到处跑来跑去。他一直承担着联系和招募人员的工作，他和维格纳一直有联系，维格纳一开始在芝加哥工作，后来转去了橡树岭。特勒往东部去的时候经常到普林斯顿见冯·诺伊曼。在其他工作之外，特勒大概有三分之一的时间用来研究热核炸弹，也就是后来的"超级炸弹"（氢弹）。他的小组平均有 12 个人。

1945 年 6 月，原子弹的准备工作已经全部就绪。由于铀 235 非常稀缺，因此决定在投放第一个铀原子弹前不进行试验，因为没有足够的铀 235 来制造第二颗。而内爆式钚弹有两颗，一颗用来试爆，另一颗留着使用。就在那时，特勒收到了西拉德的来信，随信还附了一封给总统的请愿书。西拉德希望特勒帮忙为请愿书收集签名，目的是反对使用原子弹。西拉德要求特勒"给小组内的每位成员签名的机会"。特勒认同请愿书中的内容，但在签名前，他想到应该和奥本海默讨论一下这件事。从这件事可以看出，特勒不愿意只是依据自己的看法就采取行动，他更愿意寻求其他人，特别是上级的支持或引导。奥本海默没有理会这封请愿书，他告诉特勒，写信的人没有看透全局，而华盛顿的领导人们已经考虑到了所有的事情。特勒惊讶于奥本海默严厉的口吻，但他"接受了他的决定，并为自己不用做如此简单的决定而松了一口气"。

这是一种机会主义的态度，将责任转嫁给其他人，或是听从上级的指示。特勒随后写信给西拉德，拒绝为他提供帮助，但没有提到他向奥本海默咨询的事。特勒还请示奥本海默，希望他能允许自己回信给西拉德。半个世纪后，当特勒承认西拉德是对的，参与制造原子弹的科学家肩负着特殊的责任时，他把事情变得更糟了。奥本海默也没有错，就政治局势而言，科学家的确没有充足的信息来做判断。在后来的采访中，特勒将自己拒绝支持西拉德的请愿归咎于奥本海默，并且认为应该提供另一种展示原子弹威力的方式供总统选择。

回到 1945 年，特勒并不知道，政府已经就是否投放原子弹向四位科学家征集过意见，当时有一个临时委员会，参与的人有康普顿、欧内斯特·劳伦斯、奥本海默和费米。劳伦斯极力主张用演示的方式展现原子弹的威力，但最后四个人达成一致，同意投放原子弹。1945 年 7 月 16 日在特里尼蒂进行核试验，随后原子弹被投放在广岛和长崎。8 月 15 日，日本宣布投降，但特勒"一直遗憾原子弹没有首先进行演示"。当他多次被问到是否后悔参与了原子弹计划时，他每次都坚定地回答"没有"，还会反过来提问：如果他没有参与又会发生什么？他们那时都不知道，德国人并没有认真地研发原子弹。

这里还有另一个问题：如果原子弹早一年制造出来，又会发生什么？特勒设想了这样一个场景：如果格罗夫斯选择了尤里提出的离心技术来分离铀 235，那么原子弹就能早一年制造出来。如果 1944 年夏天就有了原子弹，至少奥斯威辛集中营里的数百万犹太人能够幸存下来，其中有数十万是匈牙利犹太人。不过，东欧和中欧地区也势必会因此受到原子弹的破坏。

在 1945 年 7 月中旬的试验之后，奥本海默重组了洛斯阿拉莫斯：他投入更多资源用于研究核聚变炸弹，并让费米和贝特负责。特勒显然对此感到非常高兴，但从他的回忆录里似乎能看出其他情绪。一开始特勒对于贝特担任理论小组的负责人感到非常失望，贝特竟然领衔了他梦寐以求的项目。不过特勒对于热核项目获得越来越多的重视一定感到非常满意。因此，当奥本海默在日本投降后宣布停止制造氢弹时，他该有多么失望。而奥本海默在看到广岛的惨况后，坚信洛斯阿拉莫斯应该消失。

第五章

威慑：冷战

身处弱势的人根本无力呼吁国际合作和裁减军备。我所信仰的《旧约》教会我，如果想要清楚地表达自己的观点，手里最好有根大棒。不一定要用它，但有了它，你讲话时就不会受到干扰。

——西奥多·冯·卡门

1945 年，二战正式结束，欧洲胜利日被称为 VE Day。而战争与和平之间却没有被划分得这么清楚，各国在战争结束前很久就开始为和平做准备。德国投降并没有减缓洛斯阿拉莫斯的原子弹研究进程，虽然第一颗原子弹被用来轰炸日本，但那时研究原子弹已经不仅仅是为了在二战中使用。那些有先见之明的人在快速推进原子弹制造时，还将其和苏联联系在了一起。不过，当时许多参与曼哈顿计划的科学家，包括尤金·维格纳在内，都曾质疑过继续研究的必要性。他们一开始之所以投身于这个项目，主要是害怕德国人首先制造出原子弹，只有一位科学家不只是出于这个原因。

战争改变了科学家和美国领导人之间的关系。过去小心翼翼的外国人和战前刚移民来的人如今成为受人尊敬的顾问，他们为最有权势的决策者提供咨询。这极大地改变了五位火星人的地位。他们无论是在国会委员会面前作证（西拉德、冯·诺伊曼和特勒），成为五角大楼的咨询委员会的负责人（冯·卡门），成为原子能委员会中最有声望的总咨询委员会委员（维格纳和冯·诺伊曼），还是受到总统任命担任原子能委员会委员这一有权势的职位（冯·诺伊曼），与在匈牙利以及德国的经历相比，都称得上是今非昔比。即使在美国，他们也都曾被认为是不可控的外国人，脑子里充满了疯狂的想法，说话时又带着奇怪的口音。但到了战后，人们反而尊重那些操着外国口音的科学家。

那么火星人对他们地位的变化又有怎样的感受呢？毕业于明德中学的知名物理学家尼古拉斯·库蒂曾讲过一个故事，我们或许能从中窥得一二。库蒂被迫离开德国后，去到了英国的牛津大学。他后来被选为英国皇家学会会员（伦敦）。他还曾担任过一段时间的议员，下面的故事就发生在他出席议会的时候。在一次正式会议中，一位刚刚加入皇家学会的会员站在了主席的面前。这种情况下，库蒂不得不替主席接待这位会员。当他讲着一些官方辞令时，忽然想到了著名的东方学家阿尔明·万贝里（Armin Vambery），他来自匈牙利一个贫穷的犹太家庭。尽管生活非常艰辛，但他才华横溢，成为布达佩斯的一名教授，又在伦敦加入了皇家地理学会。他帮助英国从奥斯曼帝国招揽了不少人才。有一次，他受邀前往温莎城堡和英国女王维多利亚共进晚餐。晚餐之后他被带到了装修精美的卧室，他穿上房间里放着的奢华睡袍，站在一面巨大的镜子面前对自己说："阿尔明·万贝里，干得漂亮。"在战后的那些年里，火星人也完全有资格对自己说一句"干得漂亮"。

整个科学领域也经历了一些变化：与战前相比，政府对科研的支持力度大大增加。约翰·冯·诺伊曼非常喜欢斯坦尼斯夫·乌拉姆告诉他的一个故事。乌拉姆出生在伦贝尔（现在是乌克兰的利沃夫），童年也在那里度过。伦贝尔的一位数学家有了一个非常精妙的想法，他总是幻想着美国的记者会来到这里宣布他应该得到十万美元。这已经是他能想到的非常不切实际的数额了，事实上他的想法非常有预见性，在几年的时间里，军方代表确实通过签订防卫合同向数学家和科学家提供了这个数额的款项。冯·诺伊曼之所以对这个故事很感兴趣，不仅是因为它的象征意义，更由于故事中准确地预言了那笔款项实际支付的数额。

二战结束后的几年中，冯·卡门为美国空军的组建和现代化作出了重要贡献。那之后，他的活动逐渐减少，但直到 1963 年去世前都没有完全停下来过。西拉德 1964 年去世，直到去世前都一直非常活跃，他为各种有意义的事不断奋斗，特别是为了军备控制的问题和缓解东西方之间的紧张局势。他的信件、演讲稿和那个年代的其他一些文件一起出版，书的最前面是一篇简洁但意蕴丰富的传记。维格纳为设计核反应堆作出了很大的贡献，他还极力主张民防的重要性，不过他主要还是辅助特勒的工作。冯·诺伊曼一直忙于国防事务和改进自动机，但就在鼎盛时期不幸因癌症去世。特勒是冷战时期最引人注目的火星人。他制造出了氢弹，建立了美国第二武器实验室，还策划了星球大战计划。哪怕到了八十多岁，他依然参与美国国家政策的制定，并由此对世界产生影响。

西奥多·冯·卡门

当战火仍在欧洲战场肆虐的时候，冯·卡门和他的同事来到德国评估航空科学与技术领域的进展。他们在不伦瑞克发现了一家秘密研究机构。这家机构成立于 1937 年，冯·卡门在德国交通运输部的前同事阿道夫·博伊姆克担任负责人。冯·卡门从在那里的所见和所学中得出结论："如果德国人在组织运行方面更强一些，他们或许可以延长战争，甚至赢得战争。"他惊讶于德国军队没有能够充分地发挥科学家的作用。

英国人在一战中的惨淡经历让他们明白应当让科学家充分发挥自己的长处。当时最令人痛心的是，亨利·G. J. 莫斯利（Henry G. J. Mosley）死于加里波利之战，卢瑟福曾尽力为他争取不上战场，留下来做研究，可惜没有成功。莫斯利是当时最有前途的年轻科学家之一，他从事科研只有短短四年就已经蜚声海外。他最重要的研究是提出了元素的原子序数，由此就可以用原子结构来解释元素周期表。二战期间，由科学家转行当作家的查尔斯·P. 斯诺（Charles P. Snow）先后为英国劳工部和公务员事务专员（Civil Service Commissioner）

提供科研人事方面的咨询。他参与建立了英国科学家注册制度，以此来最大限度地发挥他们的才能。

德国没有哪位科学家和军方之间的关系，如同冯·卡门和美国空军之间那样紧密。据冯·卡门说，德国军方认为科学家是一群不切实际的知识分子，不应该知道太多军方事务。他访问莫斯科时注意到，苏联军方也比德国军方更加倚重他们的科学家。就在1941年纳粹德国进攻苏联之后，"尽管斯大林公开地蔑视和厌恶知识分子，但依然聪明地发布了一条特殊法令，禁止征召科学家入伍"。

冯·卡门和他的团队在德国获得的一些情报事后证明对美国非常有用：例如一些测试数据在设计B-47飞机——美国第一架后掠翼轰炸机——时派上了大用场。冯·卡门将他的发现写成报告，取标题为《我们所在之地》（*Where We Stand*）。报告比较了德国和美国在航空方面的研究进展，并为美国进一步的发展拟定了初步方案。最关键的发现是美国有能力制造6 000英里射程的弹道导弹。1945年晚些时候，冯·卡门回到欧洲为他之前的发现进一步收集情报，并由此撰写了另一份报告《走向新世界》（*Toward New Horizons*）。

冯·卡门在第二份报告中提出，德国之所以败给同盟国，尤其是美国，其主要原因是空军力量不足，并且提到了应用于现代战争的技术特点。报告还提到了"有组织的科学研究"在武器研发过程中所起的决定性作用，还就此提出设想与建议。报告中特别提到了气象学的重要性，审视了导弹的发展对美国空军未来发展的作用。报告还作出了一个有意思的警告，称绝对的安全已经不复存在。与此同时，爱德华·特勒思考核武器可能引发的后果，由此得出了与冯·卡门完全一致的结论。冯·卡门强调："未来执掌空军的人必须记住，问题永远不会有终极的或者普适的答案。只有始终以好学的态度对待科学，持续迅速地适应新的发展，才能保证这个国家的安全。"冯·卡门骄傲地认为，"走向新世界"和随附的一本书《科学：制空权的关键》是"美国军方有史以来第一份相关内容的详尽报告"。报告指出，空军是守卫美国的主要力量，并且强调应该持续推进科学和技术的发展。冯·卡门相信正是他的远见引导美国建立了现代空军，这支空军不仅强大，还以科学来武装。

《走向新世界》中的建议并没有立刻付诸实践。即使面对他担任主席的科学咨询委员会，冯·卡门也不得不为这个计划的效用极力争辩。战争期间总管科学研究的范内瓦·布什主张，美军没有必要继续研制新武器，而是应该尽力完善已有的武器体系。这种对于研发新武器的保守态度会让人联想到亚当森将军在1939年布格里斯委员会召开的第一次会议上所表达的态度。然而原子弹的成功研发减轻了这种保守态度，保守主义遭到强烈抗议，最终布什不得不放弃自己的主张。不过，战争结束之后国防问题并没有立刻引发公众的关注。这段时间里空军的处境非常艰难，空军和陆军分离，成为美军的独立部队，一场竞争也由此展开。航空企业对空军的研发工作热情不高，他们希望空军能够花更多的钱采购飞机，而不是搞研究。不过第一任空军部长斯图尔特·赛明顿（Stuart Symington）非常重视科学研究，并为其制定了长期计划。有了赛明顿，冯·卡门就不必继续战斗在第一线了。

冯·卡门对核武器未来的应用非常感兴趣，因为核武器将由空军负责运输。他尝试从原子能委员会收集情报，但这方面的信息并不容易得到。这一次冯·卡门没有去说服他们，而是决定撇开原子能委员会，为空军科学咨询委员会组建一个核武器专家组。他任命约翰·冯·诺伊曼为专家组组长，组员包括爱德华·特勒、汉斯·贝特、洛斯阿拉莫斯实验室的新任负责人诺里斯·布拉德伯里（Norris Bradbury）以及哈佛大学的乔治·基斯梯可斯基（George Kistiakowsky），基斯梯可斯基后来成为艾森豪威尔总统的科学顾问。这个专家组实力强劲，但也存在一些问题。不久之后，特勒将在利弗莫尔建立第二个武器实验室。对于应该开发新武器还是完善现有武器的问题，他和布拉德伯里的意见不一致。1954年，奥本海默的听证会令专家组成员之间出现了新的意见分歧。冯·卡门并没有为此感到过分操心，他相信以冯·诺伊曼的能力能够维系住这个专家组。专家组发现尽管氢弹必须用洲际弹道导弹运载，但它的设计研发是可行的。这一判断非常及时，因为那时的苏联以出乎意料的激进姿态挺进核武器时代。约翰·冯·诺伊曼的行动极大地促成了美国第一批洲际弹道导弹的制造，尽管他在1959年导弹成功发射前已经去世。空军亟需更多的专家参与研究，但他们没有选择去大学和企业挖掘人才，而是在1948年建立了自己的智库——兰德公司，科学咨询委员会极为重视他们提供的建议。

当冯·卡门积极推动美军进行战备的同时，联邦调查局对他的过去展开了持久而细致的调查，这令人不禁好奇，这些调查是否对冯·卡门的工作有所阻碍。没有证据显示他注意到了这些调查，即使在最黑暗的麦卡锡时代，也没有任何公开指控他的记录。就他过去在匈牙利的政治经历而言，他完全有可能受到比其他人更严厉的指控。

还有一件更有趣的事，钱学森是冯·卡门最优秀的学生之一，他在1955年回国，后来成为中国研究导弹的顶尖科学家。钱学森似乎也是麦卡锡领导的反共行动的受害者。曾和钱学森在帕萨迪纳有过合作的西德尼·威因鲍姆（Sidney Weinbaum）被怀疑是共产党员，但钱学森拒绝出面指证他，他同样拒绝指证其他的朋友。这令调查人员把注意力转到了钱学森本人。值得一提的是，在另一项调查中，联邦调查局由于没能成功指控莱纳斯·鲍林，才将视线放到了与他交往多年的威因鲍姆身上。麦卡锡参议员对共产党的恐惧和斯大林统治的苏联所带来的威胁汇聚在一起，引发了更大的恐惧。

当美国人意识到苏联已经有能力袭击美国，也有能力从空中投放核武器时，感到极为震惊。正是苏联1949年进行的第一次核试验令美国人警醒。自那之后，保护北美洲不受核武器袭击成为越来越重要的议题。建立早期预警雷达系统被提上议事日程，相关的研究在马萨诸塞州剑桥市的林肯实验室进行。在韩国与米格战斗机作战的经验终于使得空军将研发和实战摆到了同一高度。

1953年，空军希望冯·卡门像1945年那样再提交一份报告。但冯·卡门委婉地拒绝了，他认为一份报告不足以充分阐述如此复杂的事情，于是空军转而向美国国家科学院寻求支持。在伍兹霍尔举行的非正式夏季会议形成了一系列研究议题。这些研究在1945年看来非常大胆，但到了1953年则显得比较平常。那个时候的空军实际上在鼓励科学家放弃天马行空的想法。有趣的是，太空是一个例外。一开始太空并没有被纳入战略考量，但当 1957 年苏联成功发射第一颗人造卫星后，情况突然发生了改变。苏联人造卫星的成功升空对美国的教育、科研和军备产生了不可估量的积极效应。

比起合作，冯·卡门更看重个人表现。他和美国一位中西部实业家曾有过一段颇具代表性的争论。有一次他去拜访这位实业家，办公室的墙上挂着两幅画：一幅画的是五头驴沿五个方向拉一堆干草，而另一幅中，五头驴沿同一个方向拉这堆干草。对这位百万富翁来说，这幅画象征着团队合作比个人努力更重要。冯·卡门对此表示，毕竟人类不是驴。随着时间的流逝，他慢慢改变了想法，逐渐意识到了团队合作的价值，尤其当各个领域的代表不得不展开合作的时候。然而他始终认为"最具创造性的想法不是来自有组织的团队合作，而一定是来自个人宁静的内心"。

冯·卡门向来重视国际合作，虽然他参与的国防事务带有保密性质，但他的学生和助手依然遍布全球。他所提倡的不是简单的合作，而是实实在在地一起工作。他来自一个小国家，科学家在那里能获得的机会非常有限，他由此意识到了人才外流可能引发的危险。他感到，国际科学中心能够帮助小国增强自信，缓解国家之间的紧张关系，而正是这种紧张关系导致了二战爆发。他认为，联合国和下属专门负责教育与文化的教科文组织无法承担促成这类国际合作的责任。他说服美国国防部为北大西洋公约组织（NATO）的一项航空研究提供支持。尽管由于海军和空军之间的竞争，他的这项提议延迟了一段时间才付诸行动，他非常乐于待在巴黎的北约总部，为其提供了大量的咨询意见，只间或回到帕萨迪纳。

即使冯·卡门不断参与军事高层的决策与规划，但他对科学研究的兴趣从未减弱。有一次，他在阿尔及利亚出席会议时，对如何科学地描述平坦沙子表面波纹的形成产生了兴趣。他将 1937 年他在美国对沙尘暴的研究以及建设防风带的计划联系起来。冯·卡门能力卓越，涉猎广泛，一直能发现新的研究领域。例如，他从一个项目开始，着手研究燃烧和火焰的机制，以及与燃烧相关的化学理论。

冯·卡门拥有强大的能力来实现他的计划和梦想，并且总能找到各种支持。他认为最重要的能力是建立"正确的观点"。他用了一个耶稣会和多明我会修士的故事来阐明这一点。两位修士都喜欢抽烟，但也知道不应该在冥想时抽，所以不太高兴。于是他们决定向更有权威的人物争取权利。多明我会修士希望能允许他在冥想时抽烟，遭到了拒绝；而耶稣会修士则询问能不能在抽烟时冥想，完全没人反对他的做法。

冯·卡门究竟是引发强化美国国防议题的激进分子，还是说他只是参与到必要的事务中，用他的能力让事情往更好的方向发展呢？他一直认为，科学家团体不应该尝试说服政府，他们要做的只是分析特定的情境，用科学方法确定真实的图景，科学应该提供的是可供选择的选项。他表示："就参与公共事务而言，科学家既不应该成为特勒，也不应该成为爱因斯坦。"在这些限定之下，他觉得自己和军方紧密的联系是非常自然的状态。于他而言，军方最适合打交道，他们既有动力，也有资金支持科学事业快速高效发展。当他发现世界越来越依赖军事实力时，他希望科学家能够尽可能地让军方回来支持科学发展。尽管冯·卡门非常尊敬马克斯·玻恩和尼尔斯·玻尔，但不赞同他们理想主义与和平主义的立场。他相信，除非地球上所有的威胁都消失，否则他们的想法就是不切实际的，对此他尖刻地评论道："在我看来，最悲哀的事莫过于一个理想主义者在谈论他无力控制的情境。"

利奥·西拉德

二战之后，继续进行原子弹计划的必要性一度被打上问号。一般的核研究项目也被纳入讨论范围，而其中最受关注的是谁应该获得这些项目的控制权。这些项目过去一直由军方掌控，他们希望能保持下去。民主党派的众议院议员安德鲁·J. 梅（Andrew J. May）和参议院议员埃德温·C. 约翰逊（Edwin C. Johnson）向参众两院提交联合议案，想要维持军方的控制，同时希望议案能够在民众不知情的情况下在国会参众两院获得通过。但康涅狄格州的参议员布莱恩·麦克马洪（Brien McMahon）则倾向于将控制权从军方手中夺回。关于国际合作与美国如何参与其中的争议众说纷纭。至于美国还能独霸原子弹多久，以及是否应当将这一垄断优势用在国际谈判中，也是一大问题。1945 年 9 月在芝加哥举行了一次原子能会议，西拉德在会上预测，苏联很快就会赶上美国。他为此提供了两条建议：一是和苏联谈判并达成共识，二是将美国大城市中的数千万居民迁移到人口稀少的地区。

早在 1945 年，西拉德就开始考虑如何确保美国和苏联之间达成的协议能够有效实施。他建议"应当授予全球的科学家和工程师豁免权，确保他们不会因为举报违反（武器控制）协议的行为而受到惩罚"。西拉德相信通过建立世界政府有可能实现"永久的"和平，尽管这看起来不太现实。而如果国际社会能够达成共识，不再继续储备核武器，那么就有可能实现"持久的"和平。

一些人在听过西拉德的想法后，将其视为玩笑，他也承认有时他自己都不确定是不是在开玩笑。他经常提出一些天马行空的建议来震撼他的听众，其中一些不太善意的人会把他当作有些疯狂的科学家。西拉德是一个活动家，一个实干者，他号召反对梅-约翰逊最初的议案。他的反对得到了许多参加曼哈顿计划的科学家，特别是在芝加哥的那些科学家的支持。西拉德由此开始与国会议员和其他政客打交道，拜访他们，向他们阐明自己的观点。

1945 年 10 月，杜鲁门总统向国会提议成立民用的原子能委员会（AEC），由这个委员会主管所有与原子能相关的事务，并负责监管原子能的所有军用或民用项目。他同时还建议与英国和加拿大展开合作。

1945 年 10 月 18 日，西拉德到众议院接受了梅的委员会的问询。委员会对他的态度非常不友善，但这个听证会的举行也从一个侧面表明西拉德所做的事没有白费。他在听证会上详细介绍了美国原子能计划的方案。这是他第一次出现在国会专家组的面前，但他似乎一点也不怯场。他自如地就如何重组原子能计划向国会议员提出建议，完全将此视为己任。西拉德在众议院持续活动：他召开了一次会议，有 70 多名对此感兴趣的议员出席了会议。西拉德向他们做了简要汇报后提出了两个选择：达成国际协议，或组织大规模人口迁移。他的观点被收录在《国会议事录》中，并被纽约时报报道。

西拉德全身心投入到面向公众的各种活动中：接受电台和报纸的采访，出现在各大媒体，到处发表演讲；甚至连他策划邀请爱因斯坦写信给罗斯福总统的事也被报道出来。在采访中西拉德提到，毛达奇所写的《人类的悲剧》从童年起就对他产生了深刻的影响。西拉德四处活跃，他的同事有时会抱怨他总是独自行动，但如果是他们自己做了些什么，却会遭到西拉德的指责。

在麦克马洪议员的建议下，参议院成立了新的委员会来制定原子能法案。1945 年 12 月 10 日，西拉德到参议院接受委员会的问询，场面和接受梅的委员会问询时大相径庭。参议院的议员对他都非常友善，将其视为核物理的先驱来欢迎。他在那里谈论了铀和钍的生产，他发明的增殖反应堆以及核项目可能对经济、政治、军事和国际社会产生的影响。他还谈论了与苏联展开军备竞赛的危害，并表示愿意极力阻止这种竞赛的发生。

最后，美国的原子能发展交由民政当局负责，但后来通过一项修正案确保一个永久的军事委员会能够参与所有的运作。无论如何，西拉德在原子能委员会的立法过程中起到了关键性作用。

西拉德良好的声名并未持续太久，他所做的这些事令他经历了一段黑暗时期。联邦调查局在战争期间一直监视他，1946 年又启动了另一项调查，针对的是他与自由派的合作，以及公开支持核项目国际化。西拉德并没有因此退缩，他在麦卡锡时代的反共浪潮中依然表现得非常勇敢。但令他出离愤怒的是，竟然没有人站出来反对麦卡锡和 20 世纪 50 年代成立的非美活动调查委员会。因为这令他想起，20 世纪 30 年代，在德国的大学里同样没有人站出来反对希特勒和纳粹党。经历过麦卡锡时代的人都受到了深深的伤害，对美国社会产生了极度的恐惧。而西拉德无论在 30 年代还是 50 年代都是一名活动家，他筹措资金帮助那些经历了反共歧视的受害者们。

西拉德虽然一次又一次地失败，但他是一位优秀的失败者：他珍惜民主，并且随时准备投入新的战斗。他从未批评过美国的民主体系，即使在他最激进的行动中也始终遵循民主的规则。尽管他长期不断地受到联邦调查局的调查，对待麦卡锡主义一直持批判的态度，但非美活动调查委员会从未对他展开过调查。

西拉德得到了芝加哥大学校长罗伯特·M. 哈钦斯（Robert M. Hutchins）的支持。哈钦斯也是特立独行的人，他从 20 世纪 30 年代起就对大学进行改革。1946 年秋天，他聘请西拉德为半工半薪的生物物理学教授，以及与原子能项目相关的社会问题顾问。西拉德因此进入了无线电生物与生物物理研究所，这是当时新成立的三个研究所之一。西拉德将这个职位称为"美国大学最好的职位之一"，此后他一直在芝加哥大学工作，直到退休。

西拉德不会长时间专注在一个问题上，他的兴趣极为广泛，这令他有能力在毫无关联的领域之间建立起意料之外的联系。他喜欢穿梭于全国各地，拜访不同的人，参观不同的研究机构。尽管接受了芝加哥大学的聘任，但西拉德一直坚持不从事固定的工作。他不想被某一份工作束缚住，一直在寻找其他解决办法；他后来成为"流动教授"（roving professorship），同时在六家研究机构工作。这听起来很神奇，但只要了解西拉德的生平就会发现这样的职位最适合他。再仔细想想会发现，流动教授并没有那么神奇。阿尔弗雷德·诺贝尔在遗嘱中设立诺贝尔奖的初衷，就是想让杰出的科学家能够摆脱经济负担。一些科学院也会为院士提供薪酬，无论他们有没有被正式聘用。四处工作的数学家保罗·厄多斯（Paul Erdos）在人生的最后几年一直接受匈牙利科学院提供的薪酬，为他带来了经济保障。

西拉德的私人财产非常少，他会将重要的论文邮寄给格特鲁德（特露德）·韦斯，两人在 1951 年结婚，但婚后仍然分开居住了一段时间。厄多斯也会将重要的论文寄给他的母亲，母亲去世后就寄给贝尔实验室的一位同事。西拉德的全部财物都装在两个行李箱中，一旦发生紧急情况能立刻动身。他虽然有些怪癖，比如从来不清洗鱼缸，但对待秘书和助理热心友好，又乐于助人，尤其对孩子特别友善，不会摆出高高在上的姿态。西拉德总是为同事们着想，无论是否向他寻求帮助，他总是不吝于提出有价值的建议。不过他提建议的方式更像是在教别人，这或许是为了掩饰他的羞怯，但却令他看起来"人际关系淡漠"。

尽管联邦调查局始终未能对西拉德提出公开的指控，但持续的调查足以令他无法参与任何机密工作，也几乎不可能得到由政府资助的职位。他曾有机会在非政府组织找到一份与核物理相关的工作，例如芝加哥大学新成立的核研究所，但很可惜费米不同意他加入。西拉德在战前已经对生物学很感兴趣，现在他正式转向这一高速发展的领域。

他并不是唯一转向生物学的物理学家。埃尔温·薛定谔在1944年出版过一本短小但有影响力的书《生命是什么》，一些物理学家像西拉德一样将生物学视为新的前沿学科，并想要投身其中。而另一些科学家则期盼着生物学研究能够帮助物理学家揭示未知的物理规律。马克斯·德尔布吕克（Max Delbrück）就是其中之一。他和合作者们建立了一个研究小组，专门研究会攻击细菌的最简单的病毒，这些病毒被称为噬菌体。杰出的科学家能够很顺利地从物理学转向生物学，除了天赋之外，如果一定要说还有什么对这种转向有促进作用，应该就是他们都曾接受过通识教育。这也是芝加哥大学的哈钦斯校长一直推崇的。

当一个人初涉新的领域时，更有可能做出新的发现，因为他们不受这个领域已有研究范式的限制。有一次，一位生物学家准备向西拉德解释一些事情，就问他已经知道些什么。西拉德回答说："就假设我有无限的智慧，但没有任何的知识储备吧。"在1962年的一次采访中，西拉德这样评论他转向生物学的经历："我带给生物学的……不是从物理学中获得的任何技巧，而是一种态度——谜团一定能被解开，而这是当时的生物学家几乎都没有的信念。"

西拉德和顶尖的分子生物学家以及其他研究方向的生物学家都有往来，其中就有颇具威望的詹姆斯·沃森、弗朗索瓦·雅各布、丽塔·李维蒙塔希妮和乔治·克莱因。这些生物学家都从与西拉德的交往中获益良多，他将他们的思想和发现融会贯通，由此提出建议，并且无私地帮助他们发展理论。在雅各布和雅克·莫诺（Jacques Monod）获得诺贝尔奖的研究中，西拉德的建议起到了重要作用，他们对此深表感激。莫诺和西拉德也一直保持着亲密的友谊。

西拉德鲜有无法捕获新思想的时候，但也有例外。年轻的马歇尔·尼伦伯格（Marshall Nirenberg）为了在《美国科学院院报（PNAS）》发表论文必须找到人为他提供担保。科学院的会员都能在这本期刊上发表论文，但其他人想要发表的话，就必须获得会员的担保。尼伦伯格当时不是会员，而西拉德则是新进会员（1961年4月加入）。尼伦伯格和海因里希·马特伊（Heinrich Matthaei）刚刚在美国国家卫生研究院取得了一项创造性的发现，这项发现是人类破解基因密码迈出的第一步，足以载入史册，两人希望能在《美国科学院院报》上发表研究成果。那时，西拉德住在华盛顿杜邦环岛的杜邦酒店里，尼伦伯格去那里拜访他。当他向西拉德介绍自己的发现时，不断被想来找西拉德商量事情的人打断。酒店的大堂就是西拉德的"办公室"，尼伦伯格花了一整天的时间向他说明自己和马特伊所做的研究以及成果的应用前景。当他讲完后，西拉德说："你所说的远远超出我研究的领域，很抱歉，我不能为你的论文提供担保。"七年后，尼伦伯格成为1968年诺贝尔生理学或医学奖的得主之一。詹姆斯·沃森也在西拉德这里遇到过类似的经历。沃森告诉他找到了信使RNA（核糖核酸）存在的证据，但西拉德并不相信，那时他把主要精力放在治疗癌症上。

　　尽管出现过一些疏漏，但毫无疑问，西拉德拥有强大的整合思维并能充分加以利用。他没有个人的研究计划，唯一关心的是科学的发展。他会盘问同事工作的内容，跟进他们的研究进展。1953年，弗朗索瓦·雅各布在冷泉港实验室的研讨会上第一次见到西拉德，他提到："他把我拉到角落，掏出一本记事本，开始问我问题。他强迫我用他的语言来回答问题。他谈话的方式非常特别，可能是物理学家特有的方式。"多年后，当他们再次见面时，西拉德又一次掏出了记事本，与雅各布核对他之前的论断是否仍然正确。雅各布将西拉德比喻为"通信交流中的大黄蜂，任务是和不同的人交流，获取并传播新消息"。1956年，西拉德在向国家科学基金会提交资助申请时，对自己工作的定位与雅各布的比喻非常相似：

　　　　目前，生物学中我所感兴趣的分支正在高速发展。蛋白质合成、RNA和DNA的作用等问题，以及更一般的如自繁衍、分化和衰老等问题，都因为新的研究手段的出现而有了突破的可能……作为一名资深的自由科学家，我应该有机会获得切实的实验资料，这些实验中用到了丰富的生物材料和各式各样的技术，在了解这些信息后，我就有可能以"理论生物学家"的身份开展工作。

1947年，西拉德在芝加哥大学和艾伦·诺威克（Aaron Novick）展开合作，自此转向生物学。他们一起在冷泉港实验室参加了马克斯·德尔布吕克组织的噬菌体课程。由于实验室场地不足，西拉德和诺威克在一间废弃孤儿院的犹太会堂中工作，这间孤儿院归芝加哥大学所有。他们带去了一切所需，其中大多数的都是非常原始的设备。他们用创新的方法制造出了培养微生物的恒化器，可以持续提供菌群。这项技术太过先锋，以至于美国国家卫生研究院否决了他们的资助申请，因为审批的人无法相信他们的设想是可行的。他们还找到了精准测定细菌突变率的方法。他们在研究基因表达的规律时，发现了后来被称为反馈抑制的过程，它在细胞的新陈代谢和生长过程中起到决定作用。这些都是非常有价值的发现，这也令他们两人得以和生物学最重要的研究者们展开合作。据诺威克所说，"西拉德已经成为一名真正的生物学家，但我总怀疑，他一直认为自己只是一个对生物感兴趣的物理学家"。西拉德投身生物学的经历足以证明他有能力在实验室开展完全不同于核物理的研究。不过，几年后，他又重新将注意力转到政治问题上。

他起草了许多涉及重要议题的提案，其中一些到他晚年时甚至是去世后才得以实现。其中包括创建索尔克生物研究所、召开帕格沃什科学和世界事务会议以及成立国家科学基金会。西拉德是公认的欧洲分子生物学机构的创始人，但这却是由一起荒诞事件引起的。古巴导弹危机爆发时（下文会提到），西拉德和太太从美国逃到了日内瓦，那里是欧洲核子研究中心（CERN）的所在地，他宣称自己是第一个逃出第三次世界大战的人。他建议成立一间分子生物学的国际实验室。在之后的数周数月里，他为实验室的成立做了大量工作，几年后，欧洲分子生物学组织（EMBO）开始运作，欧洲分子生物学实验室（EMBL）投入使用。西拉德极其善于说服别人，马克斯·佩鲁茨是欧洲分子生物学组织的第一任主席，他在这个岗位上工作了六年。而无论是此前还是此后，佩鲁茨从来没有为任何委员会工作过。

西拉德关注的问题非常多，例如人口过剩、贫穷、污染、大气中二氧化碳的积累、其他食物供给源，甚至还有胆固醇的危害，人们直到很久以后才意识到这些问题的重要性。他还提议和苏联实现完全的核能信息互通，这一想法在20世纪90年代早期得以实现。他在20世纪20年代研究过信息和熵，这是另一个展现其想法先进的例证。那时，他和冯·诺伊曼在柏林大学一起教授一门课程，最后冯·诺伊曼对这个问题展开了深入的研究。很久以后，当这个研究被重新提出时，西拉德因为早期的先驱性工作而获得赞誉。西拉德喜欢那些纯粹的发现，但由于他非常热衷于申请专利，所以在同事眼里他并不是那么无私的人。他在意金钱，想着为未来的生活提供保障，但与此同时，他也有无私的一面。"他想要让全世界，包括其中的一切都变得更好。"

他的提议时常令听者瞠目结舌，直到事后，有时可能是很久以后，人们才会意识到这些提议很有道理。他有时也会用非常迂回的方式来传达自己的建议。在一次全国性的广播讨论中，他和汉斯·贝特、弗里德里克·赛兹、哈里森·布朗（Harrison Brown）一起谈论了新武器的问题。他建议应该把氢弹制造得威力极大，这样就没有国家敢使用它。他还提出，在氢弹中加入钴可以产生足以毁灭全人类的辐射。其他几个人对西拉德的说法感到不安，认为他轻视了现有武器的强大杀伤力。不过后来西拉德的说法与冷战时期的确保相互毁灭原则（MAD）不谋而合。当然，西拉德和特勒不同，他从未参与推动确保相互毁灭原则的建立，但不可否认，他确实曾经想到过这一点。

西拉德曾宣称"引发大屠杀的人总能吸引民众的注意，制造原子弹的科学家同样如此"。西拉德还曾涉足经济学，后来诺贝尔奖获得者经济学家米尔顿·弗里德曼（Milton Friedman）还提到过他所做的事。他还写过不少文章，虽然都是短篇，包括《我作为战犯受审》《马克·盖贝尔基金会》《科学是我的球拍》《"纽约中央火车站"的报道》《召唤群星》《尼古拉·玛琪拉维尼可》。

西拉德有时被称为"原子弹之父"，可能正是这个称呼令他在短篇小说《我作为战犯受审》中将自己想象成一名有罪的"战犯"。在这篇小说中，苏联入侵美国，随后西拉德被苏联人抓来受审。苏联人在袭击中使用了致命的病毒，但后来在使用病毒的过程中出现问题，导致苏联国内疫情肆虐，反过来又向美国求助。结局对美国人有利，这场审判最终停止了。当站在21世纪的视角再回看这个故事时，其中所展现的生物武器的可怕一面，意义深远。

西拉德还会从历史中学习，借古喻今，他尤其喜欢研究雅典和斯巴达之间的战争，战争从雅典和斯巴达各自的同盟国之间爆发。他由此设想，北大洋公约组织的某个国家和华沙条约组织的某个国家之间的战争可能引发更大规模的战争。即使超级大国并没有计划对彼此开战，朝鲜半岛的军事冲突同样可能演变为世界战争。西拉德有时会把修昔底德（Thucydides）的《伯罗奔尼撒战争史》（History of the Peloponnesian War）放在口袋里。

西拉德在冷战时期最重要的活动旨在实现武器控制。他在这些活动中显得非常引人注目，因为他眼下想要控制的武器恰恰是他参与制造的。西拉德的这些经历在旁人看起来不如其他人成功，比如1963年获得诺贝尔和平奖的莱纳斯·鲍林。拉努埃特认为西拉德失败的原因在于"他太有远见又过分理性，太聪明但过于缺乏耐心"。当鲍林专注于废止核试验时，西拉德却在关注过分夸大这些试验可能产生的危害。事实上，西拉德认为这些研究和试验应该继续开展，用以制造出"更加干净"的氢弹，而这些研究结果应该和苏联共享。他更乐于接受核武器的存在，并设法与核武器共存。

无论投身于政治议题还是科学问题，西拉德总会与顶尖的或居高位的人物建立联系。他在柏林大学参加交流会时养成了这一习惯。当他想要得到政治支持时，会给美国总统写信，一开始借爱因斯坦之名，后来则完全是以自己的名义。当他希望得到苏联的关注时，同样会设法与高层接触，一开始是斯大林，后来是赫鲁晓夫。他从未收到过斯大林的回复，但这是因为斯大林向来很少与人交流：彼得·卡皮察曾经给斯大林写过很多信，但只收到过两次回复，并且每次回复都非常简短。1947年，西拉德建议斯大林通过广播和美国人民对话，而杜鲁门总统也应该向苏联人发表演讲。虽然这些都没有发生，但后来里根（Reagan）和戈尔巴乔夫（Gorbachev）实现了西拉德最初的设想，只不过他们用电视取代了广播。

比起斯大林，西拉德在赫鲁晓夫那里的运气稍好一些。那些没有经历过斯大林统治时期的人，是很难理解赫鲁晓夫的出现对苏联统治的意义。他带来了新的气象，显得不那么有城府，在1959年访美期间一直倡导两国和平共处。不过，1960年他因为U-2飞机事件，取消了与艾森豪威尔原定在巴黎的会面。尽管与苏联之间正在进行谈判，但美国仍然派出U-2侦察机在苏联上空活动。苏联击落了其中一架侦察机，并提出严正抗议。美国坚决否认这些侦察机的存在，几天后苏联才宣布被击落的侦察机的飞行员还活着。这对美国总统而言是最大的丑闻，同时也让两个超级大国之间的关系降至新低。西拉德用强烈的措辞抗议美国对U-2飞机事件的处理。

1960年6月，西拉德给赫鲁晓夫写信，但没有收到回复，8月他又写了一封，这一次他收到了第一封信的回复。赫鲁晓夫到纽约参与联合国事务时，西拉德与他在社交场合有过两次会面，但两次都有不少人在场。10月5日，西拉德收到消息，赫鲁晓夫可以在上午11点抽出15分钟见他。他们的见面实际上持续了整整两个小时，这期间西拉德多次提出离开。他给赫鲁晓夫带了一次性的剃须套装作为礼物，他还教这位苏联领导人如何使用，并且保证，只要他们之间的联系没有被战争阻断，他就会时不时给他送一些替换的刀片。赫鲁晓夫对西拉德说，如果爆发战争，那他就不再剃胡子了。

他们的对话中还有一些值得一提的趣事。讲到某些问题时，西拉德看起来像是要指点这位苏联领导人。他建议赫鲁晓夫不要只谈他对美国的不认同，也应该谈谈他和美国政客观点一致的地方。当时肯尼迪和尼克松正在竞选总统，他认为赫鲁晓夫可以毫无顾忌地对两位候选人发表看法，而不只是重复两位候选人对对方的评论。西拉德给了赫鲁晓夫一本用俄语写的备忘录，足有70页之多。可见他为这次会面做足了准备：这可不是那个缺乏耐心的、会从一个话题匆忙转向另一个话题的西拉德，而是细致的、不放过任何细节的西拉德。

西拉德认为，两国应该达成共识，鼓励对方国家的民众积极举报违反武器削减协议的行为。这是他一直很关注的问题，线索提供者除了应该得到经济上的奖励外，如果他们有强烈的需求，那就应该由另一个国家向他们提供庇护。西拉德还进一步建议成立国际武器控制的权威机构，凌驾于国家之上。赫鲁晓夫对这一建议表示赞同。西拉德还提出应当停止核武器试验，赫鲁晓夫非常赞赏这个想法，因为当时的苏联无意继续展开试验，而美国则在积极寻求核武器的进一步发展。

从他们的谈话中可以窥见西拉德是如何应对苏联的。他明白，那些在非官方组织中处理裁军问题的美国人并不能代表政府的态度，但每一位苏联谈判官都代表着克里姆林宫的意志。

讨论中一个重要的话题是在两国之间建立热线电话，以备出现紧急情况时使用。赫鲁晓夫认为西拉德的这个提议很有用。到 1963 年 8 月底，莫斯科—华盛顿热线（不是电话，而是电传）正式投入使用。当赫鲁晓夫让西拉德谈谈其他问题时，他提出了一个解决柏林问题的方案。这次对话总体上非常成功，当然，由于西拉德无法代表美国政府，所以谈话不可能立刻产生效果。引人注意的是，尽管谈话只持续了短短两个小时，赫鲁晓夫确实将西拉德视为了谈判伙伴。要知道，西拉德只能代表他个人，而赫鲁晓夫当时在外交上正处于被孤立的状态。这两个人之间有很多相似之处，不仅是外表上，还有更深层的相似性。两人在各自的国家里都像是局外人，也都认为应该裁撤军备。那时，赫鲁晓夫希望能减少军费，以促进苏联经济的发展。

在不久之后的 1960 年 11 月，帕格沃什科学和世界事务会议在莫斯科召开，但会议并没有取得重大的成果。西拉德请求与赫鲁晓夫见一面，但这位苏联领导人没有同意，甚至还取消了原定和帕格沃什会议代表的会面。西拉德在莫斯科逗留数周，希望能与赫鲁晓夫见面，但最终未能如愿。西拉德在莫斯科的几周想必过得不仅无聊，而且还有些受辱的感觉。他在这座陌生的城市没有朋友，只能待在酒店里，唯一能与他交流的只有陪他同去的妻子。令人不解的是，赫鲁晓夫没有告知西拉德，自己无法接见他，而是让他白等这么长时间的原因。不过西拉德从来不抱怨，在苏联生活的那段日子留在他脑海中的只有一些趣事。他非常清楚苏联的体制，他所做的只是希望能够改善两个超级大国之间的关系，但他清醒地认识到苏联的立场。"他不是一个和平主义者，"马修·梅塞尔森强调，他和西拉德一起参与裁军问题，因而相识。

西拉德夫妇在返美途中，在维也纳短暂停留，他致电布达佩斯的一位旧友，说自己到了维也纳想见见他。这位朋友急切地邀请西拉德回布达佩斯，但他拒绝了，因为"害怕法西斯主义"。西拉德不可能在布达佩斯遇到危险，所以他拒绝的说辞更多地代表了他的态度。他无法忘记，或者说无法原谅1919年他在匈牙利所经历的一切，也深知匈牙利在二战期间与纳粹勾结的种种行径。不过，几年后，西拉德在给维格纳的信中表示，他收到了匈牙利科学院的邀请，他可能会访问匈牙利。1963年，他在华盛顿向匈牙利大使提出了一个条件，要求先获得全面的政治赦免。不过，西拉德始终没有回到匈牙利。冯·卡门和维格纳对匈牙利的态度相对和缓：冯·卡门不久后回到布达佩斯接受母校授予的荣誉博士学位，维格纳后来也访问了布达佩斯。而特勒直到1990年以后才回去。

很多资料表明，西拉德在尽力阻止军备竞赛。当美国引爆第一颗氢弹后，西拉德从芝加哥大学休了三个月的无薪假期，完全投入到控制军备的活动中。那时，他认为氢弹将导致世界变得不稳定，他害怕氢弹会用于未来的战争中。他提议在墨西哥兴建一所私人学校，建议他的同事把孩子都送出美国，以免被卷入可怕的战争。他那时反对把是否赞成研发氢弹当作一个人是否忠诚于美国的标准。

令人惊讶的是，极少有人了解在早期关于研发氢弹的辩论中西拉德所持的态度；一般都认为他一直是反对的。然而，必须提醒各位：在普通情况下研发氢弹和在特殊情境下研发是不同的。如果要问是否应该在人类的武器库中储备氢弹，那可以断言西拉德会对此表示反对。但如果问的是苏联已经制造出氢弹，美国出于国防需要是否应该制造氢弹，那西拉德一定会对此表示支持。

1954年12月8日，西拉德在洛杉矶的一次午餐讲座中谈论过这个问题。他发言的标题是"科学家中敏感的少数"，还加了两个副标题："为什么德国没有造出原子弹"和"为什么美国差一点没有造出氢弹"。西拉德总结了二战前的情况如何促使美国开始研发原子弹。最主要的原因是害怕德国抢先造出原子弹。在 1943 年底，人们普遍认为德国和同盟国之间正处在制造原子弹的竞争中。科学家认为，如果美国拥有了原子弹，就能阻止德国对美国使用原子弹。西拉德还谈到，不少美国科学家对同盟国用凝固汽油弹大规模轰炸德国城市以及在广岛和长崎投放原子弹的做法感到失望。西拉德争辩说，这些行为令科学家们开始怀疑政府的用心。尽管他们"对苏联作为潜在敌人的担忧和战前对德国的担忧是一样的"，但他们对政府的信任却动摇了。西拉德继续说，因此美国"差一点就造不出氢弹了，但意外的是，有一个人——出于各种各样的理由——始终没有放弃氢弹"。这个人就是爱德华·特勒，西拉德之所以将特勒的存在称为是意外，是因为徒留一人坚持和无人坚持的可能性相当。

即便在 50 年后，马修·梅塞尔森依然清晰地记得西拉德在国宾酒店的演讲。梅塞尔森当时在加州理工读研究生，是莱纳斯·鲍林的学生，他在西拉德到访期间担任司机。西拉德预演"科学家中敏感的少数"演讲时，梅塞尔森充当了临时听众。

西拉德没有表达过在一般情况下研发氢弹的意愿，但特别提到了为了应对苏联威胁，美国应该研发氢弹。他随后补充道，当 1949 年苏联引爆第一颗原子弹时，他就感到自己有责任就形势的严峻性向白宫发出警示，并同一位官员对此事进行了谈论。他们的谈话出现了一个西拉德式的转折。他向这位同样意识到形势严峻的官员表达了对此事的忧虑。这位官员却发出了令他震惊的警告，他让西拉德一定要将特勒的名字保密，如果苏联人发现了他，就会设法抹黑他，让他无法继续工作。这令西拉德联想到了美国国务院和国防系统对麦卡锡主义不可思议的容忍。众所周知，麦卡锡议员在 1950 年 2 月启动了他的反共运动——就在苏联引爆第一颗原子弹和杜鲁门总统决定继续发展氢弹之后不久。西拉德演讲时，麦卡锡已经遭到了参议院同事的公开斥责，但新的麦卡锡主义随时都有可能再次出现。

西拉德对事件的描述都是在表达他强烈的担忧：如果只有苏联拥有氢弹，那么美国将毫无防御之力。而西拉德的故事还在继续。1954 年奥本海默事件之后，公众开始关注，在杜鲁门总统于 1950 年 1 月决定制造氢弹后，这项工程是否有所耽搁。西拉德向公众保证绝无此事。物理学家在杜鲁门总统发布命令后不久就召开了会议，发布了如下声明：

> 几天前，杜鲁门总统作出判断，这个国家应该继续研发氢弹。我们相信无论出于何等正义的理由，任何国家都没有权利使用这项武器。氢弹已经不仅仅是一种武器，它拥有毁灭全人类的力量。使用氢弹将是对所有道德准则和基督教文明的背叛……我们敦促美国，通过民选政府郑重承诺，决不首先使用氢弹。只有当美国及其盟友受到氢弹的攻击时，才会使用。令我们投入氢弹研发的唯一正当理由是避免使用它。

虽然西拉德没有签署上述声明，但很多杰出的物理学家和大型研究中心的代表都签署了。声明中清晰地阐述了研发氢弹是令人遗憾的决定，但美国只有通过氢弹的研发才有可能防止其他人使用。在 1945—1950 年期间，西拉德确信这份声明并未拖慢美国的氢弹研发进程，但上文中他提出的怀疑可能起到了阻碍作用。在 1960 年的一次采访中，西拉德重申了他的观点，也就是，1945—1950 年，美国在广岛投放原子弹的做法令许多科学家退出了氢弹研发项目。他说，如果没有广岛事件，"许多物理学家将在战后继续投身原子能研究"。

西拉德认为很有必要向"那些关心美国国家安全的人"证明科学家为国防作出的贡献。最后，西拉德补充道"美国想要自保，依靠的不再是战争科学的新发展"，而要"依靠高明的政治决策"。西拉德纵然是非常有远见的人，但同样遗憾地表示，这一次自己无法预测政府是否有可能作出这样高明的政治决策。尽管西拉德在 1954 年的演讲和 1960 年的采访中都没有反对氢弹的研发，但当特勒将自己为美国氢弹制造所做的努力和西拉德 1939 年为了对抗德国而启动原子弹计划所做的努力相提并论时，西拉德对他持批评的态度。

还有其他事件加剧了 20 世纪 50 年代的军备竞赛。1950 年 6 月，朱利叶斯和埃塞尔·罗森博格夫妇（Julius and Ethel Rosenberg）以间谍罪被捕，他们向苏联泄露了原子弹计划的秘密。他们被审判，最后被判处死刑并执行。1950 年 6 月，朝鲜战争爆发，一时之间，使用原子弹的威胁迫在眉睫。1953 年 8 月，苏联测试了第一台氢气装置。美国的氢弹研发很大程度上是为了应对苏联的军事威胁，因此从苏联科学家的角度来看这个问题会非常有意思。下面是诺贝尔奖得主维塔利·L.金茨堡在 2004 年对这件事的说法：

> 那些苏联物理学家中我认识的有（安德烈·）萨哈罗夫（［Andrei］Sakharov）和（伊戈尔·）塔姆（［Igor］Tamm），他们认为自己参与制造核武器是为了打破美国在这方面的垄断。我们只能接受，有不止一个国家拥有这件可怕的武器——能够造成巨大的破坏——可以通过彼此制衡将局势稳定下来。1948—1953 年，我在一定范围内参与了苏联的氢弹研发。那时我从未想过苏联可能会使用这项武器侵略其他国家。我与塔姆及其他一些人都坦诚地讨论过这个问题，我确信他们的想法和我一样。我必须承认，我们当时并不了解斯大林的真实想法。直到最近我才了解到，有一位物理学家是在了解斯大林意图的情况下参与了氢弹的制造，而他的行为完全是出于恐惧。他当时对一切保持沉默，但我现在无法因此谴责他，也不会说出他的身份。

1951 年 9 月，在芝加哥举行的核物理大会上，美国科学家第一次有意与苏联科学家就军备竞赛和军备控制的问题展开对话。是西拉德和其他一些与会者提出了这个建议，这也成为西拉德此后多年重点关注的议题。最终他们的行动奏效了。第一届帕格沃什科学和世界事务会议于 1957 年 7 月召开，美国、苏联和其他一些国家的科学家聚在一起讨论军备控制的可能性。西拉德又提出了"疯狂"的想法，他编了一个城市列表，这些城市可以作为使用氢弹后被报复的目标。这个想法的确非常疯狂，但却是应对最无理问题时最合理的解决方法。西拉德希望能够设置充分的警告期，这些城市可以利用这段时间有序地安排人员撤离。这也是一种威慑政策：至少能够保证受害的只是明确的少数，而不至于毁灭全人类。核力量在这些报复行动中的威力将受到限制。

西拉德不仅是帕格沃什会议的动议者之一，他也努力将行动限制在小规模范围内。他倾向于组织一小群有影响的科学家组成私人小组，长期持续地开展详细的讨论。帕格沃什会议对美国与苏联之间达成了一系列条约有积极作用，包括 1972 年签订的《限制反弹道导弹系统条约》。

西拉德不支持完全消除核武器，他只是希望能够尽可能减少核武器储备，并在政治上达成共识，坚决不使用核武器。当两个超级大国都有能力摧毁对方时，他们就会有同等的意愿来尽力维持这种僵持的稳定局面。他强烈反对为了制造新的专用武器而开展的核试验，例如用于实战的或反弹道导弹的核武器。在这一点上，西拉德和特勒持相反的观点。在西拉德的文章中，他预见到了 20 世纪 70 年代到 80 年代，两国间的僵持最终会促成了双方的裁军。

1957 年时的总统是艾森豪威尔，那年发生了一件值得一提的事：总统科学顾问委员会（PSAC）成立了。这也是西拉德过去就有的想法，在爱因斯坦 1939 年 8 月写给罗斯福总统的信中已经有所表露。总统科学顾问从此成为一个重要议题，不同总统在位期间内，对科学顾问的重视程度也不同。约翰·F. 肯尼迪（John F. Kennedy）在 1963 年遇刺身亡前，只做了不到三年的总统。肯尼迪对科学顾问的态度比之后的约翰逊和尼克松要开放许多。肯尼迪执政时期，西拉德住在华盛顿，他主要的工作是为军备控制游说各方。他一直说自己是在"散播智慧"，但采纳多少取决于政府。显然政府采纳的比他提供的少得多，但他那时与政府官员的交流比其他总统执政时更加频繁。他从来没有见过肯尼迪总统，但他和肯尼迪的科学顾问杰罗姆·威斯纳（Jerome Wiesner）、国家安全顾问麦克乔治·邦迪（McGeorge Bundy）、副国务卿切斯特·鲍尔斯（Chester Bowles）和原子能委员会主席格伦·T. 西博格都有联系。约翰·F. 肯尼迪还是参议员时就注意到了西拉德为美国所做的事，1960 年 5 月 27 日，他在给西拉德的信中写道："这个国家应该感谢你，不仅是因为你在科学上所取得的成就，更是因为你在和平问题上展现出了强烈的责任感和强大的想象力。"肯尼迪写下这些时，已经开始参与总统竞选了。

1960 年秋天，西拉德在大选期间向两位候选人提出和他们分享他与赫鲁晓夫的交往经历，但两人都没有接受他的提议。肯尼迪就职后不久与赫鲁晓夫在维也纳的会面并不顺利，或许他当时应该听听西拉德的分享。也有人对西拉德的提议感到不快，认为他与赫鲁晓夫的交往侵犯了国务院的特权，违反了法律（1799 年颁布的《洛根法案》），美国法律禁止私人进行外交活动。不过，时不时有人进行着这样的私人外交，有时还与政府的立场相反。如果这些外交活动能取得成果，也会获得褒奖。事实上，没有人真正试图限制西拉德的活动。他认为自己与苏联的交流非常重要，不仅因为涉及重大议题，也因为他认为肯尼迪对这方面还不熟悉，他的团队无论在才智上还是接受的训练上都无法与苏联人抗衡。西拉德无疑是将自己视为影子国务院。

1962 年秋天发生了古巴导弹危机。苏联在古巴部署导弹，美国随即封锁了这个岛国。但幸运的是，美国并未实行全面封锁，苏联也没有采取相应的报复行动。西拉德犯了个愚蠢的错误，他从美国逃到了日内瓦。虽然的确有发生大灾难的征兆，但西拉德还是罕见地误判了局势。这一次，他不仅没有取得先机，反而令他的朋友们很失望，他们感觉被西拉德抛弃了。在前面的故事中已经提到，欧洲分子生物项目的创立是西拉德逃亡欧洲期间重要的意外成果。

更早之前——肯尼迪宣誓就职后不久——发生了反古巴的吉隆滩之战。西拉德对此感到非常苦恼。他当时刚刚当选为国家科学院院士，他立刻想要借助院士的身份，向总统发出请愿，抗议此次入侵。愿意联名请愿的人并不多，西拉德也注意到院士都不太愿意参与请愿。他的朋友大多都签名了，但他信任的老朋友詹姆斯·夫兰克没有签名。夫兰克为此写了一封信来解释原因，他的理由意义深远。夫兰克"反对科学家团体用自己在科学上取得的声望来证明他们在政治问题上同样是专家"。此外，"如果我们在与专业不直接相关的问题上以团体的身份发声，那会危害我们在特定问题上的影响力"。西拉德将这些话记在心里，此后再也没有以请愿的方式来达成他的政治目的。

他继续提出各种实际的或不切实际的想法。他不仅会考虑那些"公认的问题"，还会考虑那些尚未被关注的问题，例如适合发展中国家的新的民主体制。这个问题在 2004 年美国和英国联军赢得伊拉克战争后，显得尤为及时，因为当时伊拉克并未能在战后获得和平。西拉德还在寻找仲裁国际纠纷的创新方式。他意识到了生育和人口控制的问题，以及现代社会因人们闲暇时间而带来的挑战，还设法以生物手段减少人类对睡眠的需求。

1961 年 4 月德国建起柏林墙，一开始用的是铁丝网，后来逐渐变成了砖墙，自那以后西拉德一直在思考柏林的分裂问题。修建柏林墙的目的是阻止东欧的人才流失，但这却是苏联体制失败的标志。当一个政府建起一座墙，目的不是将不想要的人阻隔在外，而是防止自己的人民离开时，对这个政府还有什么可说的呢？

1961 年 9 月，苏联人在暂停核试验近三年后重启试验。1962 年 4 月，美国也恢复了核武器试验。一系列针对禁止大气层核试验的行动随后展开。1961 年的帕格沃什会议讨论这个议题，最终在 1963 年 8 月，两个大国达成共识，禁止在大气层、太空和海底进行核试验。同年晚些时候，宣布莱纳斯·鲍林获得了 1962 年的诺贝尔和平奖。有人可能要问，为什么西拉德没有分享这一荣誉？要知道，鲍林为禁止核试验所做的努力不仅是长期的，而且是全身心投入；而西拉德则同时参与了很多项目。

西拉德的另一个计划是成立一个政治行动委员会负责军备控制，这个委员会定名为"宜居世界理事会"（Council for a Livable World）。这个理事会直到西拉德去世后仍在运作，并且取得了巨大的成功。理事会筹集资金帮助支持军备控制的参议员竞选或连任。西拉德认为在参议员身上投资能很好地取得回报，特别是在人口稀少的西部各州。参议员任职期为六年，运气好的时候，竞争双方差距非常小，那么很少一部分人就能决定结果。他认为，少数有见识的人才能够高效地运作这个理事会并有效地使用资金。宜居世界理事会第一次参与的竞选活动是 1962 年的国会选举，结果非常成功。

西拉德又提出"天使计划"，由专家提供政策意见，可供美国政府在与苏联的对话中采用。他邀请了弗里曼·戴森和杰罗姆·威斯纳加入计划。汉斯·贝特等人拒绝了，他们认为两国之间已经有了足够多的交流渠道。西拉德创造了很多富有想象力的名字："饱和宇称"（saturation parity）指能够为维持美苏军备竞赛稳定的最小威慑；"蜜蜂的刺"（the sting of bee）指一个国家在设定最小威慑和使用这种威慑时，应该始终记得蜜蜂在用刺攻击后将死亡。

1963 年肯尼迪总统遇刺后，西拉德失去了继续在华盛顿开展政治活动的机会，他转而尝试参与世界政治。他搬去拉由拉市可能只是暂时的，但我们只能猜想他会如何应对新领导人的到来，以及持续升级的越南战争。因为 1964 年 5 月 30 日，西拉德在睡梦中去世，就在苏联共产党中央委员会第一书记赫鲁晓夫被迫退出权力中心后不久。一个时代结束了。

尤金·P. 维格纳

维格纳为了维护美国和世界的和平，一度走出了物理学的象牙塔，但在战后他决定重新回到物理学研究中。然而，战争已经彻底改变了他的人生。他已经不可能完全"光荣而孤立"地生活在政治之外，但他在政治上的参与远没有西拉德和特勒那么深。尽管维格纳是曼哈顿计划中不太知名的重要物理学家之一，他还是被冠上了一些不好的名声，但这或许对他在普林斯顿的工作有所助益。

战后，维格纳成为克林顿实验室的研发主任，这间实验室位于田纳西州的橡树岭，也就是今天的橡树岭国家实验室。他的亲密助手阿尔文·温伯格和盖尔·杨与他同往。这间实验室中有四百人在建造核反应堆，而不是制造核武器，维格纳热衷于这样的实际工程，他可以在其中运用物理学。西拉德以申请专利闻名，而维格纳也申请了很多与核电站的设计与建造相关的专利。核反应堆中的一个问题以他的名字命名，称为维格纳效应（Wigneritis）。当核反应堆在低温下运行时，石墨在减速中子的过程中会发生这一效应。具有较高能量的中子会将石墨中的碳原子移出晶格，这些碳原子因此获得较大的势能。在高温下这些游离的原子能够回到原位，但在低温下则不行，这些能量将在石墨中不断积累。因此反应堆如果过热，这部分能量如被释放将会引发危险。

维格纳非常乐于创新和申请专利，但他不喜欢做负责人和其他行政工作。不过，他却是一位深得助手喜爱的好领导。他"不仅能忍受，而且还希望员工能够鼓起勇气提出反对意见"。但不管怎么说，维格纳还是更倾向于教学和开展独立研究。在橡树岭时，他感到"自己更像是一个管理员，不过是一个有威望的管理员，拥有宽敞的办公室，一系列特权和努力听取我意见的员工"。在他离开之后，阿尔文·温伯格接替了他的职位，不过维格纳还是会定期回实验室并提供咨询。

他回到了普林斯顿大学，有很多理由令他感到在普林斯顿比在大型工厂担任负责人要轻松得多。在他看来，大学比大型实验室或研究机构更具挑战性。那里总有新的人加入，教授们必须向年轻聪明的学生反复证明自己的理论和研究。由于他的声望，维格纳被邀请加入了国家研究委员会和国家科学基金下属的各种委员会和专家组，例如他曾在原子能委员会中担任总咨询委员会委员十年之久。维格纳建议放宽原子能委员会下属实验室的安全条款，他认为基础反应堆的设计方案应该推广，但大多数委员都表示反对。

渐渐地，维格纳脱离了物理学发展的最前沿，变得孤立。他因参加文鲜明牧师所创的统一教会的集会而受到指责。多年来他倍感孤独，参与集会给了他一个发声——发出政治声音——的机会。他说："原子弹令我们多多少少都变成了政客。"然而，他的政治主张在保守派看来过于激进，这令他进一步受到同事的孤立。有一次，当他的同事都支持戴维·玻姆（David Bohm）时，他没有站出来。最终普林斯顿大学没有出面保护玻姆，玻姆因为政治原因被解雇，这让他（维格纳）的同事长期以来感到尴尬。

维格纳随后将兴趣转向民防事务，他抓住一切机会倡导民防的必要性。他研究了一些国家的民防情况。他了解到二战期间伦敦和莫斯科都充分运用了地铁设施，他也知道布达佩斯将地铁深埋地下也是出于民防用途。他一度希望为每个人都建造一个掩体，同事们觉得他的想法非常幼稚。他研究了美国的民防历史，他发现美国的军费开支极为庞大，这一点他并不反对，但其中只有极少一部分用于民防。他认为"确保相互毁灭"存在缺陷，因为这个机制忽略了民防的作用。他讨论了核恐怖主义的危险，这里他指的是国家恐怖主义。他强烈反对屈服于其他国家的敲诈，认为政府应该为有限的核战争做好准备。维格纳由衷地相信，民防将会成为"避免热核战争的关键因素"。

维格纳反对那些主张放弃民防设施的人，这些人反对建造避难处，宁可"站着死"也不愿意在地下防空洞中"跪着生"。而维格纳则支持为所有可能的结果做好细致准备。他认为普通人不愿意构建强大的民防体系，是出于对战争可能发生在家门口的恐惧而作出的回避行为。与在家附近建造民防设施相比，建设强大的军队对普通人而言是不那么切身相关的选择。维格纳记得他的父亲曾说过，人们的信念并非建立在理性之上，他们只是在为自己的信念寻找证据。不过，维格纳并没有因此放弃，他还是坚持不懈地推广民防的思想。他对于能在白宫给肯尼迪总统和他的团队陈述自己的观点感到非常骄傲，即使他只有几分钟的时间。不过他对同事的反应感到失望，当和他们谈起民防相关的话题时，得到的典型回复有"喔，尤金，再说一次，我不是科学家，也不是政客。请别来烦我"。

约翰·冯·诺伊曼

二战临近结束时，冯·诺伊曼悲观地认为未来与苏联之间很有可能发生战争，因此希望美国政府能够为此做好准备。他还记得 20 世纪 30 年代对纳粹采取绥靖政策而导致的失败，因此他感觉应该更加强硬地应对苏联。当时包括爱因斯坦在内的很多人建议将核研究成果全球共享，但冯·诺伊曼不支持这么做。在斯大林断然拒绝了美国提出的核研究国际合作项目后，这项提议就此作罢。直到 1941 年，一直有苏联科学家从事核相关研究，但在 1941年 6 月德国进攻苏联后，这些人转而应对更为紧迫的任务。从 1945 年年中开始，他们又重新开展核研究，而这些参与者都是顶尖的科学家。冯·诺伊曼预测苏联在五年内就能制造出核武器，为了帮助美国做好应对准备，他从 1945 年起，每年在洛斯阿拉莫斯实验室待两个月。他认为实验室如果在战争后空置，是一件非常危险的事，而他的到来受到了留下的工作人员的欢迎，因为他总能解决各种问题。他能够"接手最困难的问题，把它切分为若干个部分，每个部分单独做起来都变得非常简单"。他极为善于根据很少的数据样本估计出结论，并且能明确结果的误差限与误差概率。他希望通过改进使核武器比投放在广岛和长崎的威力更大，以此作为威慑工具。不过，除了制造核武器外，他也致力于核能的和平利用，希望核裂变与核聚变都能为人类所用。

二战刚结束时，冯·诺伊曼对于与苏联爆发战争的预期比此后更高，一些人甚至认为他有意向莫斯科发射核弹。他很可能希望美国在波兰、捷克斯洛伐克、匈牙利及其他国家的防御问题上采取更强硬的政策。他致力于推进军备竞赛和部署。1950 年，他宣称："如果你说为什么不是明天轰炸他们，那我会说为什么不是今天？如果你说为什么不是今天 5 点，我会说为什么不是 1 点？"他的研究很快就从裂变核弹转向氢弹，之后又转向核弹的发射问题，研发可用于运载核弹的洲际导弹。不过，他一直回避公众，甘居幕后，也鲜有机会发表公开演说或接受采访，因此没有树立起鹰派的形象。他在现代计算机方面的研究极为重要，不仅创造出了一种新的武器，而且五角大楼越来越多地在电子战场上进行战争模拟。他也因此逐渐成为军方最信任和对军方最有影响力的人。

如果当时冯·诺伊曼为现代计算机的相关发明申请了专利，那么他将得到一笔相当可观的收入。但他和同事之间就发明优先权存在争议，比起让矛盾加剧，他选择公开所有的发明。据他在计算机科学方面最亲密的助手赫尔曼·哥尔斯廷（Herman Goldstine）说，如果当时申请了专利，他们的名声还会更响。

1945 年到 1948 年期间，冯·诺伊曼在华盛顿还没有什么影响力。虽然他倾向于共和党，但 1948 年他选择支持杜鲁门，因为他对杜鲁门比较熟悉，而对共和党候选人杜威则不太了解。自 1948 年起，冯·诺伊曼多次担任海军和陆军的顾问职位，也为一些私人公司提供咨询。同时继续研究计算机，并在高等研究院担任教授。但在 1952 年前，他都没有机会与权力核心建立联系。

1949 年，当苏联引爆第一颗原子弹时，冯·诺伊曼和特勒碰巧都在洛斯阿拉莫斯实验室。他们一致认为美国必须研发氢弹。他们坚持认为"如果超级武器的出现不可避免，那必须是由美国制造出来"。冯·诺伊曼坚信苏联将立刻启动氢弹的研发。他的判断是正确的，在苏联，任何物理学家或任何人的争辩都无法阻碍这一项目。今天我们知道冯·诺伊曼和特勒对苏联意图的判断是准确的（见西拉德一节中金茨堡的说法），并且早在 1948 年苏联科学家已经对热核反应展开了深入研究。冯·诺伊曼尝试让奥本海默和其他人相信美国需要氢弹，但没有成功。因为他们相信"只要美国不去创造出下一个恶魔，其他人也不会"。

1950 年，杜鲁门总统命令原子能委员会继续研究所有类型的核武器，包括"所谓的氢弹或超级炸弹"。科学家们回到了洛斯阿拉莫斯，其中包括反对制造氢弹的费米和贝特。贝特不希望这种武器被制造出来，而费米接受了总统的诏令。1950 年时已经很清楚，特勒最早设计的氢弹是行不通的。斯塔尼斯拉夫·乌拉姆在冯·诺伊曼的提议下加入了研究，他热切地寻找着解决方案。虽然有些人乐见特勒的设计不如预期，但乌拉姆和冯·诺伊曼不是。特勒–乌拉姆构型在 1951 年 1 月到 3 月间逐渐成形，其中部分内容至今仍处于保密状态。特勒–乌拉姆构型提出后，所有人都认为他们应该在洛斯阿拉莫斯开展试验。

1952 年 11 月，艾森豪威尔当选总统。李维斯·施特劳斯成为他的核事务助手，随后担任原子能委员会主席。他和其他大人物将冯·诺伊曼视为"美国思考速度最快的科学天才"。随着冯·诺伊曼越来越多地参与高层的防务讨论，他意识到军方处事非常低效，他想要将科学手段引入军方的管理系统。这类似于冯·卡门在组建美国空军的过程中引入科学手段的做法。冯·诺伊曼为了能有更大的影响力，在很多重要的委员会都有职务。1950 年，他加入了武器系统评估小组和武装部队特种武器计划，1951—1952 年间又增加了一些职务：他成为中央情报局（CIA）的顾问、原子能委员会总顾问委员会的委员、利弗莫尔武器实验室顾问（在那里与欧内斯特·劳伦斯和特勒有密切合作），加入美国空军科学咨询委员会（在那里与冯·卡门有密切合作）。

冯·诺伊曼加入原子能委员会总顾问委员会时，恰逢奥本海默离开，他也被牵扯到了奥本海默的安全听证中。虽然他和奥本海默在氢弹问题上的看法不一致，但不认为奥本海默本人有安全风险。施特劳斯被奥本海默"气得暴跳如雷"，但普林斯顿高等研究院的人大多支持他。相反，冯·诺伊曼持中立态度，被认为是"不会携带着情绪发表立场的学者"。他没有参与麦卡锡运动，而是用一贯的幽默来回应。他在写下的信中急切地表示"任何科学职位或拨款都应该给予最优秀的人，无论这个人过去或现在是不是倾向共产党"。他还提醒那些可能被认作共产党员或共产党支持者的人，不要冒险申请对这一问题敏感的职位。

欧内斯特·劳伦斯被认为是右翼分子，但和冯·诺伊曼不同，他在政治上更激进和不计后果。冯·诺伊曼和费米都警告过特勒"不要和劳伦斯合作"。即便冯·诺伊曼支持针对苏联发动先发制人的战争，但和鹰派的劳伦斯相比，他还是要温和许多。利弗莫尔实验室在建立初期，与洛斯阿拉莫斯实验室之间存在竞争关系，而冯·诺伊曼从一开始就同时在两个实验室担任顾问。他总是为竞争做好了准备。劳伦斯一手提拔的利弗莫尔第一任实验室负责人赫伯特·约克（Herbert York）这样描述冯·诺伊曼："他在纯科学和数学领域影响力大，成果丰硕，又是讲求实用的人。"此外，"科学能力与实用主义的结合令他深受军官、工程师、企业家和科学家的信任，无出其右"。后面这段并不适用于每位火星人：西拉德肯定不符合，维格纳不太符合，特勒有时是这样的，但对冯·卡门或许是适用的。约克另外还指出，"冯·诺伊曼的意见一直很有分量，而他支持优先发展氢弹"。

冯·诺伊曼在空军科学咨询委员会担任核武器专家组组长时，协助转变了美国的国防政策和对外政策。1954年，专家组发现可以利用火箭推进制造出能够跨越四分之一地球的弹道导弹，这种导弹同时可以携带核弹头。而苏联在这一领域或许已经领先美国几年，美国必须掌握新的技术才能追上进度。这些行动在几年后浮出水面，包括阿特拉斯、泰坦和民兵等洲际弹道导弹，雷神、朱庇特等中程弹道导弹，以及北极星潜射弹道导弹。尽管有许多人参与了决策过程，但冯·诺伊曼的影响无人可比。例如，他强调竞争与合作并重，很多类型导弹的研发都与这一理念有关。

由于冯·诺伊曼在很多委员会都有职务，所以他不得不往返于各地，包括普林斯顿、华盛顿、纽约和伯克利。施特劳斯任命他为原子能委员会委员，这名义上是一份全职工作，希望能以此缓解他的劳顿。冯·诺伊曼接受了，自 1955 年 3 月起，他成为火星人中地位最高的一个。这一职位能带来的特权或许是他接受的原因之一。虽然这是一份全职工作，但并没有占据冯·诺伊曼所有的时间，重要的是，这令他感到自己有能力在最高层为美国的国防事务作出贡献。麦克雷暗示，冯·诺伊曼认为，在与斯大林所派代表的谈判中，自己充当了智囊的角色，而这些代表比斯大林要理智得多。他希望能够接近决策权力的中心，在罹患重病前不长的时间里他确实做到了，他成为原子能委员会中起决定作用的人物。

普遍认为，美国在数年内就赶上了苏联研究导弹的进程，而那时冯·诺伊曼已经去世。他也没有看到苏联成功发射第一颗人造卫星，这对美国的科学研究、技术发展和科学教育都起到了警醒作用。同样的，他也没有看到美国在空间探索方面赶上苏联的脚步，包括美国宇航员登月并成功返回，但所有人都赞同，他对这些事业的成功都起到了重要作用。

1956 年 1 月，艾森豪威尔总统向约翰·冯·诺伊曼颁发总统自由勋章。那时冯·诺伊曼已经病重，只能坐在轮椅上接受勋章。他的病房里每天 24 小时都有一名警卫看守，以防他泄露军事机密。到生命的最后，他还是说匈牙利语，那是警卫听不懂的语言。

爱德华·特勒

二战结束后，特勒没有返回乔治·华盛顿大学，他接受了芝加哥大学的邀请，费米在那里成立了一个新的研究所继续开展核研究。来到这个研究所的还有哈罗德·尤里、詹姆斯·夫兰克、西里尔·史密斯（Cyril Smith）、乔和玛利亚·梅耶（Joe and Maria Mayer）——值得注意的是，这里面不包括利奥·西拉德——特勒也收到了邀请。他一开始犹豫是否要离开洛斯阿拉莫斯实验室，因为诺里斯·布拉德伯里正准备让他接替贝特成为理论部负责人。特勒提出了两个条件，只要能满足其中一个他就满意了。一是继续深入开展原子弹研究，每年进行十二次核试验；二是认真开展氢弹的研究。但他的这两个要求都没有得到明确的保证，于是他决定前往芝加哥大学。

国会曾陷入核能与核武器应该由民众控制还是由军队控制的争议中，1946 年 2 月，斯蒂芬·布诺瑙尔邀请特勒去国会作证。对特勒而言，这一刻令人激动。他不像西拉德那样，理所应当地认为美国国会应该听取他的建议："我，刚成为美国公民不到五年，被邀请到国会议员面前就最重大的事件提供建议。"特勒小心地阐述了国防的必要性，并且和冯·卡门得出了相同的结论，不存在绝对的安全和令人满意的国防体系，但国防不令人满意和没有国防是两回事。他还讨论了多种核能与核产物的和平利用途径。即使在早期，他也认为有必要进行核武器试验。他还强调有必要对公众进行原子科学教育，并警告保密可能带来的危害。

爱德华·特勒。（István Orosz 绘）

从一名无足轻重的物理学教授发展到能为国会提供咨询，特勒的经历同时标志着物理学和物理学家这些年的转变。特勒关注的核心问题变成了国防、核能、同位素在医疗与生物研究中的应用、试验的重要性、教育和保密工作。他仍然是物理学共同体中受欢迎的一员，他在芝加哥的大房子里接待过许多客人，其中有一些延长了停留的时间。他们在芝加哥的生活一开始和在华盛顿幸福的岁月非常相似，但1946年注定不是20世纪30年代。物理学共同体开始出现裂痕。例如，尼尔斯·玻尔认为核武器破坏力巨大，科学家不应该继续研发武器。在战争结束时，特勒协助创办了《芝加哥原子科学家公报》，但最终发现这份杂志不合他的胃口。

新的计算结果再次表明氢弹有可能被制造出来，直到1945年末科学家一直持乐观态度。但有人很快就发现计算存在瑕疵。费米和乌拉姆对此表示质疑，但没有兴趣重新检查计算结果，因为当时热核炸弹的研究暂停了。特勒依然持乐观态度，但布拉德伯里认为这样的炸弹不应该在可见的未来被制造出来。反对继续研究氢弹的不只有那些认为它不可能成功的人，还有那些认为氢弹太危险而不应该被制造出来的人，并且没有制造氢弹的防御需要。事后看来，这里有一种非常幼稚的想法：苏联不可能制造出氢弹。这种幼稚的想法源于盲目的自大：如果美国人不制造氢弹，就没有人会去制造，因为——很可能——他们没有这个能力。美国人傲慢地认为，苏联只有通过间谍活动才有可能建造出这样的装置。原子弹出现前和氢弹出现前的情况有巨大差异。美国科学家倾尽全力防止德国人首先制造出原子弹——他们毫不怀疑德国的科学和技术水平能够做到这一点。但他们对苏联没有这样的恐惧，因为对苏联的水平预期不高。

特勒认为公众应该接受物理教育是一个非常有远见的想法，他在芝加哥大学开设相应的物理课程，并在之后的四十年里坚持授课。他一直在教学和指导研究，他的一些出名的学生有：墨菲·戈德伯格（Murph Goldberger），曾任加州理工学院名誉校长；杨振宁，与李政道一起因为发现了基本粒子弱相互作用中的宇称破缺而获得1957年的诺贝尔物理学奖。

战后，特勒的父母仍然健在，特勒想把他们接到美国，1947年给他们寄了移民文件，同时也寄给了孀居的妹妹（她的丈夫在大屠杀中被害）和她的儿子，但没有收到任何回复，并不清楚特勒的家人为什么没有选择离开——或许当时是他的父母不愿意。令人好奇的是，特勒战后到访德国时，也没有顺路回去看望家人。他曾写道自己在 1948 年秋天"第一次积极投身于政治活动"。

每到夏天，特勒会回到洛斯阿拉莫斯实验室，费米和其他人也是如此。特勒拜访了沃纳·冯·布劳恩（Wernher von Braun），询问他研发的火箭有效荷载能达到多少。冯·布劳恩表现得非常鲁莽：他在特勒面前用德语贬低美国和美国制造火箭的能力，因为他以为特勒不会德语，可见其有多么无知。特勒很享受和冯·诺伊曼合作，认为他是"认识的科学家中能力最全面、才智最出众的。他思考的速度之快，仿佛他的神经是用超导材料做成的"。他们对政治的看法一致，也都对研发氢弹很感兴趣。核武器的研发中越来越多地用到冯·诺伊曼发明的计算机。

从某种意义上说，米丝·特勒比丈夫更加积极地参与政治生活。她积极为一位国会议员候选人拉票，这位候选人的对手是一位众议院非美活动调查委员会的成员。在她积极参与政治活动时，特勒在家照顾孩子。最后特勒一家支持的候选人胜了。移民之后，特勒有很长一段时间是民主党人，也支持杜鲁门做总统。后来他才转而加入共和党。

特勒和维格纳一样，对战后政治局势发展的判断和周围的美国同事看法不同，尤其是欧洲事务。这种观点的差异此后会时不时成为一种压力。1948年，特勒考虑辞去教授工作，继续研究武器，但他如此犹豫不决，以至于他所咨询的医生告诉他，如果他不作出决定，他的身体健康状况不会好转。特勒认为只有在洛斯阿拉莫斯他才能作出真正的贡献，而他在芝加哥大学研究的是粒子物理，他觉得这些研究不具挑战性，感受不到激励。尽管洛斯阿拉莫斯还没有启动实际的氢弹研究，但他还是认为他们应该回到那里工作一年。

1946 年，原子能委员会成立，但委员中只有一位物理学家。虽然此前提到过，还成立了一个总顾问委员会，成员包括一批顶级科学家。1947 年，总顾问委员会下设了一个针对核反应堆安全问题的子委员会，委员们包括物理学家惠勒、费曼、特勒和化学家约瑟夫·肯尼迪（Joseph Kennedy）。委员们选举特勒为核反应堆安全委员会（RSC）主席。第一次会议后，费曼退出了委员会，又有其他人受邀加入。

特勒对待核反应堆可能存在的风险极为谨慎，他的子委员会一度被批判过分小心。特勒和他的同事为核反应堆设定了严格的安全标准。原子能委员会想要提高汉福德反应堆的发电量，同时减少反应堆周围的安全缓冲区，核反应堆安全委员会拒绝了这些要求。之后，两个委员会合并，特勒继续留任委员。他始终强烈支持和鼓励使用核电，同时给予核安全同样的重视。对他而言，"这两个议题是相互协同的"。他明白，只有当核能绝对安全时才有可能被公众接受。

克劳斯·福克斯将原子弹机密出卖给苏联的事情暴露后，特勒借此提出加快武器研究进程的建议。苏联引爆了第一颗原子弹是另一个促进因素。认为苏联需要很长时间才能制造出原子弹的幻想就此破灭。特勒从来没有过类似的想法，因为他知道苏联有一批像列夫·朗道一样的优秀科学家。李维斯·施特劳斯也非常严肃地看待苏联的威胁，也是他提出通过大气取样来监测世界各地的核试验。这一监测从1947年开始，1949年探测到苏联引爆第一颗原子弹，证明了这项监测的有效性。如果美国没有在1949年监测到苏联的核试爆，可能就不会发展氢弹，那么苏联很可能成为世界上第一个拥有氢弹的国家。

特勒在1949年听说苏联的核试爆后，问奥本海默："现在我们该怎么做？"对特勒来说，奥本海默在那一刻仍然代表着权威。奥本海默之前告诉过他，不希望过分激进地研发核武器，无论是原子弹还是氢弹。这次奥本海默也没有理睬他，只回了一句："冷静点，别激动。"但在那一刻，特勒坚定地认为应该研发氢弹，也确信苏联一定会进行氢弹研发。但奥本海默是总顾问委员会的主席，他的意见仍然举足轻重。特勒还清楚地意识到，洛斯阿拉莫斯实验室的负责人一直以来就对研发热核武器缺乏兴趣。只有来自华盛顿高层的动议，才有可能改变这种局面。

在这个关键时刻，欧内斯特·劳伦斯和他的下属路易斯·阿尔瓦雷茨来拜访特勒，令他倍感鼓舞。劳伦斯是诺贝尔奖获得者，发明了回旋加速器，并且是一位出色的组织者。阿尔瓦雷茨是涉足广泛的物理学家，之后也将获得诺贝尔奖。特勒向到访的两人介绍了氢弹的情况，劳伦斯认为他们应该走在前头。特勒自此不再是孤军奋战。劳伦斯向他展示了快干衬衫洗起来有多方便，这种衬衫是新鲜事物，为出门在外的人带来便捷。劳伦斯以此告诉特勒，如果他想要实现远大的计划，就必须到各处去寻求支持。

特勒开始拜访各种有影响力的人，希望得到他们的支持。他去见了支持加强国防的参议员麦克马洪，他也是国会联合原子能委员会（JCAE）的主席。美国是否应该研发氢弹也成为科学圈中的热议话题。各个科学组织的重要人物纷纷发声反对，詹姆斯·B.科南特在执行曼哈顿计划期间可以算是奥本海默的上级，他宣称氢弹项目要启动，先要"跨过我的尸体"。原子能委员会的总顾问委员会讨论了这一问题，并在1949年10月提出建议，包括一份多数派报告和一份少数派报告，两份报告都反对氢弹计划。这些都展现了特勒是如何在艰难的环境下为发展氢弹而奋斗的。

总顾问委员会由一批真正杰出的科学家组成：主席是罗伯特·奥本海默，成员包括詹姆斯·B.科南特、恩里科·费米、伊西多·I.拉比、格伦·T.西博格、西里尔·斯坦利·史密斯和李·A.杜布里奇，杜布里奇曾是麻省理工学院辐射实验室的负责人。特勒不在其列引起了人们的注意。冯·诺伊曼当时尚未形成在国家层面的影响力，他不在其中倒没有引起太多关注。

西博格是核化学的先驱之一，但他缺席了总顾问委员会的关键会议：他依照很早前的计划去了瑞典。西博格有瑞典血统，因此他和瑞典之间还有着更深刻的关联：他知道自己和埃德温·麦克米伦将分享1951年的诺贝尔奖，以表彰他们对嬗变元素化学性质的研究。西博格在出发去瑞典前写了一封信给奥本海默，在信中他表达了自己的看法。正如他后来评论的，他在信中"非常不情愿地得出结论，美国应该推进这个项目，因为苏联一定会这么做"。提到发展氢弹的问题时，西博格表示："尽管我公开反对我们的国家在这方面作出巨大投入，但我必须承认，我不能断言，我们不应该这么做。"西博格或许是唯一与多数派和少数派报告的意见都不同的人，但不幸的是，奥本海默并没有在总顾问委员会的会议上将这封信拿出来讨论。在1954年的安全听证会上，这件事被当作是奥本海默严重失职的例证。

不过，总顾问委员会之后在 1949 年 12 月又召开了一次会议，西博格也出席了。研发氢弹的话题再次被提起，西博格在信中向奥本海默表达的观点是有机会在会上被提出来的，但他并没有这么做。他后来解释说，自己是委员会中最年轻的成员，而所有比他资深的人都已经表示反对研发氢弹，因此他不敢再提出不同的看法。

总顾问委员会的多数派报告中强烈反对"不惜一切"地研发氢弹，谴责其可能成为引发种族灭绝的武器。部分内容如下：

> 当这样的武器进入我们的武器库后，会对世界舆论产生意义深远的影响：全世界理性的人在见识到这种武器的无穷破坏力之后，都不可能容忍这种威胁人类未来的武器存在。因此我们相信，我们不会愿意看到这种武器对人类所产生的心理冲击。

> 我们认为不应该制造这种超级炸弹。除非当今世界舆论局势发生变化，否则人类最好没有机会使用这种武器。

> 现在无法断言这种武器能被制造出来，也无法断言苏联在十年内能制造出这种武器。有言论认为苏联能成功制造出这种武器，对此我们认为，我们同时投入研发这种武器不会对他们产生制衡作用。他们用这种武器攻击我们的理由，更可能是出于对我们储备大量原子弹的报复，而不是因为我们使用这种超级武器。

> 我们决定反对研发超级炸弹，是因为从中看到了限制战争规模的独特机遇，对人类而言，这也是缓解恐惧、唤起希望的机会。

费米和拉比在少数派报告中表达了同样的反对意见，但使用的措辞更加激烈。部分内容如下：

> 使用这样的武器不符合任何伦理道德，而正是伦理道德令人类拥有独特性与尊严，即便这些人是敌国公民。对我们而言，这显然是其他国家的人民会持有的看法。使用这种超级武器会令美国在其他国家面前处于道德弱势。由这样的武器所造就的战后局势将引发几代人都无法化解的敌对情绪。在这种反人类力量存在的情况下根本不可能实现人类向往的和平。现在还无法完全预测这种

武器释放出的大量辐射会产生怎样的后果，但可以肯定的是，一定会有大片区域将长期不适宜人类居住。

对这种毁灭性武器的存在缺乏限制，制造这种武器是对人性的全面威胁，这些事实都表明无论从任何角度来看，这种武器都是一种邪恶的存在。

基于上述理由，我们认为美国总统有必要向美国公众以及全世界宣布，我们认为从基本的伦理原则来看，不应该启动这种武器的研发项目。同时，应当邀请世界上的各个国家和我们一起庄严承诺，绝不研发或制造这类武器。即使没有控制机制约束这一承诺，它的存在也有利于各国使用已有的手段监测其他国家是否已经进入武器研发的试验阶段。此外，我们储备了大量的原子弹，足以作为其他国家研发或使用"超级炸弹"的"军事"报复手段。

就现在来看，很容易发现多数派对苏联研发核武器的预期是完全错误的。少数派意见没有作出误判，但认为美国的原子弹储备已经足以应对苏联的热核武器威胁。在这方面少数派和多数派的看法一致，两派都认为没有必要制造热核武器，甚至费米和拉比表达出更为强烈的嫌恶之情。他们还建议"邀请全世界"共同承诺不制造超级炸弹。费米和拉比的观点比多数派更有弹性，但同样都反对美国启动氢弹研究。赫伯特·约克在1976年出版的书中提到了最近一次与拉比的谈话："拉比表示他清晰地记得他和费米坚定地主张美国和苏联之间应该达成互谅并缔结承诺。"

总顾问委员会的一些成员认为，只要美国不着手制造氢弹，那么苏联也不会。实际上，那时候苏联已经在暗地里加速研究，杰出的物理学家参与其中，还大量使用工人。苏联的情况和美国的政治以及詹姆斯·科南特那句"从我的尸体上跨过去"有多大区别呢？在苏联，即使有些人站出来反对研发氢弹，这个项目也可以跨过这些人的尸体继续推进，事实上在此过程中大量工人在不人道又不安全的环境中艰辛工作，很多人在项目中丧生。

李维斯·施特劳斯指出，美国人希望将是否研发氢弹的讨论局限在美国内部，最多只扩大到盟友。用他的话说就是："全世界对苏联声明的态度天真得令人难以置信。当苏联的行动终于暴露出他们的虚伪和不可信之后，令人震惊的是，人们竟然怀着一种幻想破灭后的幸存心理。这实在无法解释。"他同时还提到，当时普遍低估了苏联人的能力。对苏联制造出第一颗原子弹的时间有诸多预测，但"基本上都认为苏联的核装置要投入使用至少要到1952年以后。多数派报告设置的时间点要更晚一些，同时不少人都认为，苏联没有能力在预设的任何时间点成功"。

而在苏联没有任何关于氢弹的争议。苏联的科学家对美国当时的争论一无所知：他们完全隔绝于世界之外。他们甚至无法和西方的同事取得联系，哪怕是讨论纯粹的科学问题也不行。他们从来没有从更广泛的角度来考虑氢弹的危害。据金茨堡所说："甚至提出这样的问题都是愚蠢的。面对生活我们不得不现实一点。"

金茨堡的说法非常有价值，我们可以难得地从中窥见个人是如何应对苏联项目的，而这个人是在2003年获得诺贝尔奖的杰出科学家，他获奖的成果正是在两个超级大国都在秘密研发氢弹的时候取得的。金茨堡的想法为苏联成功制造氢弹作出了贡献，但他本人由于没有通过安全审查而被排除在氢弹项目之外。理由是他的太太因为参与反苏运动而被流放。金茨堡的经历和其他一些证据都清楚地表明，认为美国通过以身作则的方式能够阻止苏联研发氢弹的想法极为荒谬。时任原子能委员会研发负责人的肯尼斯·S. 皮策在冷战结束时感到非常欣慰，苏联的一些情报也得以披露："他们的（氢弹）研发相当顺利，我们虽然先取得了成功，但并没有领先太多。如果是他们先制造出了氢弹，而我们有意延缓研发进度的事情又被公众知晓，不知道现在这个国家会是怎样的局面。"

苏联人不可能被"以身作则"的做法所影响，那样做只会被视为软弱。安德烈·萨哈罗夫提到，苏联领导人下令，无论美国采取什么行动，苏联都要研发热核武器。根据萨哈罗夫的说法，美国人对研发氢弹的限制行动，在苏联看来"要么是狡诈的伪装，要么就是愚蠢或无能的表现"。无论怎样都不可能阻止苏联人研发超级炸弹。

当然，总顾问委员会无权制定政策，只能为原子能委员会提供建议。而原子能委员会同样无权制定政策，能做的只是为总统提供建议。总顾问委员会的多数派报告传达出的信息是，美国人倾向于认为苏联没有能力实施制造超级炸弹这种高度复杂的项目。不止他们这么认为，总统杜鲁门"完全无法相信他们有能力制造出像原子弹这么复杂的东西"。当苏联引爆第一颗原子弹的消息传来，杜鲁门要求原子能委员会的成员签署一项声明，声明他们在研究了所有证据之后，确信苏联已经成功造出核武器。而据一些人所说，特勒则是过高地估计了苏联的科学技术水平，这也许在一定程度上弥补了美国小觑他们的倾向。总体来说，苏联相比于美国、日本和西欧是落后的，但他们善于在关键领域集中优势资源。此外，他们在理论物理领域有着优良传统，且人才辈出。

特勒不是唯一支持以发展氢弹应对苏联核武器研究的人。除了劳伦斯和阿尔瓦雷茨，还有伯克利大学的化学家温德尔·拉提莫（Wendell Latimer）、联合原子能委员会主席、参议员麦克马洪和他的参谋长威廉·L. 博德恩（William L. Borden），原子能委员会委员李维斯·L. 施特劳斯都与他意见一致。劳伦斯一直是特勒重要的同盟，和他一样，劳伦斯也没有正式参与到氢弹问题中，但他能够通过很多非正式的渠道，在联合原子能委员会、五角大楼和原子能委员会对关于氢弹的争议施加影响力。虽然阿尔瓦雷茨是劳伦斯的门生，但他本人的力量也不容小觑。他此前参与了不少军方大项目，其中，地面控制方法（Ground Controlled Approach，简称 GCA）在 1948 年帮助美国飞机在柏林安全着陆，打破了苏联的封锁。在洛斯阿拉莫斯实验室也有不少人支持加强氢弹研究，对总顾问委员会在报告中贬低氢弹价值的做法感到愤怒。

1949 年 11 月 25 日，施特劳斯将军写信给杜鲁门总统，信中提到"美国必须和所有可能的敌人一样全副武装"。他有充分的理由认定苏联所作的决定不可能出于"道德"考量。但他所用的措辞多少有些不合适，他写道"不可能从'道德'的角度劝阻苏联制造武器"。而在美国，反对研发热核武器的顶尖科学家有不少人后来也参与了武器的制造。

杜鲁门的国家安全委员会成员，有国防部长路易斯·约翰逊（Louis

Johnson）、国务卿迪安·艾奇逊（Dean Acheson）和原子能委员会主席戴维·E.李林塔尔（David E. Lilienthal），他们以二比一投票决定支持氢弹研发。艾奇逊"对于能和斯大林及苏联就氢弹问题达成有效共识持极度悲观态度"。在总顾问委员会10月召开的会议结束时，奥本海默告诉艾奇逊，美国如果能在氢弹研发问题上自我设限，就能为苏联作出表率。但艾奇逊质疑道："你怎么可能真的通过'以身作则'来说服怀有敌意的对手解除武装？"国务院的一些人则争辩说，应该展现出"对他人的信心，同时接受一定的风险……来换取国际共识"。尽管艾奇逊的态度比较强硬，但还是遭到了约瑟夫·麦卡锡的猛烈攻击，抨击他对待共产主义的态度过于温和，并指控国务院包庇共产党员。

1950年1月31日，杜鲁门总统宣布继续开展包括氢弹在内的所有核武器研究，这对特勒而言是一次巨大的胜利。特勒比较了1939年和1950年的情况。他们在1939年和军方代表的第一次会议中，亚当森上校强调新武器无法帮助美国赢得战争，而科学家们则坚持认为核武器有能力做到。到了1950年，军方希望研发新武器，而大多数科学家则表示反对。与1950年形成对比的还有：奥本海默在1945年向特勒表示，科学家要做的是开展研究，而研究的成果应该如何使用则应该交由政治家决定。而如今特勒写道："是否应该制造一枚氢弹，制造出的氢弹是否应该使用，如何使用，这些问题都不应该由科学家来决定。"当然，从任何方面来说氢弹都是可怕的存在，人类不制造氢弹是最好的选择。但另一方面，如果苏联独占了氢弹，则它在军备竞赛中占据了优先地位。这也是为什么哈罗德·尤里会警告美国切勿"故意在军备竞赛中落败；这样做会令我们失去主动权"。

在杜鲁门总统宣布继续研发氢弹后，汉斯·贝特坚持认为最重要的问题还是道德考量。他说："有人认为如果要失去自由，宁可选择死亡，我个人深表赞同。但问题是这不是我们正在面临的选择……如果在战争中使用氢弹，我们不仅会失去无数生命，同时也将失去我们的自由和人类的价值。"贝特坚持认为，即使美国没有氢弹而苏联有，他们也使用了氢弹，"这固然会摧毁城市，令我们丧失使用一切现代武器进行长期战争的能力，但不会削弱我们即时反击的力量"。这样的观点令人疑惑，贝特是否真的认为美国的领导人在令他们国家面临如此窘境之后，有能力为此承担责任。多年以后，贝特承认"杜鲁门在当时的政治环境中别无选择。如果苏联制造出了氢弹而美国没有，那么总统和提出反对意见的科学家都将被视为叛徒"。

1950年，朝鲜战争的爆发令核武器的研发变得更加紧迫。火星人都强烈支持研发氢弹，如前所述，西拉德一度感到恐惧，在一段时间内只有特勒在孤军奋战，以确保美国不会在苏联制造出氢弹后毫无防卫之力。后来西拉德为限制核武器的危害做了很多事情。

在就是否应该制造氢弹展开激烈争论的过程中，事实上没有人知道应该如何制造。所有人理所当然地认为只要加大研发投入就能很快取得突破。最后确实如此，但当时远没有到能够如此断言的程度。据一些传闻，在杜鲁门发布决定前，洛斯阿拉莫斯实验室已经开始研究氢弹。斯塔尼斯拉夫·乌拉姆指责特勒试图弱化这些工作的意义，以此来贬抑洛斯阿拉莫斯及其负责人的贡献。但不管怎样，当总统作出决定后，人们一定会需要洛斯阿拉莫斯。

约翰·A.惠勒当时面临着艰难的抉择，他不知道是否应该加入氢弹的研究计划。他当时在巴黎工作，对他而言，这一决定是要他在家国责任和对物理的热爱之间作出选择。当他再次遇到曾经的导师尼尔斯·玻尔时，向他诉说了自己的两难。玻尔是出了名的犹豫不决，即使面对争议甚少的问题他也不太愿意给出明确的回答。但这一次玻尔明确地问他："如果西方没有制造出原子弹，你认为今天的欧洲能够摆脱苏联的控制吗？"之后，惠勒很快就加入了氢弹计划。

当然，不是每个人都像玻尔和惠勒那样想。惠勒在普林斯顿时的隔壁邻居是自由派的潘诺夫斯基（Panofsky）一家。埃尔温·潘诺夫斯基是著名的艺术史家，他的两个儿子都是物理学家。一个儿子的绰号是聪明的潘诺夫斯基，在班里的成绩总是第一。另一个的绰号叫愚钝的潘诺夫斯基，成绩总是第二。惠勒知道埃尔温·潘诺夫斯基反对研发氢弹。当联邦调查局探员到社区来调查惠勒时，他们询问潘诺夫斯基是否发现惠勒有涉嫌颠覆国家的举动,潘诺夫斯基回答:"他们不是颠覆分子,他们是大屠杀的刽子手!我们才是颠覆分子。"

约翰·冯·诺伊曼取消了在法国的休假,回来投入氢弹的研究,继续完成他在普林斯顿的计算工作。费米回到了洛斯阿拉莫斯。特勒招募了维也纳人弗雷德里克·霍夫曼(Frederic de Hoffmann),他后来将成功研制氢弹的许多荣誉都归功于霍夫曼,因为这样做就能在弱化乌拉姆贡献的同时,不影响特勒自己的功劳。

特勒和乌拉姆现在开始质疑早前的计算和预想。特勒对乌拉姆"有些过敏",认为他们彼此看不惯对方。他们不得不在一起工作,但彼此意见不合的情况越来越严重。乌拉姆计算出他们当时的设计不可行。特勒对此表示怀疑,但乌拉姆是对的。在对原始设计可行性的怀疑不断加深的同时,出现了建立第二个武器实验室的提议。支持者把握住一切机会为第二个实验室的必要性争辩,他们认为即使第一个实验室的测试成功了,那么到时候一定会有更多的新项目启动,仍然需要第二个实验室的支持。

与此同时,冯·诺伊曼用改进后的计算机 ENIAC 和 MANIAC 为氢弹的研发完成了大量的数据计算。他的太太克拉丽(Klári)也参与其中。冯·诺伊曼估计,他们一次运算中所做的乘法次数可能超过了人类迄今为止所做的乘法之和。而这些计算强化了人们对原始设计的怀疑。

特勒那段时间非常沮丧。如果他确信不可能制造出氢弹,那就意味着没人能制造出来。但他一想到,虽然美国人制造不出氢弹,但苏联人可能成功就非常痛苦。他最厉害的是,即使面对着极大可能失败的局面,他依然能够不断考虑新的解决方案。

逐渐可以看出,特勒和乌拉姆是这项研究计划中起主导作用的两个人,虽然对彼此的敌意阻碍了他们之间的交流,但两人都希望研究能够取得成功。这个计划看似归特勒所有,实则乌拉姆才是找到了解决方案的关键人物。乌拉姆和他的同事针对特勒的方案再次进行计算。他们计算了热核反应的过程,也就是一定质量的氘或氘-氚混合物的核反应过程。结果是这一反应过程发生得太慢了,无法达到预期效果。特勒对这一结果感到非常失望，然而冯·诺伊曼的计算也支持了乌拉姆的发现。每个人都很高兴，因为再次证明氢弹是制造不出来的。但同时，他们又深陷在一个可怕的想法里，当他们无法解决这个问题的时候，其他人可能取得了突破。

问题的症结在于：在核聚变发生时，大量能量会通过辐射散失。温度越高，聚变越容易发生，但流失的能量也越多。不过，特勒突然想到，既然粒子携带的能量与数量成正比，而辐射能量与体积成正比，那么，如果能够在增加粒子数量的同时减小体积，那就能留住更多的能量。问题因此转变为是否有可能压缩他们计划使用的氘。既然重金属都能够在内爆过程中被压缩，那么液态氘也一定能被压缩。一旦氘被充分压缩，就可能实现热核反应。上面这些是特勒对这件事的记忆。但据其他人所说，每次在讨论中提到压缩氘的问题时，特勒都会表示反对。

一天，乌拉姆提出了一个实际可行的解决方案。他们应该放弃用裂变弹释放的能量来激发氢弹的方法，转而用裂变弹内爆时释放的大量中子来实现压缩。用乌拉姆的话说："也许是我的提议促使了方案的改变。我考虑以增加一个重复过程的方式来修正整个方案。"其中涉及的大量技术仍然在保密期，尚未公开。特勒在那之后告诉乌拉姆，他正在构思更好的做法：他们应该用裂变弹内爆时释放的 X 射线来压缩氘，也就是说压缩过程应该和辐射同步。在特勒的印象中，乌拉姆拒绝听他的建议。考虑到氘的压缩必须在各个方向上是均匀的，所有人都倾向于用辐射来压缩氘，因为辐射能够持续地从各个方向均匀压缩。不管怎么说，的确是乌拉姆打破了困境。尽管如此，特勒对于乌拉姆挽救了美国氢弹计划的说法一直无法充分认可。特勒在多年后想起，其实就在乌拉姆告诉他新想法之前不久，他已经开始考虑压缩的可行性。

乌拉姆产生了创造性的想法后，并没有第一时间告诉特勒。他先和理论部的负责人进行了讨论，后来又告诉了实验室的负责人布拉德伯里，之后才找到特勒。乌拉姆提到"爱德华立刻接受了我的建议，虽然一开始有些犹豫，但在几个小时后就全心全意地接受了。他不仅注意到了其中创造性的想法，还想到了另一个和我所说的方案类似的版本，而且可能更易于实现，适用范围也更大"。

特勒一定对他所犯的错误感到非常恼火，也必然因为对成功制造氢弹的盲目乐观和过分热情而得罪了许多人。至少当他回忆所做之事时是这样认为的。他引用了尼尔斯·玻尔对专家的定义来说明自己的失败，就自身的经历而言，他作为一名专家发现了在一个非常狭隘的领域可能犯的所有错误。特勒和乌拉姆起草了第一版方案，经过一系列修改后，最终两人在1951年3月9日完成了一份联合报告。他们将其称为"特勒−乌拉姆构型"，第一颗成功试爆的氢弹"迈克（Mike）"就是据此设计的。这次试验于1952年11月1日在太平洋的埃卢格鲁博珊瑚岛（属于马绍尔群岛）上完成。他们的联合报告成为氢弹研发的重要转折点。约一个月后，特勒和霍夫曼完成了另一份报告，他们计划在氢弹中增加第二个裂变组分，将一块低于临界质量的铀235置于热核反应材料的中心。1950年5月9日，早在"迈克"成功试验前，名为"乔治（George）"的第一个热核装置就在埃卢格鲁博珊瑚岛上进行了试验。这个装置使用的是氘，这种材料无法用于制造武器，但这个装置却能用来验证计算结果是否正确。1951年6月，总顾问委员会在普林斯顿召开的会议上评估了这次实验，特勒在会议上提出了新的建议（特勒−乌拉姆构型），委员会同意继续研究这一构型。这时，一位聪明的年轻物理学家来到了洛斯阿拉莫斯，他就是理查德·加尔文，这为项目带来了新气象，他根据新的方案完成了氢弹的设计。就连贝特也赞成这项设计。

特勒想到，可以用锂6生成的氘化锂6作为聚变材料。我们现在知道，苏联在维塔利·金茨堡的建议下，也在氢弹设计中使用了氘化锂。氘化锂是固体，易于储存，因此是一种便利的材料。而氘是气体，只有在极高压和极低温下才能以液态储存。此外，锂本身也能参与聚变反应。

尽管特勒和乌拉姆都努力想要客观地评价彼此的作用，但他们之间的摩擦还是破坏了所有想要公正评估美国氢弹发展的努力。但从他们的一些描述来看，似乎特勒在赞赏乌拉姆方面显得更大度。不过他始终拒绝将他们的合作以联名论文发表或联合申请专利。据乌拉姆的太太弗兰科斯（Françoise）所说，人们清晰地意识到是乌拉姆挽救了氢弹计划，"自那之后，特勒就把斯塔尼晾在了一边，拒绝与他交流。他再也没有见过斯塔尼，或是和他有过有价值的讨论"。

深入研究了氢弹的爆炸效果后发现，它释放的能量远非无限制的，通常相当于一千万吨 TNT 炸药释放的能量。而这一规模的炸弹已经足以毁灭数英里范围内的一切。还有可能炸飞大片区域的大气，因为爆炸使得空气温度急剧升高，空气分子将获得足够多的能量，也就是说能达到足以脱离地球引力的速度。大多数辐射会被抛向太空而非地面。氢弹还可以造得更大，苏联人疑似已持有相当于一亿吨 TNT 炸药的氢弹。不过，性价比最高的还是一百万吨 TNT 爆炸当量的氢弹。令人恐惧的是，氢弹的制造成本并不高，这可能会激励一些人进行大规模生产。

特勒争取建立第二个武器实验室的经历和他制造氢弹的过程存在相似之处。除了威拉得·利比，总顾问委员会中的其他人都不支持建立新的实验室。正如制造氢弹的初次尝试失败没有阻止特勒的脚步一样，总顾问委员会的反对反而坚定了他的决心。他争辩道，第二个实验室能够和洛斯阿拉莫斯形成竞争关系，对激励创新有推动作用。特勒指责洛斯阿拉莫斯对国防事务不够重视，反而更关注公共关系。特勒又一次展现了强大的活动力，他见了每一位愿意见他的政客，他从中找到了极好的搭档李维斯·施特劳斯。施特劳斯相信，只有一个强大的美国才能守卫和平。

特勒先后与空军部长和国防部长罗伯特·A. 洛维特（Robert A. Lovett）交流了自己的看法，还向国务卿迪安·艾奇逊和其他高级官员作了介绍展示。他向空军寻求支持，得到了热切的回应。还有一些重要的支持者也是总顾问委员会不能忽视的，其中包括联合原子能委员会（尽管麦克马洪当时已经病入膏肓），以及原子能委员会的一些成员。最终总顾问委员会和原子能委员会于 1952 年 6 月正式批准了实验室项目。新实验室的负责人赫伯特·约克虽然是劳伦斯的人，但特勒在科学指导委员会中拥有否决权。利弗莫尔实验室的建立也进一步加剧了特勒和洛斯阿拉莫斯高层间的紧张关系。只有在1970 年时情况才有所改变，哈罗德·阿格纽成为洛斯阿拉莫斯的第三任负责人后，开始定期邀请特勒前去访问。1957 年晚些时候，约克离开利弗莫尔，他在华盛顿谋到了更高的职位,之后特勒担任了两年实验室负责人。后来,特勒在回顾自己所有的成就时,认为建立了第二个武器实验室就算排不上第一,也一定是他最重要的贡献之一。

在争取建立第二个实验室的过程中,特勒和劳伦斯建立起了紧密的同盟关系。劳伦斯建议将实验室建在加州北部靠近利弗莫尔的地方,在奥克兰东边约30英里处。他在加州大学和华盛顿都颇具影响力和手腕。他钦点了实验室的第一任负责人,并要求他向自己汇报。特勒迫切需要像劳伦斯这样强有力的盟友,尽管他很清楚劳伦斯因政治立场过于保守而不太受欢迎。用特勒的话说,很多人将劳伦斯视为"右翼极端分子"。此外,费米和冯·诺伊曼在1952年都警告特勒不要离开芝加哥去加州。他们担心特勒会因此受到其他物理学家的排挤。事实上他受到这样的警告本身就值得玩味。他的两位朋友对待氢弹的态度截然不同,费米持反对意见,而冯·诺伊曼则极力支持。但他们都真诚地关心特勒。这一警告也表明,奥本海默案(1954年)不是特勒遭到物理学家排斥(后文会提到)的唯一原因。可惜特勒已经踌躇满志,谁都不可能轻易阻止他奔向一直期盼的方向。

1952年夏天,特勒一家搬去了加州,他也开始了在利弗莫尔的工作,起初这是一份临时的工作,一年后变成了固定的。他同时成为加州大学的教授。他不得不参与规划利弗莫尔的研究计划,确保新武器开发是研究的首要任务。1952年的利弗莫尔充满了开拓进取的氛围,特勒沉浸其中,就像他1934年在洛斯阿拉莫斯感受到的那样,并且现在他已经成为领衔人。他们的目标中有一项是研发多功能氢弹,不在于尺寸大,而在于功能灵活。他们甚至想要制造可由坦克发射的小型氢弹。不过,利弗莫尔的第一批试验都失败了,在经过一段不短的时间后,这个新成立的实验室才真正蜕变为成功的武器实验室。

特勒过分热情的态度也令他受到了反噬,最严重的反噬出现在奥本海默的安全听证会一事中。这件事将在下一章的各处分别展开讨论,希望能尽可能展现事件的全貌,并补充一些奥本海默的背景资料。当奥本海默的听证会被公开时,特勒意识到自己已经被内部驱逐了,这是他第三次遭到驱逐(前两次分别是从匈牙利和德国离开）。这次经历令他更为痛苦，因为排挤他的正是他的物理学家同事。前两次流亡令他获得了更为广阔的天地，但这一次却令他陷入痛苦的漩涡。他从此再无可去之处。许多人认为特勒作出对奥本海默不利的证言是为了报复奥本海默曾经反对研发氢弹。特勒在回忆录中提到，他"不希望奥本海默对待氢弹的态度会影响他的安全审查结果"，以此为由推翻奥本海默安全审查是不公平的。如果特勒在回忆录中所言属实，那么他至少也是一个糟糕的政客。特勒在 1954 年给迈耶的夫人玛利亚·格佩特写了一封信，特勒在这封信中表现出异乎寻常的坦率，他提到了很久以前关于勇气的一段对话："我似乎一个人也挺好的。现在能感受到成长的烦恼，我也想知道它是否在朝正确的方向发展。"

两名记者谢普利（Shepley）和布莱尔（Blair）出版了一本关于氢弹的书，他们在书中弱化了其他人，夸大了特勒的功劳，这令特勒在同事中的处境愈发艰难。两人还在书中将奥本海默描绘成一名间谍。对此，特勒以"众人的心血（The Work of Many People）"为题，撰文予以驳斥。他希望能够以此将制造氢弹的功劳给予其他人。他在一个脚注中提到，斯塔尼·乌拉姆曾向他提过建议，对此他已经尽力给予赞誉。他称之为善意的谎言，但这样的表述令事情更加费解。后来，特勒拒绝和乌拉姆联合申请专利，他坚持乌拉姆并未理解自己的设计，并声称这项设计无法成功。这时候，那个大度的特勒，那个愿意以善意的谎言来夸大乌拉姆贡献的特勒在哪里呢？

谢普利和布莱尔的那本书以各种意想不到的方式纠缠着特勒。在认识约翰·F. 肯尼迪后，特勒因这位精明的参议员（当时是）以书中读到的内容褒奖他而感到了冒犯。后来，在肯尼迪的授意下，特勒成为总统的科学顾问之一，不过他的建议鲜少被采纳。肯尼迪总统在任期间，特勒对他的态度不太恭敬。那时的特勒致力于核能的和平利用，他将自己的计划命名为犁头计划（Plowshare Program）。当肯尼迪曾就计划中在巴拿马海峡开凿运河一事咨询特勒，询问需要多长时间能够完工，特勒的回复是"开凿运河需要的时间肯定比你下定决心开工的时间要短"。

1955 年，特勒首次提议，制造小到可由潜艇携带和发射的核弹头。后来证明这非常关键，因为战略轰炸机所用的空军基地和陆基导弹的发射井都可能被苏联的突然袭击摧毁，核潜艇的安全系数则高得多。虽然特勒在海军会议上的描述可能有些偏颇，但在他看来，这就像洛斯阿拉莫斯和利弗莫尔在激烈竞争，而他则是下注之人。这是他的惯常做法，为此他一再受到严厉的批评。

1957 年，苏联成功发射第一颗人造卫星促使美国启动了火箭和导弹项目。同时令美国人意识到有必要完善科学教育。从这个角度来看，苏联当时所取得的优势反而为美国带来了益处。特勒提到"突然之间，我们几位火星人一直以来的担忧变成了现实"。《时代周刊》在 1957 年 11 月的一期杂志上介绍了美国物理学家的故事，特勒是那一期的封面人物。1958 年，特勒在加利福尼亚州电视台做了一辑 12 期的物理节目。

20 世纪 50 年代中叶，除了奥本海默事件，特勒的生活也经历了一系列变化。他在短时间内连续失去了三位好友，1954 年费米去世，随后冯·诺伊曼和劳伦斯分别在 1957 年和 1958 年去世。1958—1960 年，特勒作为利弗莫尔实验室的负责人，激烈反抗一切想要禁止核试验的尝试。他强调核试验能带来新知，而苏联人一定会偷偷开展实验。特勒和西拉德在这些事情上的观点基本一致，但在一次公开辩论中，他们针锋相对，场面过于激烈，结束后他们不得不握手来缓和紧张的气氛。莱纳斯·鲍林是特勒在公开辩论中最引人注意的对手。鲍林认为核爆炸释放的放射性尘埃非常危险，但特勒希望能从核爆炸中获取更多信息，并认为低剂量的放射性尘埃甚至是有益的。特勒后来把对放射性尘埃的思考写成了一本书。苏联领导人赫鲁晓夫支持达成核武器的非正式禁令，谈判最终促成了 1963 年 8 月签署的条约 [1]。公众对核试验释放的放射性尘埃的恐惧对条约的签署起到了重要的推动作用。

与苏联签订的禁止核试验条约只允许在地下开展核试验，即使如此，特勒依然认为这为了解核爆炸提供了很好的机会，并担心苏联开展此类试验时

---

1. 1963 年 8 月 5 日，美国、英国、苏联在莫斯科签署了《部分禁止核试验条约》。

不会向各国通报。他还担心会有国家利用太空来规避禁止核试验条约。他设想了一个场景，一架火箭载有核武器，另一架火箭携带着测量爆炸辐射的器材。这样一来，无人会知晓一万至十万英里之外的太空中发生过核爆炸。不过没有证据显示有国家曾经尝试通过这种方式背弃条约。特勒也为犁头计划投入了大量精力，可惜公众对可能的辐射充满恐惧，计划不得不因此搁置。特勒对计划的失败深感失望，并且非常嫉妒苏联，类似的项目在那里已经完工。

特勒为纳尔逊·洛克菲勒（Nelson Rockefeller）和洛克菲勒家族提供咨询。洛克菲勒为了竞选总统，建立起了一套高效、综合的咨询系统，可惜他一直没有成功当选。1959年，为了给纳尔逊·洛克菲勒投票，特勒选择退出民主党，加入共和党。1964年，特勒又支持洛克菲勒与巴里·戈德华特（Barry Goldwater）竞争共和党的总统提名人选，可惜洛克菲勒败给了戈德华特［后来戈德华特又败给了林登·约翰逊（Lyndon Johnson）］。尼克松任职期间，洛克菲勒担任纽约州州长，他成立了一个委员会为州政府的未来决策提供咨询。尼克松总统要求他将全国的事务都纳入考量。洛克菲勒随后辞去政府职务来完成这一任务，这个委员会后来发展为美国人关键选择委员会（Committee on Critical Choices for Americans），特勒也参与其中。这件事和其他许多事情都表明，特勒已经成为共和党建制派的一员。1974年尼克松辞去总统职务，杰拉尔德·福特（Gerald Ford）接任，洛克菲勒被任命为副总统，这也是他一生所任最高职务。洛克菲勒于1979年去世。

肯尼迪政府经历了一系列危机，包括吉隆滩战役和古巴导弹危机，与此同时，苏联在导弹（洲际弹道导弹系统）研发方面持续领先。1957年第一颗卫星成功升空后，苏联先后将宇航员尤里·加加林（Yuri Gagarin）和盖尔曼·蒂托夫（German Titov）送入了环绕地球的卫星轨道。而美国载有航天员的飞船发射后只能半路返回。1961年8月，赫鲁晓夫退出了临时的禁止核试验条约，苏联自此开始了大规模大型核武器试验。同样是在1961年，安德烈·萨哈罗夫在苏联开始发起抗议，三年后，他被踢出了苏联的武器项目。赫鲁晓夫无视了萨哈罗夫对核试验的抗议之声，就如同奥本海默1945年时无视了西拉德的请愿。赫鲁晓夫宣称,科学家缺少对外交政策的全局观,科学家应该专心研究,把政治留给政治家。

为了彰显国防准备的重要性,肯尼迪亲自到访伯克利,并与在利弗莫尔工作的科学家见面。但特勒在会面中遇到了尴尬的事:他在解释低剂量辐射可能有益时被肯尼迪打断了。他的观点是基于某些苍蝇暴露在低剂量辐射中能存活更长的时间。然而,这类苍蝇身上携带着寄生虫、细菌或霉菌,这些生物都对辐射非常敏感,苍蝇因此获益。西拉德指责特勒明知苍蝇存活更久的真实原因,却依然以此作为证据支持自己的观点。

1962 年,肯尼迪为特勒颁发费米奖,奖励包含 50 000 美元奖金,以表彰他"在化学物理与核物理方面所作的贡献,在热核研究中所起的领导作用,以及为提升国家安全所付出的努力"。第二年,特勒提名奥本海默,肯尼迪同意了。1963 年,总统约翰逊为奥本海默颁发费米奖,那时距离肯迪尼被刺杀只过了一周多。特勒希望奥本海默获奖一事能够缓解自己与物理同行之间的关系,可惜事与愿违。

特勒继续保持着对导弹防御的兴趣。苏联 1961—1962 年所做的试验一部分就是针对此类防御,由此可见,苏联也致力于构架起导弹防御系统。早在 1950 年,彼得·卡皮察就给苏联共产党的领导人之一格奥尔基·马林科夫(Georgii M. Malenkov)写信,提出高能辐射能够摧毁来袭的导弹。下面一段话引自那封信:

> 我在战争期间就设想了许多在后方防御轰炸袭击的方法,希望能比防空火力和防空洞更有效。既然原子弹、喷气式飞机和导弹都已经投入战争,防御问题就显得更加紧迫。在过去四年里,我用尽全力研究这个问题,如今作为科学家我能够给出部分的解决方案。有效防御措施的理念不是新生事物。要做的是制造出能精准定位的高能光束,其能量强到足以在击中目标的瞬间摧毁它。通过两年的努力,我找到了解决这一问题的创新方法,进一步发现实现足够高强度的光束本身不存在任何原理性障碍。

特勒考虑到,从探测到苏联导弹发射到被命中,美国只有 20 分钟的反应时间。因此，他希望采取更加积极的防御策略：在来袭导弹周围引爆原子弹来摧毁它。他估计，如果在足够的高度引爆，比如 5 英里之外，那么即使在美国本土上空引爆也是安全的。20 世纪 60 年代，美国开始致力于发展反导防御系统，但到 1972 年建设中止了。

1963 年，美国参议院讨论禁止核试验条约期间，特勒出席听证会表示反对，但收效甚微。在肯尼迪的积极主张下，参议院最终批准了条约。特勒受邀在南部州长会议上发言，肯尼迪顾忌他的影响力而阻止他讲话。特勒倒是倍感荣幸。《部分禁止核试验条约》于 1963 年下半年正式生效。

特勒非常重视为学生开设讲座，他在利弗莫尔当地建立起了大学水平的教育。加州大学成立了应用科学专业的研究生部，招收来自利弗莫尔的全日制和非全日制研究生。特勒是研究生部的首任主任。特勒和他的同事以他的教学实践为基础，出版了两本书。他前往利弗莫尔实验室担任负责人后，加州大学任命他为无任所物理学教授（Professor of Physics at Large）。他可以在加州大学的所有校区授课——这和西拉德理想中的研究职位差不多。

至此，特勒已经在美国社会获得了很好的地位，是多个重要委员会的成员，还承担其他事务。1969 年，他被邀请加入总统外国情报顾问委员会。但他声称自己从未参与过越南战争的决策制定。促使美国加入越南战争的一个重要因素，是害怕出现多米诺效应：除非战争取得胜利，否则世界上的国家将相继成为社会主义国家。

越南战争的反对声越来越高涨，大学生的抗议活动尤为激烈，其中伯克利最活跃。抗议者不断干扰特勒的讲座，最终不得不中止。抗议学生和其他激进组织启动了"战争罪诉讼"，特勒就是他们的目标之一。这不仅令我们又一次想起了西拉德：前面提到过，他曾设想自己可能面临战争罪的起诉，但其他人从来没有过这样的想法。特勒的人身安全甚至受到了威胁。抗议者引用特勒的话控诉他支持有限的核战争——这句话可能的确出自特勒之口，但这句话针对的是早前欧洲的局势，并非针对越南。特勒经历了不同于物理学同行的反对，但痛苦是相似的，特勒在教授学生的过程中聊以自慰，如今却难以实现。特勒一家也勉强逃过一劫。

特勒对建立利弗莫尔实验室一事感到欣慰。1967年时，利弗莫尔正在着力发展弹道导弹防御系统。实验室研制的斯巴达导弹头主要利用X射线，实现在大气层外摧毁热核导弹。而洛斯阿拉莫斯研发出了另一种利用高能中子的低空防御导弹，在导弹接近目标时摧毁它。

1966年，特勒结识了罗纳德·里根（Ronald Reagan），他曾是电影明星，也担任过工会领袖，同年晚些时候当选加州州长。特勒邀请里根参观利弗莫尔实验室，他于1967年前往。16年后这次参观的重要性才变得清晰。

特勒参与的防御议题都极具争议。例如，美国参议院以一票之差通过了建立反弹道导弹防御系统的议案。然而，随着美国和苏联在1972年签署《限制反弹道导弹系统条约》，防御系统建设的进一步行动被中止。条约规定各国只能设置两个反弹道导弹防御系统的保护目标。随后，在1974年进一步减少为一个保护目标。苏联的反导系统旨在保护莫斯科，而美国则选择保护储备导弹的北达科他州。后来由于资金不足，这个反导系统也取消了。特勒对放弃反导系统的做法提出批评，认为这将令美国人民丧失庇护，也会加强苏联先发制人采取进攻的动机。苏联疆域更辽阔，人口更分散，并且拥有更发达的民防系统。虽然和苏联的关系依然处于确保相互毁灭的状态，但相对而言，美国防御第一轮攻击的能力更弱。

1975年，特勒到了强制退休年龄，他从利弗莫尔实验室退休，但继续担任兼职顾问，这份工作占据了他三分之一的时间。他保留着加州大学的教授头衔，同时斯坦福大学的胡佛研究所邀请他担任兼职高级研究员，同样占据三分之一的时间。特勒用余下的三分之一的时间继续提供咨询和发表演讲。1979年他突发心脏病，正巧那时宾夕法尼亚州的三里岛核电站发生事故。他笑称自己是这起事故的唯一幸存者。与此同时，特勒一家搬到了斯坦福，住在了胡佛研究所附近。一位编辑助手朱迪思·舒里协助他撰写文章，他们共同出版了两本书。舒里后来还与特勒合著了《回忆录》，由于特勒的身体越来越差，书的后半部分基本上是由舒里完成的。

特勒最后一个大计划是战略防御计划（SDI），更为人熟知的名称是星球大战计划，不过特勒并不喜欢这个说法。早在1945年，他就在递交给海军的报告中提到了防御核武器的问题。他认定不存在完美的防御系统；防御总是落后于进攻；进攻更加灵活且不可预测，因此防御只能随机应变。不过在当时，美国是唯一拥有核武器的国家。

1980 年，特勒以匈牙利裔美国人运动领袖的身份为里根助选。里根在 1980 年 11 月当选总统，1981 年 1 月宣誓就职。两人直到 1982 年秋天才见面。这不是说特勒对里根的政府缺乏影响力，因为白宫的科学顾问乔治·A.（杰伊）·基沃斯［George A.（Jay）Keyworth］就是他推荐的。特勒被任命为白宫科学委员会成员，他建议成立专门的小组评估战略防御的技术基础，随后他加入了这个小组。特勒还为能源部长等高官提供咨询。

即使一位颇受欢迎的总统将战略防御计划作为吸引人的口号，特勒积极投身其中的做法依然令他的同事更加不待见他。里根总统宣称，比起为遭受苏联核武器袭击的美国人民复仇，他更希望能够保护他们免受伤害。1983 年 1 月 20 日，特勒向海军作战司令詹姆斯·D. 沃特金斯（James D. Watkins）作简报。沃特金斯在同特勒会面后用的这句话，也成为里根总统的术语：相比于"确保共同毁灭"策略，更倾向于选择"确保生存"策略。

1983 年 3 月 23 日，里根总统在白宫向一众顶尖科学家面前发表讲话，正式启动战略防御计划，讲话通过电视转播。和特勒一同在场的还有诺贝尔物理学奖获得者、激光的主要发明人查尔斯·汤斯。汤斯的出席极为重要，因为摧毁敌人弹道导弹的主要武器将是高能激光束。总统要求美国科学家建构起能够在"敌人的弹道导弹落入本国或盟国之前对其进行干扰和摧毁"的防御系统。如此一来，他的目标实际上是要令"核武器变得无用武之地"。

实行"确保共同毁灭"策略更重视进攻性武器，而非防御性武器的研发，这一策略已经实现了两个超级大国之间的相互制衡。而新型防御武器的研发可能打破这一平衡，有触发战争的危险。这听起来似乎有些矛盾，但 1983 年美国启动雄心勃勃的战略防御计划时，面对的就是如此局面。

表面来看，里根 1983 年的演讲和罗斯福 1940 年的演讲有些类似，都在号召科学家共同捍卫这个国家的安全、民主和自由。杜鲁门 1950 年公开宣布研发氢弹也有异曲同工之意。但三者也存在不同。1940 年时，战争已经不可避免，而一些科学家已经开始考虑制造原子弹。在一系列实验后很快就确定核链式反应是可行的。而科学家害怕会被希特勒政府抢先制造出原子弹，特别是那些在德国生活工作过的人。1950 年再次出现了高度紧张的局面，当时无论美国是否打算研发氢弹，苏联都决意这么做。但 1983 年的情况不同，没有证据显示苏联正在发展类似于战略防御计划的系统。

美国及其盟国为战略防御计划投入了大量资金，用以支持高新技术研发，这是计划带来的积极结果之一。另一积极结果是，或早或晚，当苏联不得不投入经费时，会发现他们的投入难以与美国匹敌。安德烈·萨哈罗夫考虑过这个问题，并且（在 1988 年）注意到"苏联领导人非常害怕战略防御计划，认为他们无法制造出可以与之抗衡的系统"。苏联的政局已经和以前完全不同。此外，越来越多的苏联人声称要离开苏联，这令苏联领导人相当难堪。当时苏联人的生活水平非常低，各种物资持续短缺。即使苏联社会能够忍受生活水平的进一步降低，但从中节省出来的经费也不足以支持军事技术的发展。

事实上，苏联的技术水平已经远远落后于西方国家，特别是在电子、计算和微型化技术方面。星球大战计划令苏联技术领域的企业面临巨大的挑战，而他们普遍无力应对。但苏联科学家的水平与西方国家同行的差距不大，尽管条件艰苦，苏联仍然在物理学一些分支上取得了长足发展。诺贝尔奖的获得表明，这些发展不局限于纯科学领域的发现，还有一些与技术应用相关。值得一提的是，1964 年，尼古拉·G. 巴索夫（Nikolai G. Basov）和亚历山大·M. 普罗霍罗夫（Alexander M. Prokhorov）因为发明激光与查尔斯·汤斯分享了诺贝尔物理学奖。2000 年，若列斯·I. 阿尔费罗夫（Zhores I. Alferov）与两位美国科学家分享了诺贝尔物理学奖，他的主要贡献是将半导体应用于高速电子学和光电子学，这些研究在 20 世纪 50 年代后期已经开始。然而，苏联缺少将科学成果转化为技术应用的机制，因此无法使这些成果对苏联的生活和生产产生广泛影响。

毫无疑问，米哈伊尔·S. 戈尔巴乔夫领导的苏联对战略防御计划深感忧虑。1986 年 10 月，戈尔巴乔夫在雷克雅未克会见里根时提议和解。他建议两国销毁所有进攻性武器（弹道导弹、轰炸机和巡航导弹），并确保战略防御计划的研究不会投入使用。即便在当下，这一提议听起来也相当具有吸引力。如果能够促成这一共识的达成，那么战略防御计划将成为一项回报可观的投资。然而，美国总统对战略防御计划过分痴迷，拒绝了戈尔巴乔夫的提议。有必要仔细分析这次失败的尝试，以充分了解提出建议和拒绝建议背后的动机。随着苏联的解体，里根赌赢，但他所冒的风险高到令人后怕。

苏联对战略防御计划极为反感。1987 年 12 月，戈尔巴乔夫访问华盛顿时发生了一件很有典型意义的事。里根一家在白宫接待戈尔巴乔夫夫妇，特勒也受邀参加。他走到迎宾队伍时，与赖莎·戈尔巴乔夫（Raisa Gorbachev）亲切地交流了一番，随后轮到他欢迎米哈伊尔·戈尔巴乔夫。当里根总统向这位苏联领导人介绍特勒时，特勒伸出手准备握手，当时的情况大概是这样的：

> 里根说："这位是特勒博士。"特勒伸出手来准备握手，但戈尔巴乔夫只是沉默地站着。里根又介绍了一遍"这位是有名的特勒博士"。戈尔巴乔夫的手垂在身侧，一边说"姓特勒的有很多"。特勒回应道："的确有很多特勒。"说完他离开了迎宾队伍。

特勒后来写道，他感受到了苏联领导人对他的敬意。在这个故事一个略显不体面的版本中，特勒没有伸出手去握手，反而说正是戈尔巴乔夫的举动给了他"不握手的理由"。特勒不断遭到苏联媒体的攻击，1983 年 5 月，里根为特勒颁发了国家科学奖，苏联塔斯社对此展开了猛烈批评。塔斯社形容特勒是"最疯狂的核武器狂热分子之一……被军国主义所蒙蔽，极端的反苏联分子。（他的）研究都在为五角大楼服务"。问题是，塔斯社期盼特勒做些什么呢？任职的最后一天，里根在总统办公室接见了特勒，为他（和其他人）颁发了公民勋章（Citizen's Medal）。

战略防御计划期望实现一系列技术成果，起初最瞩目的是利用高能 X 射线激光束摧毁敌方导弹。最后发现，X 射线激光束无法承载足够高的能量，此时，另一个新的想法出现了，就是所谓的智能卵石（Brilliant Pebbles）：

人们总能想出一些流行词。智能卵石是用电子设备包裹着的小型拦截火箭，它用纯粹的动能来摧毁导弹。当时是劳伦斯利弗莫尔国家实验室在研究这项技术，特勒表达了强烈的支持。但在这件事上，他的角色更偏向于是这一项目的发言人，而非参与研究的科学家。这也解释了为什么他所做的声明和许诺，有时在其他深入参与的人看来有些言过其实和不负责任。到战略防御计划实施的时候，特勒已经完成了从"问问题的科学家向提建议的政治家"的身份转变。他当时一定感到非常沮丧，因为他深知那将是他所做的最后努力。身体原因是一方面，另一方面，里根在执政期间为他营造出了绝佳的行动空间。

威廉·J. 布劳德（William J. Broad）在《特勒的战争》（Teller's War）一书中描绘的一个场景，反映了特勒在里根执政时期的风光。1985 年 9 月 6 日，五角大楼召开了一次会议，会议由负责战略防御计划办公室的主任亚伯拉罕森（Abrahamson）将军主持。会议将讨论如何分配为 X 射线激光束研究追加的一亿美元经费和相关议题。这笔经费计划分给利弗莫尔、洛斯拉莫斯和位于新墨西哥州阿布奎基的桑迪亚国家实验室。三家实验室在会前认为他们分别能得到六千万、三千万和一千万。讨论过程中，亚伯拉罕森将三个实验室列了出来，正准备写上对应的金额，这时爱德华·特勒走了进来，立刻夺走了发言权。他希望将所有的经费都拨给利弗莫尔实验室，他说他有两点理由。其中一个理由涉及了许多因素，是出于长期考量，听起来颇有道理，也符合讨论的主题。但他接着说"第二个理由更加重要"，他停顿了一下，"里根总统告诉我，我可以得到所有的经费"。而在场所有人对此都没有表现出震惊。

查尔斯·汤斯谨慎地认为，总统 1983 年的演讲在技术上是正确的，但过于理想化，所构筑的计划"将令技术界忙碌不已"。在 15 分钟内摧毁来袭的上千颗导弹，其过程中还要排除诱导干扰和电子故障，这无疑是一个雄心勃勃的计划。汤斯意识到，从防御战略计划启动开始，不仅科学界有质疑者，政界也有，但由于总统表示完全支持并下令执行，计划才得以实行。那时，氢弹研制和阿波罗计划都取得了成功，阿波罗计划成功地将宇航员送上月球并安全返回地球。这两个项目令总统相信，金钱、勤奋和知识可以创造奇迹。然而，战略防御计划有所不同，倒不是金钱、勤奋或者知识有所缺失，而是因为计划的目标不够明确，对计划的可行性甚至是合理性都未能达成共识。

随着时间的推移，战略防御计划实际上无法实现预期目标，尽管报道称在某些方面已经取得了进展。渐渐地，即便是那些能从特勒草率的承诺和夸耀中获益的人都感到窘迫，因为现实和特勒的说法之间的距离实在太远了。面临这一尴尬局面的不止特勒一人：和氢弹研发的问题不同，特勒不能被称为战略防御计划之父，不过也不清楚这个头衔应该授予谁，或许是里根总统。考虑到里根的科学和技术方面的背景，这个授予有些荒谬。但在这一实践中，一批年轻有天赋又雄心勃勃的科学家成长了起来，他们似乎找到了如何同时欺骗官员和公众的方法。

浏览过 20 世纪 80 年代关于战略防御计划的文献会产生一个印象，特勒并不是这些事件的主导者，反而更像是囚徒。他仿佛是按照剧本在扮演自己的角色，用出色的能力把角色演绎得淋漓尽致。特勒尽管当时年事已高，但依然活跃。1988 年 7 月 26 日，这位 80 岁的科学家就战略防御计划的众多问题向里根总统、副总统和其他官员作简报。从那之后，欧洲的政治局势发生了一系列变化：柏林墙倒塌，苏联解体，美国及其盟友赢得了冷战，新的世界格局建立，新的危险也伴随而来。1988 年乔治·布什当选总统，1989 年 1 月宣誓就职。他在 1990 年到访利弗莫尔实验室，审查了战略防御计划的部分内容。可惜布什未能成功连任，继任的克林顿总统中止了这项计划。

有批评认为战略防御计划浪费了数十亿美元，营造了虚幻的希望，这样的说法有其道理。而在国际影响方面，尽管效应是间接的，但这一计划也产生了一些积极的影响，苏联对其的忌惮促使他们投入经费，但这些经费又远远无法与美国的投入相比。用汤斯在 1999 年的话来说，战略防御计划最终"退化为以有限的目的作出更为合理的投入"。五年之后被问到同样的问题时，汤斯对这一评价未作任何补充。

特勒以三个问题总结他所参与的政治活动，在这些活动中他和大多数活跃的科学家立场不同。在是否研发氢弹的问题上，他赢了。在是否建立第二个武器实验室的问题上，他又赢了。而对于是否实行战略防御计划，他在回忆录中提到，就此下断言为时尚早。对于他所做的事，在经历更长的时间后，历史自会有其判断。

第六章

身为火星人

      ……我既无法把握维格纳的个性，也无法把握西拉德和特勒的。

                      ——阿伯拉罕·派斯

      在美国生活了 60 年之后，我依然更像匈牙利人，而不是美国人。

                      ——尤金·P. 维格纳

    为了更好地理解火星人们，在这一章中我将回顾他们的主要特征。首先将他们与其他科学家进行一番比较。

比较

    第一组比较的对象是恩里科·费米和利奥·西拉德。费米无论作为物理学家还是作为一个人都堪称完美，他也是 20 世纪最伟大的物理学家之一。此处比较的并非是他们在物理学史中的地位，而是面对外部世界的挑战时作出的不同反应。另一组对比的是奥本海默和特勒，这两人作为科学家更具可比性。他们都是杰出的物理学家，也都为美国的国防作出了巨大的贡献，同时也都是极具争议的人物。他们两人之间存在不可调和的分歧，但在背景上却有着更多的相似性。

❖ 西拉德与费米

费米自始至终都是一名科学家，而在西拉德看来，科学只是他为人类服务的一种手段。这或许是他们之间重要的差别。爱因斯坦在写给罗斯福的重要信件中曾提及与两人相关的实验。他们发现了铀在裂变过程中能够产生足够多的中子，以维持核链式反应，他们合作设计了世界上第一个核反应堆，1955 年他们共同获得了公开的美国专利（遗憾的是，那时费米已经去世）。

两人都在充满爱意的家庭中长大。但费米早年经历过悲痛的变故，他失去了比他大一岁的哥哥。费米和西拉德在物理研究方面都没有特定的导师。不过费米有一个资助人，即物理学家和政治家奥尔索·马里奥·科尔比诺（Orso Mario Corbino）。费米通过阅读书籍自学，逐渐成长为重要的物理学家，他还在罗马大学召集到了一群有才华的年轻同事。费米早年没有遇到什么可以求教的人，直到他参观了欧洲那些拥有著名物理学家的实验室。即便那时，由于他个性腼腆，很难放开自己，因此与这些物理学家的交流也非常有限。西拉德则不同，他在柏林大学求学时就已经与物理学巨擘联系频繁，他毫不畏惧，把握住一切机会与他们交流。

费米从求学时期开始一直是亲手完成所有的工作，而西拉德则习惯于让其他人动手，无论是在大学画设计图还是和费米合作实验时都是如此。雇佣其他人代替自己完成实验，对西拉德来说很自然，但费米却感到难以接受。不过，必须注意：当西拉德认为某个实验极为重要，并且找不到人代替他完成的时候，他就会亲自做实验。他和查尔默斯在伦敦合作研究核物理时，以及在芝加哥大学与艾伦·诺威克共同研究生物学时都是如此。哪怕是极为肮脏的实验，费米都亲自参与，这令他赢得了年轻同事的尊敬，他们都愿意与他一起工作。而西拉德没有学生，也很少有年轻的助手。在这方面，他其实可以做得更好。当诺威克在西拉德询问他是否有意合作一些生物实验时，尽管西拉德让他好好考虑一下，诺威克还是立刻接受了邀请。对于诺威克这样的年轻同事而言，有机会见证西拉德的才能是极具吸引力的；可惜，极少有人能获得这样的机会。比起教授学生，西拉德似乎更适合接受膜拜。不过他令一些年轻科学家的"社会良知得以觉醒"。

（左）美国邮票上的恩里科·费米；
（右）匈牙利邮票上的利奥·西拉德。

　　与西拉德相比，费米的目标更加切合实际。简单来说，西拉德想要拯救全人类；费米则希望取得新的发现，但和爱因斯坦或者玻尔不同，他并未试图实现物理学的统一。费米更乐于分析明确的现象，以深奥艰深的方式运用已知规律作出解释。他也不倾向于任何哲学观念。他似乎善于衡量自己的能力，从而做力所能及的事情。有趣的是，不只是费米，一些真正伟大的科学家都能准确判断自己的能力，并据此设定自己的目标。为避免读者轻视这一点，我们不妨以 20 世纪另一位伟大的物理学家卢瑟福为例，他曾简要地表述过同样的看法，即一个人不应该试图解决困难的问题。当然，在卢瑟福看来算不上困难的问题，对其他人来说依然难如登天。

　　下面列举费米的一些成就，来佐证他的确是 20 世纪物理学领域的巨擘：费米统计、费米–托马斯原子模型、β 衰变的费米理论、慢中子的发现以及第一个核链式反应堆的建造。他以"弱相互作用"命名了一种新发现的力。尤金·维格纳很欣赏费米，但发现他的风格有些过分简单化。他在提到费米关于 β 衰变的开创性论文时写道："这篇论文充斥着质朴的气息，令人不禁想要提出批评，或是作出概括，论文需要一种更为学术的表述。从写作者的角度来看，这种明显的质朴是费米的风格，不能代表他撰写论文时对 β 衰变的掌握程度。"维格纳将他的观察进一步推广并指出，简洁务实以及"愿意如实地接纳人和事"是费米最鲜明的特征。

　　费米于 1934 年秋天发现慢中子，这一发现称得上是核物理发展进程中的里程碑。他和他的同事用快中子轰击了不同材料制成的靶，探测到了由中子诱导产生的辐射。随后，费米决定在中子源和目标之间放置过滤器。一开始他设想用铅箔，并花了一段时间仔细研究铅箔的形状。但在 1934 年 10 月 22 日，意外不期而至，他将手边的一片石蜡———一种烃——用来实验，结果与没有"过滤器"的情况相比，探测到了数倍的辐射。每个人都很疑惑，因为预期的结果应该是辐射减弱而非增强。众人带着疑惑回家吃午饭，然后午休。

在回来的路上，费米想到了一种解释。中子在石蜡中由于碰撞而减速，慢中子的效用更强。当天晚上费米就为他们的发现起草了一份通讯，第二天一早发给了《科学研究》（ *Ricerca Scientifica* ）。费米与合作者共同为发现申请了专利，并用英语撰写了一篇论文。费米为慢中子的发现申请专利的做法有点类似于西拉德为所有的发现申请专利的习惯，不过费米做的远不如西拉德多。20 世纪 30 年代申请专利并不常见，后来才逐渐流行起来。费米这么做是因为他看到慢中子的长远效益。每当有新的解释或想法时，费米在确信自己完全正确之前一般不会表露出来。他们发现慢中子时，费米在告诉同事自己的解释前，其实做过一些计算，但直到多年以后他才告诉其他人这件事。

费米在发表论文方面有明确的策略，但西拉德没有。在意大利的那些年，费米尽可能多地发表论文，希望以此来确保自己获得晋升。虽然他用意大利语发表了许多论文，但最好的那些是用德语发表的。西拉德极少发表研究成果。一旦取得专利，他不会发表新成果，而是直接转向其他研究，完全不考虑通过发表论文来进一步挖掘新发明或新发现的价值。

费米在罗马工作期间达到了同年龄段的人难以企及的高度，26 岁时他就成为罗马大学的物理学教授。他出版过基础物理学教材，开设的讲座也广受欢迎。而西拉德则没有耐心向业余听众解释概念或现象，即使在迫切想要说服这些人的时候同样如此。诺贝尔奖得主唐纳德·格拉泽曾在马萨诸塞州的伍兹霍尔待过一段时间，当时西拉德也在那里推动宜居世界运动。在一次会议上，西拉德向在座的科学家和当地民众阐述他的想法。人们提出问题，西拉德给予解答，但渐渐地他就失去了耐心，终于对着一个提问者说出："你这个笨蛋，你什么都不懂。"据格拉泽说，西拉德羞辱了一个又一个提问者，直到最后情况实在太糟糕，不得不请格拉泽接替他主持会议。

西拉德出了名地乐于传播自己的想法又不求回报，而费米不喜欢为学生和助手分配研究任务。他更乐于帮助他们独立开展研究，不过他曾向埃米利奥·塞格雷（Emilio Segre）透露，他只是不知道应该提出怎样的建议。费米对待学生和助手友好得恰如其分，从不会表现刻薄，也不至于过分周全。

费米的研究细致而有系统性，和西拉德大胆的风格大相径庭。他认为做研究："必须记录实验数据，收集实验数据，整理实验数据，之后着手提出有用的假设，尝试验证相关性等，直到最终得出规律。研究者要做的就是甄选出结果。"费米倾向于亲自验证假设后再将结果告知其他人。特别是当提出的假设会对最终结果产生影响时，他显得极度谨慎。不过他也明白，这样的谨慎可能会错失一些重要的发现。费米充分意识到了在大胆创新和坚持传统之间取得平衡是极为艰难的，而他从未让自己的犹豫不决影响其他人，这一点值得赞扬。

费米及其合作者用中子轰击铀使其发生反应，他们认为反应产生了新的超铀元素，这个错误的认识直到多年以后才被另一项不相关的研究发现。费米和助手预想这种新的超铀元素会和铼、锇、铱、铂一样应该有相同的性质（这是当时大多数核物理学家都会有的想法）。后来发现这些超铀元素构成了第二类稀土元素。

费米原本有机会在1934年发现核裂变，但他并未想过这件事。这令人有些意外，因为德国科学家伊达·诺达克（Ida Noddack）一直在考虑分裂重原子的可能性，她曾向费米发出过警告。诺达克给费米写过一封信，但没有什么用。其中存在双重失误：一方面费米错误地认为自己发现了一种新的元素，另一方面他错过了原本可以发现的核裂变。科学家在研究过程中犯错是正常的，但略显讽刺的是，谨慎如费米也会犯如此重大的错误。虽然对当时的科学家来说，这是一个很容易会犯的错误，用重大来形容有些过分。但若以事后之见来看，如果当时费米对实验作出了正确的解释，就意味着起关键作用的核裂变能够更早被发现，比后来的哈恩（Hahn）、施特劳斯、迈特纳和弗里施要早四年之久。

尽管费米如往常一般对实验得到的结果持谨慎态度，但科宾诺（Corbino）大胆地在意大利公布了新超铀元素的发现。法西斯媒体和国际媒体都大肆报道了这些（错误的）发现。费米在意大利广受赞誉，他的发现被视为墨索里尼统治的伟大胜利。人们提议用古代的意大利姓氏 Ausonium 和 Hesperium 命名这些新元素。在 1938 年 2 月的诺贝尔奖颁奖典礼上，费米在获奖演说和讲座中都提到了这两种新元素的发现以及它们的名字。不过，在核裂变发现后不久，费米在印刷出版的诺贝尔讲座资料中添加了一条脚注，表示新的发现表明应当重新审视"超铀元素的所有相关问题"。

尽管有科宾诺极力游说，费米仍未能入选意大利科学院（Accademia dei Lincei），不过他获得了另一项殊荣。墨索里尼因为一些原因对意大利科学院不满，于是这位独裁者（在未告知原科学院的情况下）创立了一个新的科学院（Accademia d'Italia）。墨索里尼为新科学院院士提供了极高的薪酬、头衔、华美的制服和其他特权，而费米是墨索里尼钦点的院士（而非通过选举加入）。费米对此非常满意，不过他在后来的岁月里对学术团体的会员资格和其他荣誉兴趣寥寥。多提一句，西拉德从未在德国获得过类似的认可，更别提在匈牙利的时候。

西拉德意识到一个地方有危险时就会立刻离开，而且他通常能比其他人更早发现危险，而费米在 20 世纪 30 年代全球和意大利局势不断恶化的时候，却选择了埋头工作。费米不是犹太人，要不是娶了一位犹太妻子，他很可能会选择留在意大利。塞格雷在描述费米对意大利政治局势的态度时略有一些保留。费米很显然不是法西斯分子，但在意大利时也从未明确反对法西斯。他来自一个中产家庭，家中多为公务员，这个阶层的人尤其受到墨索里尼和法西斯统治的蛊惑，沉迷于虚幻的荣耀之中。费米足够理性，没有受到这些事情的影响，但在他身边只有科宾诺会提出一些建议。科宾诺不是法西斯分子，但他为墨索里尼早期的联合政府工作过。在受到切身影响之前，费米一直试图忽略周围这些事。在费米一家最终选择离开意大利时，他已经获得了 1938 年的诺贝尔物理学奖，并且在美国顶尖大学得到了一份工作。这和西拉德的情况大不相同，无论是从德国前往英国，还是后来从英国前往美国，西拉德的经济状况一直缺乏保障，也没有诺贝尔奖的荣誉加身，更没有找到合适的工作。

费米不会主动挑起大的纷争，也尽力避免投身毫无希望的事情。这和西拉德又形成了鲜明对比。费米在面对巨大的挑战时会选择退让，而西拉德似乎乐于接受挑战，迎难而上。费米对物理世界之外的事情不太感兴趣。在美国期间，他在政治上不算是坚定的党派拥护者，虽然提及党派时他会说自己是共和党人，但在选举时他会为独立候选人而非共和党候选人投票。

与在政治上的保守相比，费米在科学上的保守做派更为明显。在超铀元素的问题上所犯的错误一直萦绕在他心头。但最能反映费米行事保守的故事，恰恰与西拉德的保守完全相反。西拉德曾提到，在一次会面时，他和伊西多·拉比一起与费米讨论核链式反应可能会导致原子弹的发明。讨论过程中，费米始终认为利用铀实现链式反应的"可能性很小"。他说这句话的意思是这件事有十分之一的可能成真。在费米看来，十分之一的可能性意味着这件事"不太可能"发生。

而在西拉德和拉比看来，十分之一代表着很大的可能性，用拉比的话说，这件事如果发生，"我们都会死"。在这件事里，费米的保守属于就事论事，西拉德和拉比则是考虑到了事情可能产生的一系列后果。如果考虑这些，那么十分之一的可能都值得认真对待。至少在两人看来，面对这些后果时，为此做好准备才是稳妥的应对。在费米眼中十分之一的可能意味着这件事不是当务之急，而西拉德（这里还有拉比）则将其视为真实存在的危险。

费米成年后经历了墨索里尼的法西斯统治，但那时的法西斯主义还没有暴露出残暴的一面。西拉德则是经历了匈牙利残暴的极权统治，亲历了德国纳粹的崛起。后者对西拉德的启发极为深刻，希特勒及其党羽在很多年里都没有引起其他人的重视。即便是许多聪明人都认为希特勒统治德国是一件"可能性很小"的事情，更别说他能赢得国会选举。西拉德由此领悟到，那些看起来不太可能发生的事情也需要严肃对待。这是他的保守。用他的话说，

"我们都想保守行事，但费米认为的保守是忽略事情发生的可能性，而我则认为应该假设它会发生，并做好必要的预防措施"。

我们以事后之见可以体会到西拉德所预见的一切。但在 1939 年，费米的想法才是主流的，西拉德显得格格不入。而费米作为从意大利法西斯手下流亡出来的人，对核链式反应尚且只感到一丝丝恐惧，可以想象，美国本土的物理学家更不会有多少忌惮。尽管二战的冲突已经逐渐影响到了当时尚处中立的美国，但那时大多数美国物理学家参与的战争研究主要集中在雷达方面。

拉努埃特认为，西拉德和费米对待"可能性很小"的事件的态度差异，来源于他们对生活和科学两者关系的不同理解。于费米而言，科学就是他的生活。而在西拉德看来，科学是谋生的工具，因此他对政治和个人生活可能的变化都极为敏感。费米始终不相信裂变能发展出链式核反应，并用其制造出炸弹，而对他来说，只有深信不疑才能付诸行动。不同的是，即使可能性微乎其微，西拉德都认为应当进行验证。塞格雷写道："西拉德和费米在个性、工作习惯、人生态度等许多方面都截然不同。他们彼此敬重，但基本上无法合作开展实验。"此外，费米在其他人的推动下，同意为海军代表讲解实现核爆炸的可能性（但不会引起严重的后果），但西拉德则认为他有责任向美国总统发出警告。

在对待是否向日本投放原子弹的问题上，同样能看出费米与西拉德迥异的行事作风。两人在这件事上持不同的观点。那时西拉德几乎已经退出了曼哈顿计划。他和另一些人一起积极发声表示反对，他还协助组织请愿，发动其他人加入。他们希望在使用原子弹之前应该先向日本政府展示核武器的破坏力。费米当时为一个临时委员会提供咨询，这个委员会将向杜鲁门总统提交最终决策建议。作为其中唯一一名移民科学家，费米要对如此重大的事件发表看法，难度之大可想而知。委员会无人反对使用原子弹，反而是积极支持。战后，当讨论原子能相关事务应当由军方还是民用组织掌控时，费米与奥本海默和劳伦斯的看法一致，认为应当由军方控制。这一态度令熟悉费米的人感到惊讶。西拉德则认为原子能应当转为民用，并积极游说各方。

他坚信原子能事务事关重大，必须脱离军方的掌控。

费米和西拉德的个性也不同。西拉德很有远见，而费米不同。西拉德预见到了核武器的前景，预测在几年内就能制造出来，费米起初估计的时间要长得多。西拉德很早就意识到，核物理研究可能造出新型炸弹，因此保密工作极为重要。但费米一开始对西拉德提议保密的做法感到恼火。在军方承诺提供经费支持，但经费又迟迟不能到位时（这发生在曼哈顿计划启动前），费米建议按兵不动：他选择接受现状，但西拉德做不到。西拉德不满足于做被动的旁观者，他想要尽力促成事情的发生。不过，当经费到位时，费米认真地重启了他的实验。西拉德热情活跃，而费米个性务实。在完成实验前，费米通常不会去考虑后续的影响，而西拉德每走一步都会将影响纳入考量。

拉努埃特还找到了两者更为重要的差别。西拉德乐于挑战传统，挑战一切权威和权力象征，敢于独自发起战斗；费米则是一个合作者。西拉德有冲劲，有胆识，会凭直觉行事；他能达成最初预想的结果，而且具有高度的原创性。费米做事有条不紊，更乐于与人合作，能够高度专注于手头的任务。

如果把西拉德换成费米，那或许美国就无法造出原子弹，也不会启动曼哈顿计划，又或许直到德国人制造出原子弹之后，美国民众才会知晓这一切。氢弹的研发想必也是同样的结果。不过这些只是针对项目的启动而言的。一旦项目开始，费米全情投入到了其中。尽管他在1949年时极力反对仓促地启动氢弹研制项目，但当杜鲁门总统1950年宣布推进氢弹项目后，费米当即选择加入，返回洛斯阿拉莫斯投入工作。

西拉德本人从未提起过他和费米之间的这些不同，他总结说："费米是一位纯粹、不折不扣的科学家。"费米生活在一个世界中，而西拉德则同时生活在两个世界中。在其中一个世界里，他努力预测会发生些什么，科学是这个世界的一部分。在另一个世界里，他撇开这些预测，一心为实现他心中所想而奋斗。很显然，第二个世界对西拉德而言尤为重要，但却从未出现在费米的生活中。西拉德认为是"教育经历中的一些偶然"促使他意识到第二个世界的存在。从一开始，在面对即将到来的战争时应该采取怎样的行动这一问题上，费米和西拉德就完全无法达成共识。但西拉德曾精辟地提到"如果这个国家要感谢我们——或许她不会——那一定是因为只要有需要,我们一定和她一起坚持到底"。因此,西拉德也承认,对于那些没有意识到第二个世界存在的人来说,能够按照西拉德的方式与他合作将是非常了不起的成就,而费米正是这样的人。

我以费米和西拉德有相同感受的事情来结束两人之间的对比。在提到奥本海默的听证会时(下一节会提到),费米评论说:"他们攻击了他,却放过了为人不错的贝特。现在我们必须站在奥本海默这一边!"费米出席了听证会,他在证词中表达了对奥本海默完全的信任。西拉德也感到,如果特勒攻击奥本海默,那么他有责任站出来为其辩护。这是非常微妙的状况。西拉德虽然欣赏特勒,但无法认同他的做法,而所支持的奥本海默是他认同却不太喜欢的人。在这件事中,费米和西拉德都感到,应该保护奥本海默[1]使其不受特勒的伤害。

❧ 特勒与奥本海默

特勒和奥本海默的人生存在着重大的交错。1954 年,特勒出席奥本海默安全听证会并作证,这件事在他此后的岁月里挥之不去,他的名声每况愈下。但这件事对奥本海默的影响却不大,因为即使没有特勒极具伤害性的证言,他的安全审查也绝无可能通过。特勒的证言导致他本人经历了人生的第三次流亡,但这一次他遭到了美国物理学家群体的排斥完全是自作自受。他经历的前两次流亡都没有对他的科学生涯产生负面影响,但第三次则不同,自 1954 年以后,他与其他物理学家交流的机会大大缩减——而这正是他从事研究的主要方式。接下来的讨论比较简短,有许多出色的文献详细记述了奥本海默以及那次听证会的细节。我在这里只聚焦于奥本海默与特勒形成对比的生活和活动,以此来帮助我们理解两人之间冲突的重要意义。

尤利乌斯·罗伯特·奥本海默 1904 年出生于纽约一个无宗教信仰的犹太家庭。他的父亲是德国移民,母亲则出生于巴尔的摩。他们生活在纽约上西

---

1. 此处原文为"特勒",疑误。——译者注

区一个环境良好的社区中。他们都不说意第绪语，考虑到自己的希伯来裔身份，他们渴望能够尽快融入美国社会，同时也想要保留一些犹太传统。美国社会从 19 世纪末延续到 20 世纪中叶的反犹太浪潮主要表现为种族歧视。对此，比起众多还在为生存奋斗的犹太人，那些胸怀大志、层次较高的犹太人感受更深。虽然匈牙利也时不时会掀起更残酷的反犹太浪潮，但犹太学生总是能进入最好的中学学习，公立学校或教会学校都是如此。而在美国，对犹太人的歧视不仅存在于酒店和度假区，也存在于学校中。这样的歧视一直延续到 20 世纪 40 年代，受到影响的不仅有犹太裔学生，还有犹太裔教授。例如，伊西多·I. 拉比是哥伦比亚大学的第一位犹太裔教授。

歧视的持续存在迫使犹太社区寻求解决的方案，道德文化社团（Ethical Culture Society）创办的杰出学校就是解决方案之一，奥本海默也在那里上学。道德文化社团是一个宗教团体，面向那些既不信仰犹太教，也不愿意成为无神论者的人，这些人希望通过遵循高尚的道德准则来获得内心的安宁。"年轻的罗伯特早慧耀眼，但缺乏自信"，纽约的道德文化学校"对他来说再合适不过"。他童年时鲜有朋友，一直很难与其他人相处。这一点和特勒很像，他的母亲保护欲很强，所以他很少有机会和同龄人相处，因此童年时也没什么朋友。特勒上学后又遭到同学的取笑，他付出了巨大的努力才摆脱这些，交到了一些朋友。这或许能解释为什么他如此珍惜友谊，以及为什么在失去朋友后会感到如此痛苦。特勒和奥本海默都很喜欢写诗，两人后来的人缘都很好，也都努力维系人际关系。

特勒和奥本海默都曾前往德国求学，并在那里获得博士学位。但有一点不同，奥本海默选择去德国是顺应当时的潮流，而特勒则是不得不去。奥本海默在德国和欧洲其他国家待过数年，其间美国公民的身份为他提供了一个安全的归处。而对特勒来说，他必须在德国长久地立足下去。奥本海默没有将所有的时间都投放在物理上，他还学习梵语，对其他人文学科也有兴趣。而特勒除了偶尔会弹钢琴或和同事打乒乓球之外，几乎将全部精力都放在了物理上。

没有证据显示特勒曾因为犹太身份而感到不安，即使在匈牙利时期同样如此。他虽然没有上以犹太人为主的学校，但他的朋友都是犹太人。奥本海默则不同，他一直对自己的犹太身份耿耿于怀。据伊西多·I.拉比说："奥本海默虽然是犹太人，但他一直希望自己不是，也尽力装作不是。"尽管限制政策在哈佛大学等高等学府推行，但有着出色学术能力和良好经济条件的奥本海默依然顺利进入了哈佛，不过他仍然因为配额指标的存在而感到被孤立了。

奥本海默和特勒对政治的兴趣都出现得比较晚。奥本海默在20世纪30年代中叶才形成了强烈的左倾思想，他主要关注解决德国犹太人的困境以及支持西班牙共和国等议题。虽然他很多年来都没有留意到大萧条的影响，但还是对美国的经济状况深感失望。他后来这样总结自己政治态度的形成："对于德国对待犹太人的做法，我的内心一直深埋着怒意。我有亲戚在那里……我亲眼看到了大萧条对我们的学生产生了怎样的影响……通过他们，我逐渐体会到政治和经济对人们的生活影响之深。"由于朋友的关系和个人的兴趣，奥本海默积极参与到共产主义的前线组织中，但没有证据显示他曾经加入过共产党。

奥本海默1925年从哈佛大学毕业，同年前往英国剑桥大学开始了研究生学习。他在剑桥再一次感到难以融入其中。剑桥大学之于奥本海默，如同柏林大学之于维格纳和西拉德，莱比锡大学之于特勒。不过，与奥本海默在哈佛毕业之后所经历的相比，匈牙利物理学家离开布达佩斯后经历的变故要大得多。奥本海默在剑桥遇到了厄内斯特·卢瑟福、J. J.汤姆孙、尼尔斯·玻尔、保罗·埃伦费斯特、帕特里克·M. S.布莱克特等人。与著名物理学家的相遇在帮助他提升研究水平的同时，也在一定程度上削弱了他的雄心壮志。刚到剑桥开始学习时，他不得不完成枯燥的课程作业和实验室练习，那时量子力学已经建立，这个革命性的理论正是由一群比他大不了几岁的人创立的。

和特勒的研究经历类似，奥本海默的第一个项目属于分子物理领域，他的研究成果对分子物理产生了长远的影响。他在剑桥遇到了马克斯·玻恩，玻恩邀请他前往格丁根大学，他们在那里合作取得了不少成果，其中之一就是著名的玻恩-奥本海默近似。如今每个化学物理或物理化学专业的学生都会学习这一内容。然而，奥本海默终究没能赶上量子力学的诞生。他和特勒等人都不得不接受自己只能研究海森伯、玻恩、狄拉克和薛定谔等人遗留下的部分。

1927 年，奥本海默在格丁根大学取得了博士学位，那一年他 23 岁。特勒于 1930 年 1 月在莱比锡大学取得博士学位时，还不到 22 岁。他们的研究生涯可以算得上是并驾齐驱。这里必须提到，在美国博士是"最高学位（terminal degree）"，而在德国还有称为特许任教资格的第二类博士学位，是在大学取得教职或成为教授的必要条件（现在同样如此）。

1927—1928 年，奥本海默同时在加州理工和哈佛大学工作。之后在 1928—1929 年，他前往了欧洲各个物理研究中心。在苏黎世和沃尔夫冈的合作对他产生了深远的影响。1929 年，他前往加州，同时在加州大学伯克利分校和加州理工两所学校工作。他选择去加州完全是出于兴趣：作为生长于美国东部的研究者，他最后还是回到了普林斯顿大学，不过那时已经过了他研究的鼎盛时期。相反，特勒只有在认为有必要的时候才会前往某个地方。

奥本海默的傲慢或许来自他深藏的不安全感。即便是性情温和的马克斯·玻恩也会设法制止奥本海默在研讨会中粗暴地打断发言者。在玻恩看来，奥本海默"才能卓著，但他对自己能力的认识以令人难堪的方式表现出来，还时常引发麻烦"。奥本海默后来还有一个重要的负面特征，这个特征即使在他职业的鼎盛时期也一直存在："在他极富魅力的外表之下深藏着巨大的不安全感，导致他表现出与年轻和身份不符的自大和时不时的暴躁。"

从 20 世纪 30 年代中叶起，美国和德国之间的科研关系骤变。科学研究，尤其是物理的研究重心转移到了美国。这一变化主要体现在两个方面。一个方面是激发了美国的雄心壮志，这个国家罕见地动用了举国之力，仿佛强化物理研究成为这个国家的当务之急。理论物理的地位变化尤其明显，在此之前，人们对理论物理的兴趣和尊重远不及实验物理。类似地，应用工程学的地位也比其背后的数学基础高，这一局面的改变很大程度上是由于冯·卡门的作为。变化的另一个方面是欧洲的人才突然间大量涌入美国大学，其中大多数是犹太人。

奥本海默在加州受到了见多识广、雄心勃勃的学生喜爱，不过他还是会时不时拿学生开玩笑。他有魅力又很自大，眼高于顶又受人青睐。对于那些能力不如他的人，他表现得不太友好，对研究生教学也兴致寥寥。在伯克利时，奥本海默有能力也有机会同时与20多位学生和博士后一起工作，向他们建议有趣和有挑战性的研究问题。

奥本海默对提升美国理论物理的研究水平作出了巨大贡献。用汉斯·贝特的话说，就是"美国的理论物理得以从欧洲的附庸提升到世界领先水平，他比任何人做得都多"。奥本海默的学生和同事中至少有三位后来获得了诺贝尔奖，他们是朱利安·施温格（Julian Schwinger）、威利斯·兰姆（Willis Lamb）和卡尔·安德森（Carl Anderson）。当然，要建立一所杰出的学院不可能仅靠一位顶尖科学家，无论他多有魅力都不够。奥本海默还代表了科学研究的潮流，他吸引了众多的访问者，启动了一个激励性的研讨项目。其中一位受邀者就是爱德华·特勒。

与奥本海默不同，特勒善于演讲，很受欢迎。不过，他在乔治·华盛顿大学担任物理学教授时，没有像奥本海默在加州大学那样着手建立一个学院。特勒更乐于一次和一个人合作。二战之后，他又在芝加哥大学任教了几年，但也没有在那里建立学院。而奥本海默在战后从未试图重启学术研究。

若将科学家分为钻孔者和挖掘者，有助于评估奥本海默和特勒作为研究者的价值。钻孔者会投入很长的时间钻研同一个问题，甚至终生都在孜孜不倦地深挖。而挖掘者则相反，他们会从一个问题跳到另一个问题，在多个科学领域有所建树。从这个角度来看，奥本海默和特勒都是挖掘者。两人都涉足过可以作为长期研究项目的问题，但也都未在某个问题上展开持续研究。不过，他们曾参与过的研究都取得了不俗的成绩。

奥本海默对物理学，包括天体物理学都作出过重要贡献。一些评论者认为，如果他活得更久一些，有可能因为在中子星和黑洞方面的研究而获得诺贝尔奖。而约翰·A. 惠勒为黑洞命名比奥本海默的研究晚得多。还有评论认为，奥本海默和其他人还有机会因为发明所谓的重正化而获得诺贝尔奖。基本粒子质量和电荷量的实验测量值是有限的，而理论上是无穷大，通过重正化可以解决两者之间的矛盾，使其达成一致。

奥本海默从 20 世纪 30 年代后期开始逐步从政治活动中退出，不过即便是 1939 年苏联与德国签订了互不侵犯条约之后，他也没有和那些加入共产党的朋友断绝往来。但他和这些朋友的观点不同，在从条约签订到纳粹入侵苏联的这段时间里，共产党希望美国不要干预两国之间的事务，而奥本海默则认为美国应当出手干预。而在德国对苏联宣战后，共产党转而认为应当全力支持沦为侵略受害者的苏联。

奥本海默的个人经历令他很容易对犹太难民的困境产生共情，他同时也很关心西班牙的国情。他的传记作者认为他的适应能力非常强。20 世纪 30 年代中叶，奥本海默很顺利地从一位象牙塔中的教授转变为左翼活动家。而在他加入曼哈顿计划时迎来了第二次转变，他放弃了与左翼团体的联系。这段时期也正是特勒阅读了《中午的黑暗》，完成政治转变的时间，不过特勒的转变不如奥本海默那般剧烈。奥本海默不是个性很强的人，对于过去参与过但令权威人士不满意的事件，他会尽力设法弥补。他总是渴望证明自己，因此（他后来自己说）时不时会显得像个"傻瓜"。格罗夫斯将军和其他人曾告诫他，如果必须在朋友和国家之间二选一，他应该站在国家这边。而他的不幸在于，尽管他没有必要做这样的选择，但他却人为地选择了，后来的事件将证明这一点。

格罗夫斯在 1942 年秋天认识奥本海默。他们共同讨论将原子弹计划的最后阶段工作汇总到一处完成，这个地方后来选在了洛斯阿拉莫斯。格罗夫斯非常欣赏奥本海默，希望他能出任新实验室的负责人。这对他来说是一个重要的人事安排：他加入曼哈顿计划前，其他实验室的负责人都已被委任。

尽管格罗夫斯属意奥本海默，但新实验室的任务是制造一颗炸弹，这就需要解决大量的实际问题。奥本海默不仅不是这方面的专家（当时其他人也都不是），甚至不是实验物理学家。与格罗夫斯交流过意见的人"对奥本海默担任新实验室的负责人的提议都没多大热情"。而且奥本海默也缺少管理经验。最重要的是，他过去的左翼身份构成了安全风险。但格罗夫斯还是驳回了其他人的质疑，坚持任命奥本海默为洛斯阿拉莫斯实验室的负责人。格罗夫斯在1962年写道，"我从不认为在战时对奥本海默的任命以及通过他的安全审查是一个错误"，当时奥本海默的安全审查已经被驳回。但在1954年听证会期间，当格罗夫斯被问及，依据现行的规定是否会通过奥本海默的安全审查时，他负责任地表示不会通过。有观点认为，格罗夫斯当时之所以选择奥本海默，是认为能够以他过去的政治经历作为牵制，令他始终处于自己的控制之下。一位身居要职的重要人物有如此想法多少有失颜面，但格罗夫斯的确非常务实，他一心只想完成任务。

理论上来说，奥本海默过去的左翼政治经历在1942至1943年间不应该阻碍他通过安全审查。当时的苏联是美国的盟友，在与纳粹德国的生死战斗中作出了巨大的牺牲。可惜，当时在美国国内已经有一部分人（约翰·冯·诺伊曼就是一个很好的例子）相信，长远来看，苏联将成为比纳粹德国更为可怕的敌人。当然，无论怎么说，认定左翼科学家会威胁到美国的国家安全是一种简单粗暴的做法。和与战争相关的其他科研项目比，原子弹计划启动更晚。因此在洛斯阿拉莫斯有不少左翼科学家，甚至是前共产党员的加入，这些人此前都未参与过其他战争项目。

特勒和奥本海默欣赏彼此的才华，因此一开始两人的关系非常融洽。然而，两人在1942年秋天一同前往纽约时，发生了一个意外。那时，军方已经接手整个曼哈顿计划，莱斯利·格罗夫斯被任命为总负责人。奥本海默曾向特勒抱怨与格罗夫斯共事的经历："现在不管格罗夫斯提什么要求，我们都必须合作。不过总会有我们不得不改变，不得不拒绝军方的时候。"而特勒认为不应该拒绝军方，他也向奥本海默表达了自己的看法。从那时起，两人的关系逐渐变冷。和特勒早期的交往也体现了奥本海默矛盾的行事风格。

1943年1月或2月的时候，两人都还在伯克利，奥本海默一家在家招待他们的朋友哈康·希瓦利埃（Haakon Chevalier）和太太芭芭拉（Barbara）。这对夫妇是左派人士，此次与奥本海默的简短交流将对他们的人生产生不小的影响。一种传言称，希瓦利埃告诉奥本海默，一位名叫埃尔滕敦（Eltenton）

的英国化学工程师愿意将美国战争项目的技术信息传递给苏联。奥本海默听后立刻表示，自己不会参与此类交易。当时的真实情况无人知晓，多年来奥本海默都是另一种说法。他们之间的谈话既可以理解为希瓦利埃对朋友的警告，警告他这类交易的危险性，也可以理解为希瓦利埃在试探奥本海默是否愿意参与交易。不过，这里重要的不是希瓦利埃的动机，而是奥本海默的反应。看起来他果断地拒绝了这一想法，并且他也从未真正因为参与此类交流而受到指控。

1943年3月，奥本海默已经前往洛斯阿拉莫斯开始管理这一前所未有的项目，他全情投入其中。他原本同意将整个实验室作为军方机构而非民用机构，所有的科学家都被授予军衔。不过，有科学家反对这一安排，最后双方达成妥协：在洛斯阿拉莫斯工作的科学家不必遵守军队纪律，但会采取严格的安全管理措施，奥本海默将会"高度积极配合"他们。

尽管格罗夫斯非常信任奥本海默，但安保人员仍然不信任他。他走到哪里都有人跟随监视，他的电话被监听，一举一动都被记录在案并仔细分析。安保人员一直都怀疑奥本海默可能为苏联窃取原子弹的机密信息。在洛斯阿拉莫斯的研究启动后，仍不断有人建议取消他的任命，并免去他的一切政府职位。即便如此，奥本海默始终专心工作，抓住一切机会证明自己的忠诚。

与希瓦利埃交谈后过了八个月，奥本海默向安保人员告发了埃尔滕敦，但没有提及希瓦利埃。他在向（负责讯问他的）安保长官诉说时，似乎还添油加醋了一番，他说一共有三个人参与了向苏联提供情报的交易，但拒绝说出参与人的姓名。除了埃尔滕敦，他没有提到过其他人的名字，甚至这些交易可能从未发生过。这件事在1954年的听证会上再次被提出，奥本海默在被问及为什么要夸大希瓦利埃的行为，他的回答令人震惊，他说自己是个傻瓜。他后来修改证词或许是为了保护其他人，包括他的兄弟夫兰克，这就无从知晓了。虽然奥本海默拒绝主动说出希瓦利埃的身份，但他告诉格罗夫斯，如果将军命令他，他会说出来。格罗夫斯没有这么做。

然而，情报人员持续向奥本海默施压，要求他说出人名。在原子弹计划紧锣密鼓地展开，奥本海默惜时如金的时候，也不得不接受情报人员长时间的问询，不过没有任何迹象显示奥本海默本人对于这些问询表达过抗议。奥本海默在问询中受到了羞辱，尤其是要求他说出洛斯阿拉莫斯工作人员所属的党派信息，而他也没有拒绝情报人员要求他收集相关信息的建议。这对奥本海默和安全保障而言都十分难堪，对后者尤甚，因为从事后之明来看，他们确实阻碍了原子弹计划的成功实施。而同时，他们也没能发现克劳斯·福克斯的间谍活动，福克斯是英国派遣来参与计划的物理学家，他的间谍身份直到战后才曝光。回到英国后，德国流亡者福克斯"从未隐瞒过共产党员的身份"。

　　安保人员坚持调查奥本海默，到了 1943 年 12 月，格罗夫斯将军感到他有责任"命令"奥本海默说出希瓦利埃的名字。直到 1954 年，希瓦利埃才得知他为什么会被列入黑名单，为什么会失去工作和公民身份，而在此之前奥本海默一直维系着与他之间的友谊。后来，奥本海默称自己捏造的证词是一个"荒诞无稽"的故事。遗憾的是，希瓦利埃并不是奥本海默唯一背叛过的朋友。

　　最出名的是关于伯纳德·彼得斯（Bernard Peters）的事情。彼得斯是名德国犹太人，他可能加入过共产党，也可能只是共产党的支持者，他早年因参与对抗纳粹遭到逮捕，被关进了德国第一集中营——达豪集中营。他的母亲贿赂了一些官员，成功将儿子转到了城市监狱。他最终被释放，随后逃到了美国。彼得斯在宾夕法尼亚大学跟随奥本海默攻读博士。由于未通过安全审查，所以他无法参与洛斯阿拉莫斯的研究，但战争期间他一直在伯克利工作。安保人员在战争期间问询奥本海默时，他给出了对彼得斯不利的证词。他甚至以彼得斯曾对抗纳粹为由，说他个性暴戾，还认为他"狡诈地"从达豪集中营逃脱是一个污点。

　　奥本海默与安全调查员的交锋是他在曼哈顿计划时期的人生阴暗面，而作为洛斯阿拉莫斯负责人的身份则是光明的一面，无论是朋友还是同事都毫无保留地称赞他的表现。他既能时刻关注大局，也善于处理细节问题。他积极鼓励其他人，同事们的工作不仅是为了实现远大的目标，也是为了获得他的认可。菲利普·M. 斯特恩（Philip M. Stern）在《奥本海默事件》（*The Oppenheimer Case*）中对比了奥本海默和特勒。特勒"健谈、善交际"，奥本海默"安静、内向"。特勒"言谈和思想都有些不切实际"，奥本海默"在这两方面务实得多"。

他们两人的个人生活也千差万别。特勒在少年时就遇到了太太米丝，两人相伴一生。他曾在与同事迈耶夫人的书信往来中痛苦地剖析自己，但两人只是灵魂伴侣。奥本海默年轻时与女性的关系有些纠缠不清。有时他与女性的关系也不太稳定：他与未来的妻子开始交往时，她还没有离婚，而婚后，他又认为自己有责任安慰一位早前相识的女性。

1945 年 4 月 12 日，哈里·杜鲁门在当选美国总统后得知了原子弹计划的存在，又立刻面临计划后续的部署问题。他成立了一个临时委员会，还为委员会配备了由四位专家组成的科学咨询组，除了奥本海默外，另外三位都是诺贝尔奖得主。临时委员会讨论的核心议题是，是否应该在做出必要的演示前直接向日本投放原子弹。奥本海默的同事可能希望他反对在演示前投放，但最终他并没有反对。他劝服特勒不要在西拉德的请愿书上签名，还要求他不要将请愿书传给洛斯阿拉莫斯的其他科学家。他没有告诉特勒的是，他知道这些事远比特勒以为的还要早。

随着二战的结束，在见证了原子弹投放在日本造成的巨大破坏力之后，洛斯阿拉莫斯的科学家建立了一个联盟，推选出一个委员会起草声明，表达对核武器未来发展的担忧。这个委员会有四名成员，分别是汉斯·贝特、杰罗尔德·撒迦利亚（Jerrold Zacharias）、弗兰克·奥本海默（Frank Oppenheimer）和爱德华·特勒。以现在的视角来看，特勒和弗兰克·奥本海默同属一个委员会是一件不可思议的事情。特勒在回忆录中从未提及这个联盟和相关的行动。

洛斯阿拉莫斯的科学家视罗伯特·奥本海默为与外界特别是华盛顿官员沟通的代表。但这一次，他更多地站在了政府的一边，而非科学家的一边，1945 年 11 月，奥本海默离开了洛斯阿拉莫斯。就在此前不久，他还恳请科学家们继续留在实验室工作，特勒因此感觉遭到了他的背叛。

奥本海默辞去洛斯阿拉莫斯实验室负责人一职时，他被视为伟大的国家英雄，同时也是一位杰出的专家。他还受邀前往国会，为核事务应当归军方还是民间管辖作证。奥本海默的表现一如以往："他的发言令国会议员都认为他赞成议案，而在场的物理学家则一致认为他在表达反对。"

1946 年，新的民间核能组织成立，1947 年投入运行。在由五人组成了原子能委员会之外，还配备了由九位科学家组成的总顾问委员会，奥本海默担任主席。战后，他一度担任了七个政府委员会的主席。他对待苏联的政见和态度都发生了变化。他敦促联合国原子能委员会的美国代表中断与苏联就世界核能控制的谈判。他坚信苏联无意达成协议，而是想利用谈判达成宣传的目的。1947 年，对奥本海默的进一步安全审查正在紧锣密鼓地展开。原子能委员会的每个委员都仔细审查过他在联邦调查局的档案，他们对他过去的党派隶属和政治经历有所忌惮，特别是希瓦利埃事件，但未能找到充分有力的证据开除他的职位。

过去的左翼政治经历，尤其是向安全审查组织举报朋友的事开始不断在各种听证会、调查和媒体发布的证言中被提及。起初，这些听证会都支持奥本海默，但他的物理学同行则谴责他在彼得斯事件中的做法。他被比喻为一块有两极的磁铁。正面的一极是一位"富有魅力的人，善于说服他人，有时仿佛会催眠一般"。负面的一极则是一位"侮辱者、破坏者（witherer），对不如自己的人表现得自大又缺乏耐心"。李维斯·施特劳斯将军就是被奥本海默嘲笑过的众多人之一。施特劳斯生性执着，他在搞垮奥本海默的过程中发挥了重要作用。

奥本海默的另一位强劲对手正是爱德华·特勒。奥本海默在担任洛斯阿拉莫斯负责人期间所作的决定并不都合特勒的意，例如任命汉斯·贝特为理论部负责人。特勒无法令自己屈居于贝特的领导之下，当奥本海默注意到这一点时，他尽力安抚特勒：他把每周与特勒的会面和讨论作为重要事项。对特勒而言，他会在关键时刻征询奥本海默的意见，即使在两人都离开洛斯阿拉莫斯后仍然延续了这一习惯。奥本海默的职位一直比较高，后来他担任了原子能委员会的总顾问委员会主席，对特勒而言，奥本海默依然代表着权威。特别的是，在首次侦查到苏联的核爆炸之后，特勒依然咨询了奥本海默，奥本海默以一种不屑的方式回应了他。特勒因此向其他人寻求帮助，他希望能够找到支持他的同伴，一起规划进一步研发新武器，尤其是氢弹的计划。他后来找到了欧内斯特·劳伦斯和路易斯·阿尔瓦雷茨。

奥本海默和特勒都表现出明显的爱慕虚荣：他们乐于和高级官员建立联系，并且都乐于让周围的人知晓这些联系。奥本海默在二战后达到了他公众地位的顶峰：他能够联系政府高级官员，在提到这些人时，他喜欢用名来称呼他们。在1954年毁灭性的听证会举行之前，他的名声和职位不断提升，在核武器及其他国防事务方面，他俨然是一位颇具地位和影响力的政治家。他似乎一直身处需要作出决定的位置，而这些位置可能彼此存在利益纠葛。例如，他向五角大楼表示氢弹在技术上不具可行性，五角大楼因此未将其列入军事需求中；随后他又告诉原子能委员会五角大楼未提出研发氢弹的需求。

特勒明显丝毫没有受到左翼思想的影响。他的政治观形成之初，对共产主义的反对主要停留在思想层面，甚少付诸实践。之后，他所有的想法都围绕着美国的国防事务。他对氢弹研发的执着与他在研究物理时涉猎颇多的做法完全不同。

两人都富有魅力，且强于辩论。一次，奥本海默面对的是一个不太友好的国会委员会——众议院非美活动调查委员会，成员包括后来成为加州参议员的理查德·M. 尼克松。在这样一场听证会的最后，所有人都为奥本海默的表现感到骄傲，并向他表示了感谢。随后，正是副总统尼克松将奥本海默从一场麦卡锡的调查中解救了出来。爱德华·特勒在媒体上参与辩论，他的对手不仅主动认输，还表示完全不可能赢过他。在华盛顿特区举行的一场关于战略防御计划的辩论中，特勒的对手是诺贝尔物理学奖获得者菲利普·安德森，两人势均力敌，听众包括众多公众人物、名流、科学家和数百名高中生。安德森从技术角度展开辩论，但特勒无视了这些，表示科学一定能找到解决核毁灭威胁的方法。辩论结束后，学生们为他起立鼓掌。

特勒和奥本海默都曾受到军队内部竞争、争执和较量的影响。奥本海默此前曾惹怒空军，而空军在特勒主张研发氢弹和建立第二个武器实验室的过程中成为他的早期盟友。

奥本海默的行为常有反复，他对氢弹研发态度的变化就是一个例证。起初他是感兴趣的，钚弹在特里尼蒂成功试验后，他希望能够加快氢弹的研究。而在日本投降后，他立刻停止了氢弹的研究，并且发声反对继续研发氢弹。而他身处的职位相当关键，实际上，在阻碍氢弹研发的问题上，他同时身居好几处要职。然而，在经过数月无效的努力之后，乌拉姆–特勒方法解决了制造氢弹的技术难题，这次奥本海默说了一句后来经常被引用的话，这个项目的技术相当完美，无须再有争议。听起来似乎他此前持保留态度完全是出于技术考虑，但他提出过的那些道德顾虑又去哪里了呢？

1952 年起，奥本海默不再在总顾问委员会担任职务，但他仍然是原子能委员会的顾问。虽然还保留着其他职位，但他巨大的权威已经开始消散。例如，国防部在 1953 年解散了研究与发展委员会，因此也不再聘任奥本海默担任顾问。不久后，奥本海默也不再担任原子能委员会的顾问。如果事情到此为止，或许他和特勒此后的人生都能简单一些。

1953 年 11 月，参与过众多与核事务和国家安全相关工作的威廉·L. 博德恩，给联邦调查局局长 J. 埃德加·胡佛写了一封信。他在信中指控奥本海默曾是共产党员，并且一直与共产党组织保持联系，他之所以反对研发氢弹是因为他是苏联特工。信中几乎没有提到新的情报，但 1953 年底美国的政治氛围导致这样的指控不会被置之不理，此外，也不再有像格罗夫斯将军这样的国家项目负责人来扫除这些指控了。

博德恩的信导致的第一个后果是，总统艾森豪威尔下令在奥本海默和所有机密信息之间筑起"密不透风的墙"（blank wall）。这时，原子能委员会可以让奥本海默原定于 1954 年夏天结束的顾问任期提前结束，事实上他们也为他提供了低调退出的选择，但他希望能为自己正名。原子能委员会只能组建了一个三人委员会举行听证会，向奥本海默提出了一系列按当时的标准来看非常严重的指控。其中的 23 条与他 1947 年前参加共产党及参与相关事件有关。第 24 条与他反对研发氢弹有关，这一条与其他指控的不同在于，它针对的是奥本海默的观点而非行动。

需要始终强调的是，尽管听证会不是诉讼，但对奥本海默而言反而有多方面的不利影响。他的律师由于未经过安全审查，执行某些程序时无法在场。担任法官的格雷·博德（Gray Board）在裁判过程中除了会考虑听证会上获得的证据外，也会采纳其他证据。但在诉讼过程中，所有的证据都必须呈堂。在诉讼过程中，被告有权见到提出指控的人，但提出指控的人不一定需要出现在听证会上，有时指控甚至是匿名的。听证会也不设无偏见的陪审团。政府代表，尤其是检察官比奥本海默的律师有更大的操作空间。

虽然听证会上出现了许多不利于奥本海默的证言，但大多数科学家仍然站在他这一边。诺贝尔奖获得者恩里科·费米和伊西多·拉比以及未来的诺贝尔奖获得者汉斯·贝特都为他讲话，还有战争时期他在科学部门的上司范内瓦·布什和詹姆斯·B. 科南特。此外，原子能委员会的两名前主席和三名前委员也作出了有利于他的证言。其中一位前主席戴维·李林塔尔将听证流程比作西班牙的宗教裁判所，范内瓦·布什指出奥本海默正在因为他的观点而接受裁判。肯尼斯·S. 皮策正好相反，他指控奥本海默，但不是因为他反对研发氢弹，而是因为他没有"全情投入"，没有"热情洋溢地敦促其他人参与这个项目"。

在这些人中，特勒的证词最受关注，尽管普遍认为即便没有他的证词也不会改变听证会的裁判结果。下面原封不动地摘录了一部分证言如下：

问题［由政府代表罗布（Robb）先生直接询问］：特勒博士，在开始前请允许我向您提问，您今天是否自愿出现在这里？

特勒：我是受召出现在此，同时我认为就此事发表自己的看法是职责所在。如果可以，我倒是不希望出现在这里。

问题：您将要作出的证言是否有意表明，奥本海默博士对美国不忠诚？

特勒：我不想做任何这样的暗示。我知道奥本海默是一个相当机警又极为复杂的人，从我的角度以任何方式去揣测他的动机都是自大和错误的做法。不过我过去和现在一直认为他对美国是忠诚的。我相信自己的判断，在强有力的证据出现前我会一直相信下去。

问题：你是否认为奥本海默博士是一个安全风险？

特勒：奥本海默博士在许多事件中的做法在我看来——就我所理解的来说——极其费解。我在众多议题上与他立场完全相悖，他的做法对我而言显然是令人迷惑不解的。从这个角度来看，我更希望国家的重大利益能够掌握在我更能理解的人手上，我也更信任这样的人。

根据这些极为有限的认识，我想表达的是，我个人更倾向于由其他人来处理公共事务。

特勒的这段陈述被广为引用。他在《回忆录》中感叹，证词中的这段对话出现得太早了。特勒在作证前已经看过奥本海默的证词，奥本海默在希瓦利埃事件的相关证词中承认他多年前曾杜撰了一个故事。据特勒表示，他在看过这些愚蠢的证词后，才会说出一些听起来更有概括性的话。然而，联邦调查局其实在1952年就已经讯问过特勒，那时他所作的证词也对奥本海默不利。特勒对联邦调查局宣称"他会尽一切所能让（奥本海默）离开总顾问委员会，因为他就国家战争准备提出的意见和政策过于糟糕，并且耽误了氢弹的研发"。这也表明，特勒于1954年在听证会上作出不利于奥本海默的证词并非心血来潮，他只是表达了长期以来对奥本海默行事作风的看法。

还有许多问题涉及奥本海默对氢弹项目和设立第二个武器实验室的态度。他对此提出的意见也正在接受审查，虽然这应该与他的安全审查无关。特勒举出了一系列例子证明奥本海默提出的是不良意见，同时也提到了一些有帮助的意见。最终，在问询即将结束时，特勒作出了另外一些广为引用的证词：

问题［由三人委员会主席戈登·格雷（Gordon Gray）先生提出］：你认为通过奥本海默博士的安全审查是否会对共同防御和安

全构成威胁？

特勒：如果这个问题指的是（奥本海默）的意图，而不涉及任何专业问题和真实信息的话，那么以奥本海默博士的人品，我相信他不会故意、自愿地作出危害国家安全的行为。因此，如果你的问题是指向意图，那我会说我认为没有理由否决审查许可。

如果这个问题要考虑（奥本海默的）智慧和判断力的话，这些他曾在1945年的行动中展现过，那么我认为不通过审查许可更加明智。

特勒在他的《回忆录》中提到，他在这里有了第二次机会，现在回想起来，他希望自己在作证的最后阶段已经澄清了一开始"自负的"论断。事实上，他进一步放大了自己一开始的论断。这里问的是是否应该通过安全许可，特勒在回答的前一半提到了这一点。而在回答的后半部分，他提到了奥本海默的智慧和判断力，而这两点不必纳入考虑。特勒似乎是为了保证他的话足够有力才这么说，如果这么来看，他一开始给出的正面结论只是为了强化之后负面结论的效果。

特勒离开证人席后走向奥本海默，和他握手，并跟他说了一句："对不起。"奥本海默回答他："听了你刚才的话，我不知道你是什么意思。"或许在场只有一个人准确估计到了特勒证词的重要性，这个人就是化学家沃德·V.伊万斯（Ward V. Evans），他被认为是三人委员会中最不重要的一位。他向特勒提出过这样一个问题："你认为这个委员会所作的决定，无论是怎样的决定，是否会在国家科学院和所有的科研人员中引发广泛的讨论？"伊万斯并非偶然提出这个问题：他曾指出"我们国家的科学脊梁"都出来为奥本海默辩护。尽管伊万斯持反对意见，但这个委员会还是建议撤销奥本海默的安全许可，原子能委员会的总干事支持这一结果。最终原子能委员会作出了同样的决定，唯一的反对声是由委员中唯一的科学家发出的。这一决定对外公布后，阿尔伯特·爱因斯坦撰写了一份声明，表达了他对奥本海默的尊敬与欣赏。

原子能委员会作出决定时，距离奥本海默的安全许可失效只有几个小时了。他在听证会上接受审判，朋友和仇敌此时都成了他最糟糕的敌人。五年前战胜国会非美活动调查委员会的辉煌一去不复返。

人们对特勒的动机有过诸多揣测。可以确定的是，特勒出庭作证是出于责任感，作出对奥本海默不利的证词是遵从本心。但也不免让人觉得他的做法掺杂着报复和取悦高层的意图。这里的高层包括全力支持他动议的空军和原子能委员会极有权势的主席李维斯·施特劳斯，他曾被奥本海默嘲笑。

当特勒的证词公布后，立刻对他产生了影响。很难想象他从未考虑过他的行为会遭到同事怎样的谴责。即便是极度保守的欧内斯特·劳伦斯也在最后时刻以身患重病为由退出了作证。劳伦斯向阿尔瓦雷茨解释说，如果他们出庭站在奥本海默的对立面上，那么伯克利大学的实验室将受到不利影响，但阿尔瓦雷茨犹豫之后还是选择出庭作证，但他的证词极为谨慎。

约翰·冯·诺伊曼也在听证会前作证。他算不上奥本海默的挚友，也不赞同他反对研发氢弹的决定，但冯·诺伊曼从未质疑过奥本海默的正直和忠诚，他暗示从未质疑过奥本海默能够掌握机密信息一事，并表示"对他充满信心"。

特勒鲁莽地不计自身行为可能产生的不良后果。而另一边，西拉德意识到了特勒一旦作出这样的证词会承担怎样的风险。西拉德在特勒出席听证会的前一天，想要找到这位朋友，可惜没有遇上。特勒没想到证词会被公开（此前向他承诺不会公开），但后来行政上出了一些差错，原子能委员会转而决定将证词公开。在证词公开前，约翰·A.惠勒曾写信给特勒说："很庆幸我没有为奥本海默的事情出面作证，我只想说，我十分钦佩你在作证时表现出的勇气、诚实和清晰的思路。我还没有看到完整的证词。"或许，特勒惹怒物理学家们更多是因为他作证的方式而非所说的内容。几周后，在洛斯阿拉莫斯，美国物理学家的元老之一伊西多·拉比当众无视了特勒伸出来想要握手的手。为了让特勒明白他这么做的理由，拉比祝贺特勒作出了"很棒"的证词，以"极为聪明的方式"说出了他认为奥本海默是安全风险。此后多年，特勒再也无法确信，同事们是否欢迎他与他们在一起，他伸出的手是否会被其他人握住。

特征

本书的大部分内容都在描述火星人们的特征，下面将做一番总结。

大部分火星人都受到了与他们有接触之人的喜爱，除了爱德华·特勒，他身边的人对他的态度两极分化，也流传着一些对他的谴责之声。这部分与他的政治立场和超越他人的手段有关。不少人认为尤金·维格纳过于礼貌的言行举止既受人喜爱，也如同一堵屏障让他不易亲近。冯·诺伊曼只有在拿走别人的问题并迅速解决的时候才会引起其他人真正的反感。西拉德当然也受到过一些批评，例如恩里科·费米指责他有时会说谎。西拉德曾内疚于为达目的而夸大一些问题，但他所做或许只是夸大了一些，毕竟他在与其他人的讨论中，往往能够看得更远。1930 年，爱因斯坦曾评论西拉德说："他倾向于夸大理性在人类事务中的作用。"与冯·卡门有过接触的人普遍都很喜欢他，但他一直不太关心周围发生的事。这种冷漠也是火星人的性格特征：似乎他们真的来自另一个星球。也许他们之中，特勒最擅长建立忠实的友谊，同时也最擅长失去朋友和为自己树敌。

荷兰裔美国物理学家阿伯拉罕·派斯后来转行成为科学史家，他最熟悉的火星人是维格纳，曾专门论述过他："我一直感到自己没有真正了解过他，所以我曾和我的同事一起讨论过他的个性。"派斯补充说："我既无法把握维格纳的个性，也无法把握西拉德和特勒的。"派斯拥有犹太与荷兰血统，但这份同样的欧洲和犹太血统并没有帮助他走近火星人，他认为原因在于他没有匈牙利血统。

❧ 西奥多·冯·卡门

冯·卡门天资聪颖，他能理解所有的问题，并尝试用高超的数学技巧解决这些问题。他和冯·诺伊曼有不少相似之处。两人都懂得享受生活，善于寻找乐趣，有些轻视其他人，都展现出一些匈牙利绅士的做派。冯·卡门终身未婚，但出现时身边总有充满魅力的女性相伴，事实上，除了母亲和姐妹外，他将其他女性视为装饰，而非平等的伴侣。冯·卡门和冯·诺伊曼有时会完全沉浸在自己的思考中，那时他们周围的人仿佛消失了一般。两人都非常关心直系亲属，但对其他人，包括亲密的朋友都不太在意。两人都全力投身于美国的国防事务，不过冯·卡门对意识形态不太敏感。他也能积极为其他国家的防务做贡献，纳粹德国除外，因为他被纳粹排除在外了。

李·埃德森协助冯·卡门撰写回忆录，两人合作多年，他因此得以近距离了解冯·卡门。埃德森提到了冯·卡门的幽默感，这帮助他自己和周围其他人撑过了许多艰难的时光。即使经过了半个世纪，诺贝尔奖获得者尼古拉斯·布隆伯根仍然记得冯·卡门如何在一场关于智能的会议中（与会者包括重量级的军事代表）缓解紧张气氛，于是冯·卡门在开始时说，存在三种智能：人类的、动物的和军队的。

大众对冯·卡门知之甚少——他对公关活动不感兴趣。但与此同时，他也不以谦逊或虚心的态度来看待自己的成就。埃德森第一次见到他时，看到的是"一个带着蒙娜丽莎微笑的精灵，有着一双忧郁的蓝眼睛和一头卷曲的灰色头发"。埃德森注意到了他的表演和讲故事的才能，引用其他人的话来说，冯·卡门浑厚而神秘的匈牙利口音"是为了'商业原因'而捏造的"。埃德森列举了冯·卡门的众多特点，包括缺乏耐心和包容；他对除了自己生活以外的一切变化和创新都喜闻乐见；他乐于和富有、出名和有权力的人在一起，但他不势利。

（左）美国邮票上的西奥多·冯·卡门；
（上）匈牙利邮票上的西奥多·冯·卡门。

🌿 利奥·西拉德

从维格纳那里可以很好地了解西拉德，他形容西拉德是"一个耀眼的人，身高 5（英）尺 6（英）寸左右，比我稍矮一点。拥有一张好看的匈牙利宽脸。眼睛是棕色的，头发和我一样也是棕色的，但总是不好好梳理，而且发际线已经开始后退"。和其他人一样，维格纳眼中的西拉德也是忙碌而神秘：他出现一下然后就不见了，几天后才会带着大胆的想法，毫无耐心地再次出现在维格纳家的门前。

西拉德在柏林大学时就接触到了一批杰出的物理学家，与他们交谈。作为西拉德的朋友，维格纳总是站在边上，欣赏西拉德和他们的交锋。在维格纳看来，西拉德完全不会感到羞怯，"哪怕他在会议中遇到的是美国总统或者苏联总书记，他也会立刻上前作自我介绍，然后开始提出各种尖锐的问题"。这的确是西拉德后来做过的事。据乔治·克莱因所说，西拉德最特别的是"需要理性地推断出最终结论时，他丝毫不会感到羞怯"。维格纳思考过哪个形容词最适合用来描述西拉德。他舍弃了"自以为是"，认为"很松弛"和"毫无负担"更合适。克莱因认为西拉德"兴趣极为广泛，而且能当即将各方面所知以各种方式组合在一起"。西拉德很容易被贴上"幽默、挑衅、自私、诗意，甚至是尖刻"的标签，这些合在一起被称为"西拉德主义"。詹姆斯·沃森用"西拉德思想（Szilard ideas）"来形容自己的一些想法，但他没有意识到，其实这个词语是符合语法的，因为"西拉德"在匈牙利语中就是"坚硬（solid）"的意思。

除了极少数例外，西拉德不会充分发展自己的思想，因此无法取得决定性的发现。雅克·莫诺认真考虑过这个问题，认为或许是西拉德极富创造力的天性令他无法完成决定性的工作。如果他能够持续深入地发展自己的思想，或许就能取得更重大的成就，但这样一来，他也就只算得上是一位杰出的科学家了。如果他更关注自我或许就会走上这条路，可在他看来，一个有意义的想法比自己的名誉和利益重要得多。对西拉德而言，"科学根本算不上一种职业，甚至算不上一种业余爱好"，对他来说，科学"是一种存在的方式"。其他科学家很少会撼动所在领域的规范和准则，但西拉德致力于挑战一切被普遍接受的事情，那些在其他人看来理所当然的事情。

西拉德每次到访一个地方，比如在巴黎的巴斯德研究所的莫诺实验室，都会安排那里的人在他办公室外排队，一个一个进去向他说明自己的研究。他会将听到的内容进行概括或相互关联，几天后带着思考的成果再次回到这里。他在私人聚会上也会这么做，但不是在客厅进行讨论，他会将其中一间卧室作为总部，像在巴斯德研究所那样，请客人逐个进来和他交谈。不是所有人都能接受西拉德在会议上或其他地方不断被追问和质疑的做法，有些人因此觉得他既懒惰又讨厌。

西拉德乐于逐个与人交谈，了解甚至是追问他们的情况。他这么做完全是无私的，在了解了情况以后，他通常会向这个人提出有用的建议。这些建议或能为后续研究打开局面，或能打破眼下的僵局，因为他能从很多不同的角度看待问题，能把从各种谈话中获取的信息整合在一起。

西拉德敏捷的思维也令一些想与他合作的人望而却步。例如，丹佛大学的一位同事感到不得不收回向西拉德发出的颇具吸引力的职位邀请。他告诉西拉德："你的思考能力比我强太多，在你面前，我完全无法抵抗你的思想和洞见对我产生的巨大影响。"另一些人则认为他在对待其他人和他们的工作时显得有些冒犯，令人生厌。他能够将理性和情感完全分开，这一点在他处理友情时非常明显。他能够随时实践最疯狂的想法来实现他想要的目的。如果没有合适的机构能够接纳他开展行动，他会自己创造一个。他创办的索尔克生物研究所就是一个例子，他在那里尝试将科学和社会政策研究融合在一起，在生命的最后几个月，他从这个研究所中获得了不少快乐。

西拉德对食物和文学的品位都非常质朴。他不满意朋友对他的作品《海豚的声音》的夸奖，认为他们应该将其称为伟大的文学作品。朋友向他解释说，伟大的文学作品应该有更复杂的结构，而且能够激发情感共鸣，不过他似乎不太理解朋友的意思。"西拉德以激进的方式概括一切，因为他试图将大多数的事物——从道德价值到绘画、音乐，再到免疫系统——解释为量化表述的宇宙真理。"比如，西拉德也敢于评论绘画作品，尽管他毫无相关背景，不可能提出专业意见。他"评论这幅画比另一幅好，理由不是这幅画更赏心悦目，或是用到的技法更复杂，又或是能引发灵感，而是这幅画能更有效地'减少宇宙的熵'"。

西拉德从未让健康问题影响过他的生活，后来身患膀胱癌时同样如此。他的膀胱持续出血了半年，但直到 1959 年到访斯德哥尔摩时他才同意做检查。而且，他在考查了医生的智力后才允许他做检查。医生最终确诊西拉德罹患了膀胱癌，建议进行手术治疗。犹豫再三，西拉德和他做医生的太太一起去图书馆研究了手术的可能后果。随后决定不进行手术。他自行决定前往位于纽约的纪念斯隆–凯特琳癌症中心接受放射治疗。同时，他的生活节奏没有因此放缓，他告诉医生："就算最坏的情况发生，我也还能再活十年。"

他没有对疾病置若罔闻，甚至考虑过自杀，这符合他一贯以来独树一帜又务实的处事方式。如有必要，他希望能够以最舒适的方式离开，同时不影响妻子获得保险金。为此，他和贝拉一起设计过"自杀装备"，能够做到毫无痛苦又不被人发现。他们还想过制成可以销售的商品，并申请专利。不过，他出院时已经痊愈，他数年后去世时，尸检没有在他的尿路中发现任何癌症迹象，可见他的癌症治疗相当成功。

西拉德对学术界的狭隘想法也颇有了解，他曾就沙克疫苗的问题对乔纳斯·沙克（Jonas Salk）说："乔纳斯，就因为你是对的，所以他们永远不会原谅你。"西拉德也经历过同样令人沮丧的事情，例如被杂志拒稿等，但他从来不会因为失败或被拒绝而抱怨。他将行动作为最好的，也是唯一的解药，正是因为被杂志拒稿，他才创作出了《海豚的声音》。回到 1933 年，莱登大学的保罗·埃伦费斯特在给英国科学家弗雷德里克·G. 唐南（Frederick G. Donna）的信中提到，西拉德"面对任何困难时，都能立刻采取行动，而不会绝望或屈服"。随后不久埃伦费斯特就自杀了，他的这些话现在想来令人不寒而栗。

西拉德关注意识形态。他以最为痛苦的方式寻求真理。他能够包容有充分理由支持的反对意见。他向被剥夺公民权的人们和弱势群体伸出援手，他随时准备为捍卫他人的权利而展开长期斗争。西拉德对自己的长处有充分的认识，知道普通的生活不适合他。他总会主动与掌控局面的人交涉。

无论有没有人提出请求，西拉德都乐于分享自己的智慧。这在专家中并不少见，但大多数专家提出建议时不会考虑这个建议是否妥当。而西拉德总是能提出可靠的建议，而接受这些建议的人也多是接触的科学家或其他专业人士。不过他提出的建议大多在当下不具有可行性，他总是比其他人看得更远，他有时提出的建议听起来像是长远的看法，而非当下所需要的。

越是杰出的人物越欣赏西拉德。沙克言简意赅地说："利奥不愿意举着火把，只是想点亮它，但如果没有其他人能举起火把，他会自己动手。"詹姆斯·沃森提到他时说："我至今仍然怀念他非凡的才能与智慧。他是名副其实无可替代的人。"特勒作过这样的比较："我不禁想到那位焦躁不安的传奇人物浮士德博士，他在歌德的悲剧中，死在了终于获得自我满足的那一刻。"

维格纳称西拉德是他认识的所有人中最富有想象力的，不过，与其说他是有想象力，不如说是有远见。他可以准确预测事情的发展，除了少数极其剧烈的变化。他预见了魏玛德国的失败，但没有预见苏联的解体。他准确预测到了即将到来的战争，并为阻止战争而做了大量的工作，但没有留意到他的作品中已经隐藏着未来恐怖主义的威胁。

❧ 尤金·P. 维格纳

维格纳初到普林斯顿时孤身一人，和冯·诺伊曼不同，他没能很快地"美国化"，没能"轻易地移植"。不过，冯·诺伊曼的两任妻子都是匈牙利人，维格纳的三任太太却都是美国人。他与第二任太太育有一个儿子和一个女儿，另外他在柏林的时候还有过一个私生女。1932年，弗雷德里克·赛兹成为维格纳的第一位研究生，两人"建立了长期的友谊"。值得一提的是，赛兹从未用过友谊这个词来形容两人的关系。人们好奇，除了西拉德、冯·诺伊曼和特勒外，维格纳还有没有其他朋友。但即使在这个小圈子里，他们的交往也在很大程度上遵循着社交礼仪。他们交谈时用姓氏而非名字称呼对方，有时加上尊称（Úr），听起来像是特勒君和西拉德君。

匈牙利邮票上的尤金·P. 维格纳。

有很多关于维格纳的趣事，特别是他传奇版的礼貌态度。弗里曼·戴森是世界著名的物理学家，更是著名的科学作家，他住在维格纳家附近很多年却几乎不认识他。戴森曾尝试向维格纳表达友好，可惜两人一直没能变得亲近。戴森认识一位日本社会学家，在她研究日本社会的一篇论文中提到"礼貌是压抑的工具"，戴森认为这一论点不仅适用于日本社会，也适用于维格纳。

西拉德称维格纳为"（曼哈顿）计划的良心"。他也将维格纳比作战士，不过有时别人口中的维格纳也会因为顽固而显得没那么礼貌。这种顽固不仅体现在他保守的政治立场上，同时在年轻物理学家的眼中，他的科学研究也非常保守。新近的诺贝尔奖获得者戴维·格罗斯曾在普林斯顿与维格纳共事过，他提到有些时候"维格纳和物理学研究的前沿有些脱节"。

菲利普·安德森有一段时间曾研究过铁电性，在他看来，维格纳提出的关于铁电性的一些想法"毫无意义"。那是在 1950 年左右，安德森刚取得博士学位一年，他试图向维格纳解释铁电性的机制。维格纳以极度礼貌的方式对他的解释置之不理。安德森认为，从为人处世的角度来说维格纳是对的——他对待维格纳的态度过于粗鲁了——但从科学的角度看，维格纳不是这个领域的专家，所以他一定是错的。

20 世纪 50 年代后期，两人有过另一次交集，当时安德森故意没有提到维格纳的一篇论文，维格纳在文章中以礼貌的态度否定了安德森认为正确的理论。维格纳不相信也从未接受过超导的 BCS（巴丁–库珀–施里弗）理论。安德森在真正理解了这一理论后，对维格纳大为失望："在那之前，维格纳一直处在理论物理研究的中心，但大约到了 20 世纪 50 年代的时候，他停下了脚步，拒绝展开进一步的探索。那时，维格纳本人似乎已经与物理学没有什么关系了。"

史蒂芬·温伯格也认同，维格纳有时候会脱离现代物理学。温伯格在一次致敬维格纳的研讨会上发言，他谈到了自己获益于维格纳研究基本粒子的方法，并解释了为什么维格纳的方法比其他人的更胜一筹。维格纳在温伯格发完言后找到他，但他感到维格纳似乎没有真正理解他刚刚的发言。通过那次交流，温伯格开始感到，他所理解的维格纳主义或许不是真正的维格纳主义，但他认为有可能那个时候维格纳已经身患疾病。不管怎么说，温伯格对维格纳本人有着复杂的感情。

无论维格纳是否跟进着现代物理的发展，他本人一直保持着机敏又充满好奇的状态。在安德森和温伯格的事情之后，提出分形概念的本华·曼德博向维格纳展示了形如山脉的分形结构。维格纳起初非常疑惑，但他没有要求曼德博向他解释。用曼德博的话说："他思考了一会儿，嘴里念念有词，然后他猜对了。"这像是 1930 年时还年轻的维格纳，当时维克托·魏斯科普夫给他看了一篇和他们的讨论有关的论文。维格纳只是盯着论文的题目，没有往下读，然后他就推导出了论文中关于这个问题的解答。推导完后他告诉魏斯科普夫自己没有必要读这篇文章了，因为文章要么给出的是他的解答，要么就是错的。

尽管安德森和维格纳从未就政治问题发生过争执，但安德森很清楚他们的立场相悖，他是自由派，而维格纳是保守派。安德森记得两人在一次聚会上讨论过戴维·玻姆的事情。在玻姆的任命公布后，维格纳是物理系唯一一个不赞成将其留下的人。维格纳的反对不太可能是因为玻姆的科学成就，那就只能是出于政治考虑。物理系投票赞成玻姆的任命，但最后普林斯顿的校长驳回了他们的建议，开除了他。

维格纳会用礼貌的语言和肢体动作来包装自己强烈的观点，但这样的包装通常一眼就能看穿。他的肢体语言具有欺骗性。从他提出的问题可以明显察觉出即使他已经掌握了讨论的核心要点，但他看起来依然很谦逊，似乎对自己的表现感到抱歉。他数十年来都是如此，包括退休后很长的一段时间。很难判断慷慨和大度是否是维格纳一贯的人生准则。另一个关于魏斯科普夫的故事与此有关，有一次他在读维格纳的一篇论文时，注意到其中的一个公式，论文中称这个公式是由格雷戈里·布赖特推导出的，并提供了完整的引用信息。但魏斯科普夫在查阅参考文献时发现其中没有这部分推导过程。魏斯科普夫因此质问维格纳，而维格纳的回复是，只要布赖特想到了就一定能推导出这个公式。

　　西拉德没有工作的那段时间，维格纳非常担忧，但他从未理解西拉德对工作不同寻常的期望。但他在评判朋友，也就是西拉德和迈克尔·波拉尼时似乎没有表现出慷慨和大度。西拉德在核物理领域享有盛名之前，维格纳一直认为他无法胜任专业的研究职位或大学教职。维格纳作出这一判断，与西拉德本人不想要一份普通工作，认为这会耽误他这一事实无关。而在是否要提名波拉尼为诺贝尔奖候选人的问题上，当时已经获得诺贝尔奖的维格纳一直在犹豫和观望，看其他人是否愿意提名波拉尼。当有人提名时，他才附议，但绝不会首先提出。不过，用约翰·C. 波拉尼（John C. Polanyi）的话来说，维格纳确实将迈克尔·波拉尼带到过斯德哥尔摩，他在 1963 年诺贝尔奖晚宴上的发言尽管一如既往地简短（只有两分钟），但在其中特意提到了波拉尼对他工作的影响。

✤ 约翰·冯·诺伊曼

　　斯塔尼斯拉夫·乌拉姆对冯·诺伊曼的评论最为有意思，因为乌拉姆本人就是一位杰出的数学家，还和冯·诺伊曼非常熟悉。乌拉姆在回忆录的很多地方都提到了冯·诺伊曼。他甚至一开始是想写一本关于冯·诺伊曼的书，不过最后变成了自己的回忆录。而冯·诺伊曼没有留下回忆录。

　　冯·诺伊曼在很多方面都和冯·卡门非常相像。他乐于主动和活跃在不同领域的成功人士交流。即便身边有女伴，他也能展开深度思考，完全不受在场女性的影响。他看起来似乎在凝视她们，但其实他在凝视自己的内心。1953—1954 年间，曼德博是冯·诺伊曼在普林斯顿高等研究院担保的最后一位青年科学家。曼德博把自己的论文寄给冯·诺伊曼，冯·诺伊曼觉得论文很有意思，就邀请曼德博到高等研究院来访问一年。为了能让曼德博早日到来，冯·诺伊曼只得联系洛克菲勒基金会的沃伦·韦弗（Warren Weaver）来简化流程手续。曼德博觉得冯·诺伊曼善于激励人心。多年后，曼德博遭遇了一次危机，他向沃伦·韦弗寻求建议时才得知，冯·诺伊曼曾请韦弗关照曼德博，觉得他可能会陷入麻烦而需要帮助。尽管有过这样的经历，曼德博依然认为冯·诺伊曼不算是一个温暖的人。但这并不意味着，他不渴望来自他人的温暖。

（左）匈牙利邮票上的约翰·冯·诺伊曼；（右）美国邮票上的约翰·冯·诺伊曼。

冯·诺伊曼的女儿玛丽娜·冯·诺伊曼（惠特曼）12岁前都和母亲生活在一起，只有夏天才和父亲在一起。在她13岁时，根据之前的约定，平时改由父亲照顾，夏天时和母亲在一起。玛丽娜认为，父亲希望能从她那里获得的温暖比她能给的还要多。同样，虽然他在第一任妻子离开后迅速回到布达佩斯迎娶了第二任妻子，但仍然无法弥补前者的离开带给他的伤害。他女儿曾听闻，那时他乞求第一任妻子不要离开，甚至宁可答应以后完全不干涉她的感情生活，也不希望她离开。然而，她只是觉得做约翰·冯·诺伊曼的太太负担太重了。

冯·诺伊曼和西拉德一样不喜欢抱怨。不过他在高等研究院时，同事不太欣赏他，他的内心可能因此有些受伤。此外，一些人讨厌计算机，而冯·诺伊曼广泛参与了计算机的研发。同事中的物理学家对他深度参与了军事项目心存芥蒂。曾传言冯·诺伊曼会出任原子弹计划的负责人，但最后的选择是奥本海默。人们或许好奇冯·诺伊曼是否想要获得这一管理职位，或许是的，因为他后来接受了原子能委员会委员的任命。略显讽刺的是，正是这个原子能委员会因为安全审查的问题给奥本海默带去了巨大的麻烦。奥本海默和冯·诺伊曼有着相似的家庭和教育背景，两人要么成为亲近的朋友，要么就完全不是朋友。而事实上他们的确不是亲近的朋友。冯·诺伊曼成功地在华盛顿立足，进入了政府内部，但他在那里并不快乐。这或许是他后来接受加州大学学术职位的原因，可惜他在就职前就去世了。

尤金·维格纳热衷于观察冯·诺伊曼，冯·诺伊曼是维格纳最崇拜的人，不过维格纳有过一些不那么令人愉快的经历。1936年，维格纳在普林斯顿大学遇到一些麻烦，他向冯·诺伊曼寻求帮助，冯·诺伊曼答应尽其所能为他推荐工作。维格纳以为作为朋友的冯·诺伊曼会同情和安慰他，甚至与他站在同一战线，然而这一切都没有发生。维格纳感到非常受伤，这件事也被他铭记良久。

在冯·诺伊曼很小的时候可能就注意到了我们现在所谓的公共关系。维格纳写道："扬奇有些不爱与人交往。即便他会参与班级同学的恶作剧，也是心不在焉，只是为了避免变得不合群。"对维格纳而言，除了他的高中老师拉茨和导师波拉尼以外，他从冯·诺伊曼身上学到的东西最多，而且所学的这些数学知识恰恰是另外两位无法教给他的。冯·诺伊曼的确是维格纳的好老师。当维格纳请他解释交战定律（Warring's theorem），他会问维格纳是否知道希尔伯特第三定理，如果维格纳不确定，他会再问是否知道达朗贝尔定理，一直层层追问下去。冯·诺伊曼会用维格纳已有的知识来解释他想知道的内容，而有时他这么做就必须费力地绕开那些维格纳不熟悉的内容。维格纳"从他那里学到的数学比从其他任何人那里学到的都多"。维格纳注意到冯·诺伊曼除了聪慧和记忆力强以外，他的思维"最重要的特点是逻辑严密"。他由于兴趣广泛，涉足领域丰富而被称为"科学全才（man of all science）"。

冯·诺伊曼出了名的幽默，这是一种典型的布达佩斯式的幽默，或者更准确地说，是中欧犹太人的幽默。斯塔尼斯拉夫·乌拉姆非常了解这一点，而且也拥有这种幽默，他曾提到他的朋友喜欢在全神贯注缜密思考的时候用简短的词语来打岔。那些不具有中欧犹太人思维的人能不能轻易感受到冯·诺伊曼的幽默不得而知，不过值得冒险举一个例子。亚瑟·库斯勒研究过幽默，他用冯·诺伊曼的一些故事来阐明自己的发现。一个经典的故事是这样的："一个罪犯在和监狱看守打牌。当罪犯出千（作弊）被发现时，他们把他踢出了监狱。"库斯勒提出了异类联想的概念。联想指的是在同一层次的想法之间建立联系，而异类联想指的是在不同层次的想法之间建立联系。这种意料之外的联系就是幽默的来源。库斯勒还主张，异类联想也是科学发现的重要组成部分，因为科学发现中也常会出现意料之外的联系。

冯·诺伊曼和乌拉姆之间有一套专属的语言，火星人极少与火星人之外的其他人有如此亲近的举动。他们两人会在描述人类不可靠的故事中使用自己的暗语。"芦笋"这个词就是一个暗语，用来形容一个人想要"在与他人合作取得科研或其他成就之后分得过多的荣誉"。这个暗语出自柏林一个关于寄宿公寓的故事：寄宿者们正一起在吃晚餐，其中一人从盘子中取走了大部分美味的芦笋，另一个寄宿者看到之后就说其他人也很喜欢芦笋。两位数学家想要扩展这个故事，将它写成"一部二十卷的论文，题为'穿越时代的芦笋'"。

乌拉姆和冯·诺伊曼的交流中还有另一个充满幽默感的词——Nebich 索引（Index）。首先，"Nebich"是什么意思？这是意第绪语中一个词，很难找到对应的翻译，它包含了同情、轻蔑、戏剧性和荒唐的意思。乌拉姆用了一个故事来解释这个词。受人拥护的瑞士英雄威廉·退尔（Wilhelm Tell）正等着射杀遭人恨的奥地利总督盖斯勒（Gessler）。有人说"这个 Nebich 一定会穿过这条街"。盖斯勒就是一个 Nebich，他被仇视，遭到人民的唾弃。如果说的是他穿过一条 nebich 的街道，那意思是这条街道微不足道，不值一提。乌拉姆提醒说，需要数年的学习才能真正理解 nebich 的意思，这自然有些夸张。冯·诺伊曼关于这个词的经典故事是这样的：20 世纪初在布达佩斯，一个小男孩放学回家，告诉他的父亲他得到一个不及格的分数。他需要写一篇关于奥匈君主国未来发展的论文，但他只写了三个词"Nebich, nebich, nebich"。他的父亲感到非常惊讶，他认为对于老师提出的问题，这三个词就是完美答案，那到底是哪里出错了呢？后来发现，原来是小男孩拼错了

nebich 这个词，因此被判不及格。

冯·诺伊曼羡慕其他人拥有一些他没有的特征。他会拜访那些掌握权力的人，比如军事组织的成员，或是那些能够影响事件进程的人。他欣赏坚毅和冷酷的个性，这恰恰是他最缺少的。他更愿意回避争议，他在这一点上和西拉德以及特勒非常不同，但和冯·卡门很像。他不太愿意参与辩论，更倾向于听从那些强硬的意见。

综合各方来看，就如我前面提到的，冯·诺伊曼不是一个个性温暖的人。他不会向任何人吐露自己的心声，不需要善意的建议，也不怎么表露情绪。但在他去世前有过一次例外：他向乌拉姆诉说了对于获邀成为原子能委员会委员的骄傲，但同时也不确定自己是否应该接受这个职位。即便临终前，他依然无法接受人终有一死——很快他就将无法再思考这件事。他一直觉得自己在这个世界上还有许多未尽之事。

✤ 爱德华·特勒

在欧洲和乔治·华盛顿大学的那些年中，特勒是一个温和友善的人。伽莫夫形容他"乐于助人，有意愿也有能力影响其他人的想法，但从来不坚持说这是他自己的想法"。伽莫夫认为他在洛斯阿拉莫斯一定是经历了变故才改变了他。不过，乌拉姆第一次在洛斯阿拉莫斯见到特勒时，对他的印象和伽莫夫是一致的："他是一个温暖的人，显然渴望与其他物理学家建立友谊。"据乌拉姆所说，有两个因素促使特勒的性格发生了转变，类似的转变也发生在其他物理学家身上。一个因素是，对洛斯阿拉莫斯的这些科学家来说，无论过去从事的研究有多重要，都无法与他们在这里参与的项目相比，他们肩负着历史的重责。过去只能获得微不足道资金支持的科学家，如今可以得到无限的经费。另一个因素或许与沮丧的情绪有关：他们与各自领域中众多杰出的人聚在一起，正因为他们自身的出色，才能比过去任何时候都更清醒地认识到自己的局限。这一情况发生在所有人的身上，但在面对由此产生的压力时，不同的人会用不同的方式去应对。大多数人，或者说所有人都希望在洛斯阿拉莫斯的研究成果上烙下自己的印记，这显然是不可能的。乌拉姆引用了费米用标志性的意大利口音调侃特勒的话："爱德华，那些匈牙利人怎么什么都没有发明？"据乌拉姆说，这种情况引发了特勒和其他科学家之间的众多纷争，其中就包括理论部的负责人汉斯·贝特，他还曾是特勒亲近的朋友。

特勒到底有没有欺骗或撒谎？有些人认为有，但很难找出证据。特勒习惯于夸夸其谈。他提出了犁头计划，目的是实现核能的和平利用，他为计划四处奔走，1959年在阿拉斯加大学时他曾宣称"如果你觉得自己的山碍事，只要出钱，我们就能帮你炸平"。他随后发表了题为"我们将创造奇迹"的文章，他在文章中详细介绍了将在阿拉斯加完成的项目，但这些项目并没有取得任何成果。他会为了争取到大笔的拨款而在谈判中作出毫无根据的承诺，把事情描绘得远比实际乐观得多。他的态度对其他人的命运产生了消极的影响。

特勒有没有能力操纵其他人？他有没有这么做过呢？有一个例子是他自己描述自己如何在本科阶段的考试中取得高于自己实力的成绩。这里我们应该以宽容的态度来看，因为操纵考官这件事也展现了他的能力和才智。当然这不是说应该容忍有能力和才智的人去操纵其他人，只不过在这里，考试的目的是让学生展示所学，且不仅仅是对事实性材料的掌握。考查的另一个目的是学生有没有能力以及将如何展现所学，还有就是能否在不同的情境中应用所学。

特勒描述了一次考试的经过，考题是说出大气的成分。他说大气由氮气、氧气和稀有气体组成，之后又被追问是哪些稀有气体以及所占的比例。特勒并不知道答案，但他表现得仿佛知道一般。他说："有氦气和氩气。如果氦气占了大部分，那么大气会比现在更稀薄。如果氩气占了大部分，那情况会反过来。"尽管这个回答没有说出正确答案，但符合逻辑。特勒在回答过程中一直关注着考官的表情，当他从考官的脸上读出了正确答案之后，没等他们问第二遍，就主动提出了哪种稀有气体占大部分这个问题，并给出了正确答案（氩）。特勒的做法可能遭到批评，不过他之所以能获取正确答案，除了聪明才智外还依靠了大量的背景知识，这些背景知识恰恰是通过学习才掌握的。

特勒给人留下极度自大和极其顽固的印象，他对自己深信不疑，在辩论中立于不败之地。但在深入了解他以后，会发现一些其他特点：心中充满不确定，想要取悦他人，或至少不辜负他人的期望。当然他想要取悦的不是那些他会用粗鲁或强硬态度对待的人。在战略防御计划的问题上，他面对其他人展现出深信不疑的坚定立场，但却一直希望得到汉斯·贝特的支持，为此邀请贝特到洛斯阿拉莫斯，向他介绍了这个项目。贝特当然有必要的安全权限了解这些事，但每一次他都带着怀疑离开。根据特勒回忆录的合作者所说，贝特多年来与特勒的背离令他非常受伤，比失去其他任何人的友谊都更强烈。从在私人场合和公共场合的行为差异中也可以看出特勒身上的不安全感。有一次，唐纳德·格拉泽搭乘飞机时坐在特勒旁边，他们之间的谈话友好而有意义。然而，当他们下飞机后，在有人旁观的情况下，特勒开始大声说话，很明显开始演戏。

特勒的另一个特点是非常记仇。1979 年他心脏病发作，那时他以为自己将不久于人世，于是口述了一份备忘录，其中一部分就是要刻意打压斯塔尼斯拉夫·乌拉姆在解决氢弹问题过程中所起的作用。他去世前几周，在我们最后的通信中，他仍然把握机会抨击了莱纳斯·鲍林，还有罗伯特·奥本海默。

在所有的火星人中，我在匈牙利最常遇到的是特勒这一类型的人，尽管那些人不如他出色。他很聪明，总是言之凿凿，当发现事事与他假设的相反时，他有能力很快地改变立场。这看起来似乎是投机取巧，实则不然：科学推理有时就是这样的过程。不过这种方式在政治论辩中就不太受欢迎了。特勒和他年轻的助手决定在战略防御计划中放弃 X 射线激光，改用智能卵石时，他们不得不彻底改变一些基本观点来推进新想法，他们丝毫没有为此感到难堪。

特勒总是带着狂热的信念做每一件事，仿佛他正在履行着某种使命。他行动的时候总是假设其他人没有意识到危险的存在，或者没有发现保护世界远离危险的方法。这些在他看来都没有问题，因为他正在为拯救世界而努力。特勒坚定地相信他尽力阻止苏联的做法是正确的。在里根执政期间，他获得了前所未有的特权和影响力，令他可以不受任何限制地发表观点，也能够随意按照他的想法在国防事务中部署技术发展进程。

宗教与犹太身份

对火星人来说，犹太身份不是宗教信仰，也不是种族渊源，犹太身份更多地代表着文化背景、传统和归属。除了特勒外，其他人都改宗了，但新的宗教对他们的影响不如犹太教。前面提到，特勒在开启美国生活之际，就有人提醒他不要只和犹太人交朋友，他认为自己在这一点上很成功。他们的孩子都没有接受过宗教训练。当父亲对她的约会问的第一个问题是"他是犹太人吗？"，温迪·特勒非常惊讶。

西拉德不相信存在人格化的神，但他认为自己是一个有宗教信仰的人，因为他相信生活有其意义。西拉德同意爱因斯坦的说法，只要你乞求上帝的赐予，就不算是信仰。这可能也是火星人的典型特征，他们没有宗教信仰，特别是没有传统意义上的那种宗教信仰。他们从童年时期就没有遵循犹太教的教义，但他们从来没有否认过自己的血统，也从未背弃过身上的犹太特性。很多匈牙利犹太人更愿意对自己的血统保密，因此火星人的做法显得非常特别。大多数匈牙利犹太人的态度可能与两个因素有关：他们一直在寻求与其他文化的同化，以及在匈牙利对犹太人的迫害和反犹太主义浪潮长期存在。

维格纳虽然反复强调他并不看重犹太身份，但他在回忆录中仔细地记录了每个人是不是犹太人。他似乎在刻意地忽略自己的血统，从不和父母谈论家庭的犹太渊源。他们会庆祝逾越节，他经历过犹太成人礼，每年会去犹太会堂两次。他会去上犹太宗教课，但"精神上没有投入"。他"很少戴圆顶小帽"。他们在家从不说希伯来语（这不算很少见），从来不在周五参加安息日晚宴，也不吃洁净食物。维格纳在年轻时几乎没有经历过反犹太浪潮，但无论他有过怎样的经历，他都努力想要忘记。因此对于他说自己没有经历过反犹太浪潮这件事，应当持保留态度。他提到他完全忘记了自己曾经经历过的反犹太事件。

在冯·诺伊曼家中，只有外祖父信奉犹太教。冯·诺伊曼的一个兄弟曾问他们的父亲，为什么他们不信奉犹太教却认为自己是犹太人，父亲的回答是"传统"。他们家在 1929 年改信天主教，那时他们的父亲已经去世，但他们这么做"是为了方便，而不是出于信仰"。有个故事说的是冯·诺伊曼在临终前，和本笃会修士和耶稣会会士交谈后，变成了一位恪守信条的天主教徒。他显然是在尝试一切办法阻止身体的变化，这不是他想要的结果。乌拉姆觉得这段经历令人心碎。不过，据冯·诺伊曼的兄弟说，他二度皈依的经历非常传奇：他邀请神父接受经典教育。

维格纳看起来一点也不害怕死亡："我终会死去这件事没有带来任何烦恼。"他批评宗教误导人们相信存在死后的生活："我们都是世界的客人，当文化驱使我们有其他想法，那是文化的罪过。"他意识到对存在着死后世界的"乐观"相信深刻地贯穿在人类的思想中，因此他在这里将文化与之联系，而不是宗教。他不相信存在天堂，认为天堂与科学相悖："作为科学家，我不得不承认我们没有关于天堂的数据。恐怕我们死后都将不复存在。"

可见，维格纳和冯·诺伊曼对待死亡的态度大相径庭。不过值得注意的是，冯·诺伊曼去世时 53 岁，而维格纳去世时已经 92 岁了。此外，冯·诺伊曼去世时尽管已经过了科学生涯的最佳时期，却正是社会政治生涯的巅峰。而维格纳去世前很长时间就已经不再从事科学研究，并且已经能够平和地接受死亡。我们不清楚特勒在生命最后阶段对待死亡的态度，但可以确定的是，他一定已经准备好接受死亡。直到生命最后一刻，特勒的思维都非常清晰，维格纳则不同，他晚年患上了阿尔茨海默病，已经不太清醒。西拉德和冯·卡门两人过着寻常的生活，去世前也没有考虑过即将到来的死亡。

尤瓦勒·内埃曼是一名理论物理学家，同时也是军方领导人和政治家，他考虑过火星人和以色列的关系。他认为原子弹的研发"象征着另一个犹太团体为应对希特勒的威胁而作出的防御反应"。他将此与华沙犹太人起义、法国抵抗军中的犹太游击队以及汉娜·泽尼丝（Hannah Szenes）的牺牲联系在了一起。

冯·卡门很乐于为以色列国防研究和发展组织提供建议，而且是免费咨询。维格纳在 20 世纪 30 年代中叶到过耶路撒冷，那里还为他提供了一个终身教授的职位，但他考虑到那里职位稀缺，因此拒绝了。维格纳在晚年时会定期出席在以色列举行的科学会议。西拉德和冯·诺伊曼与以色列没有太密切的关系，但有一次冯·诺伊曼被要求详细了解以色列存在的各种问题，听完后他以一贯的方式承诺如果他能找到解决问题的方法，一定会在 24 小时内回来告知。不过他再也没有回去过。在西拉德的相关文献中可以找到一模一样的故事。

特勒从 20 世纪 60 年代中叶起就与以色列有密切往来。他参与制定了各种计划，这些计划都类似于美国的犁头计划，其中也包括利用核能完成大型建设项目的方案。和美国的情况相同，以色列也没有将方案付诸实践。特勒还在其他项目上与以色列的政客有积极往来，像是支持在特拉维夫大学创办第二个工程学院，类似于以色列理工学院。特勒每次在以色列做讲座时，底下都会有大批听众。

身为匈牙利人

火星人在多大程度上将自己视作匈牙利人取决于民族自豪感，但西拉德除外。1867—1914 年是最快乐的和平时期，在此期间他们感到犹太身份和匈牙利身份之间不存在任何冲突。他们会有意识地过滤掉 20 世纪 20 年代早期在匈牙利的经历。西拉德再一次例外，他从未忘记也从未原谅，尽管他在离开匈牙利前，除了经历过技术大学的事件外，并没有遭到过多么严酷的迫害。在 20 世纪 20 年代早期的白色恐怖时期降临前，冯·卡门已经离开匈牙利，但维格纳、冯·诺伊曼和特勒都有所体会。不过，他们都怀抱着对匈牙利的归属感。

维格纳喜欢吟诵匈牙利诗歌；冯·诺伊曼喜爱布达佩斯的笑话，也很怀念那些咖啡店；特勒一直将他的故国和政治体制分割看待。两次世界大战之间的反犹太浪潮、推行的反犹太法律、将犹太人驱逐到奥斯威辛，匈牙利政府在这些事件中的残酷无情，以及临近战争结束前的布达佩斯大屠杀，这种种他们都没有亲身经历过。特勒曾组织犹太裔美国人为里根总统的连任造势，可能因此认为他已经超越了对故国的情感，其实不然。在他临终前，他要求助手为他诵读匈牙利诗歌，他是听着亚诺什·阿拉尼（Janos Arany）用匈牙利语所写史诗《托尔迪》（*Toldi*）去世的。维格纳则在回忆录中写道："在美国生活了 60 年之后，比起美国人，我依然更像匈牙利人。"

二战结束后，冯·卡门是他们中第一个回到布达佩斯的。维格纳在 1976 年回过匈牙利，之后到 1987 年为止，他又回去过三次。特勒到 1990 年后才回过匈牙利，此后又回去过几次。他对在匈牙利受到的关注和善意感到十分满意。冯·诺伊曼从未回过匈牙利，他去世得很早，一直没有出现能让他回去的契机。

西拉德在 1960 年时有过回去的机会，但他拒绝了。和特勒不同，西拉德认为匈牙利与他无关，他在 1945 年拜访詹姆斯·贝尔纳时发生的故事可以说明一二。当时西拉德想要讨论战后苏联可能采取的行动，贝尔纳对西拉德说："对，你来自匈牙利——你肯定不希望苏联无限期地留在匈牙利。"贝尔纳"冒犯了西拉德对轻重缓急的判断"，他把问题局限在了匈牙利，而且还提到了西拉德的过去。西拉德担心的是战后两个超级大国可能发生军备竞赛（事后证明这个预测是正确的），而非匈牙利一个国家的命运。从这个角度来看，对他而言出身匈牙利只是一个意外，和其他重大议题并无关系。

不过，不能因此认为西拉德对匈牙利不怀有丝毫爱国之情。在第一章讲述家族渊源和教育的时候，我们提到过他祖父的一个故事，在故事中，他的祖父诚实地向老师举报了同学破坏规则的行为，包括他自己，因为他也是其中之一。这还不是故事的全部，这件事发生在 1848 年匈牙利革命时期，那是匈牙利历史上最令人骄傲的时刻，破坏规则指的是，包括西拉德的祖父在内的孩子们上街去为列队行进的匈牙利士兵加油鼓劲。西拉德很喜欢伊姆雷·毛达奇的《人类的悲剧》，他在工作中反复提到这部匈牙利文学经典。他从中收获了不少重要的人生道理，比如"哪怕不成功，也要坚持下去"，再比如即使在最绝望的情况下"也一定有一丝希望尚存"。可见，西拉德深深浸润在匈牙利文化中，也是他回答了费米关于外星人的问题，他说"他们就在我们之中，但人们称他们是匈牙利人"。

从一个人使用的语言能够看出他的归属。火星人都喜欢用匈牙利语，他们彼此之间大多数时候都是用匈牙利语交流。我可以证明维格纳和特勒的匈牙利语说得非常好。维格纳说英语时带着匈牙利口音和德国语调，而特勒讲英语时匈牙利口音更加浓重。一些人认为冯·卡门是刻意保留了浓重的匈牙利口音。而冯·诺伊曼的匈牙利口音"令人愉悦"。赫尔曼·哥尔斯廷认为他"细致地保留了一些特定的错误发音"：他有一次听到冯·诺伊曼"用正确的发音说出了一个词，之后很快纠正了自己，又用他自己的方式重新说了一遍"。西拉德的口音同样有着明显的匈牙利特征。

如果要我来为火星人写墓志铭，给西拉德、维格纳和特勒的会比较容易写。给西拉德的是"点燃火炬"，给维格纳的是"事情必须合理"，给特勒的是"不择手段守护世界"。而给另外两位的则比较难写。或许给冯·卡门的是，"他试图将一切转化为近似的数学方程"；给冯·诺伊曼的是，"即使是最复杂的问题他也想要快速找到答案，这样就能转战下一个问题或是继续享受生活"。冯·诺伊曼曾说过，他"在生活的火堆前温暖双手"。

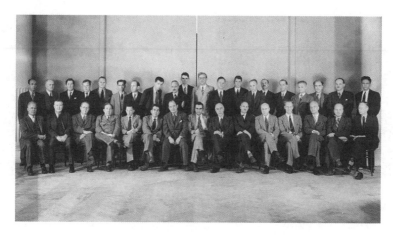

上：1946 年出席在华盛顿特区举办的理论物理大会的科学家，照片中（第一排坐着的左起）利奥·西拉德（第 4 位）、约翰·冯·诺伊曼（第 7 位）、爱德华·特勒（第 8 位），（第二排站着的左起）马克斯·德尔布吕克（第 8 位）、詹姆斯·夫兰克（第 9 位）、乔治·伽莫夫（第 11 位）、默尔·图夫（第 12 位）、大卫·霍金斯（David Hawkins）（最右），还有（第一排坐着的左起）赫尔曼·外尔（第 3 位）、S. 施皮格尔曼（S. Spiegelman）（第 5 位）、菲列兹·伦敦（Fritz London）（第 6 位）、尼尔斯·玻尔（第 9 位）、乔治·W. 比德尔（George W. Beadle）（第 10 位）和卡尔·F. 科里（Carl F. Cori）（第 12 位）。[艾贡·韦斯（Egon Weiss）的收藏。加州卡尔斯巴德的海伦·韦斯提供]

下：照片的局部（从左到右依次是）利奥·西拉德、S. 施皮格尔曼、菲列兹·伦敦、约翰·冯·诺伊曼、爱德华·特勒和尼尔斯·玻尔。

上：约翰·冯·诺伊曼和爱德华·特勒与出席 1947 年第一届谢尔特岛会议的理论物理学家合影，照片中从左往右依次是：1 伊西多·拉比、2 莱纳斯·鲍林、3 约翰·凡·扶雷克、4 威利斯·兰姆、5 格雷戈里·布赖特、8 乔治·乌伦贝克（George Uhlenbeck）、9 朱利安·施温格、10 特勒、13 冯·诺伊曼、14 约翰·A. 惠勒、15 汉斯·贝特、16 罗伯特·塞伯尔、17 罗伯特·马沙克（Robert Marshak）、18 亚伯拉罕·派斯、19 罗伯特·奥本海默、20 戴维·玻姆、21 理查德·费曼、22 维克托·魏斯科普夫。（玛丽娜·惠特曼提供）

下：1952 年，美国空军科学咨询委员会在马萨诸塞州剑桥的合影，其中包括西奥多·冯·卡门（第一排左起第 4 位）和约翰·冯·诺伊曼（第四排右起第 1 位）；冯·诺伊曼的右边是乔治·基斯嘉科夫斯基。（存于剑桥研究中心的空军照片；玛丽娜·惠特曼提供）

上：20 世纪 50 年代，利奥·西拉德和劳拉·波拉尼（Laura Polanyi）与其他人的合影。（位于布达佩斯的匈牙利国家博物馆提供）

下：1953 年通用动力公司的咨询委员会会议。（右侧）西奥多·冯·卡门（从后往前第 2 位）、约翰·A. 惠勒（从后往前第 5 位）、爱德华·特勒（从前往后第 3 位，被部分遮挡）；（左侧）尤金·P. 维格纳（从后往前第 2 位，被部分遮挡）、乔治·伽莫夫（从后往前第 5 位）、理查德·L. 加尔文（从前往后第 2 位）。（理查德·L. 加尔文提供）

右：聚光灯下的爱德华·特勒。（温迪·特勒、保罗·特勒和劳伦斯利弗莫尔国家实验室提供）

下：约翰·肯尼迪 1962 年参观劳伦斯伯克利国家实验室。从左往右依次是：诺里斯·布拉德伯里、约翰·福斯特（John Foster）、埃德温·麦克米伦、格伦·T. 西博格、约翰·肯尼迪、爱德华·特勒、罗伯特·麦克纳马拉（Robert McNamara）和哈罗德·布朗（Harold Brown）。（劳伦斯伯克利国家实验室提供）

上：约翰·冯·诺伊曼、罗伯特·奥本海默、赫尔曼·哥尔斯廷和朱利安·毕格罗（Julian Bigelow）在普林斯顿高等研究院的计算机前。（艾伦·W. 理查兹拍摄。玛丽娜·惠特曼提供）

左：爱德华·特勒在演讲。（温迪·特勒和保罗·特勒提供）

上：1953 年科学大会休息时间的利奥·西拉德和艾伦·盖伦。（卡尔·马拉莫拉什拍摄并提供）

下：1953 年在冷泉港，从左往右依次是马克斯·德尔布吕克、艾伦·盖伦、利奥·西拉德和詹姆斯·D. 沃森。（詹姆斯·D. 沃森提供）

上：西奥多·冯·卡门（前排中间）和约翰·冯·诺伊曼（后排）在巴黎和一群科学家的合影；后排还有沃纳·海森伯，第一排左起第4位是卡尔·弗里德里克·魏茨泽克。（玛丽娜·惠特曼提供）

下：1953年利奥·西拉德和艾尔弗雷德·赫尔希（Alfred Hershey）在冷泉港。（卡尔·马拉莫拉什拍摄并提供）

前页，上：20 世纪 50 年代，约翰·冯·诺伊曼在展览会上回答年轻人的问题。（玛丽娜·惠特曼提供）

前页，下：20 世纪 50 年代，约翰·冯·诺伊曼和沃纳·海森伯的合影。（玛丽娜·惠特曼提供）

上：约翰·冯·诺伊曼（第一排左起第 2 位）作为美国原子能委员会委员和其他委员及工作人员合影：原子能委员会主席李维斯·L. 施特劳斯（第一排左起第 4 位）；委员威拉得·F. 利比在冯·诺伊曼和施特劳斯中间。（玛丽娜·惠特曼提供）

前页，上：1956 年，约翰·冯·诺伊曼在白宫接受总统德怀特·D. 艾森豪威尔颁发的自由勋章。（位于堪萨斯州阿比林的德怀特·D. 艾森豪威尔图书馆提供）

前页，下：1962 年普林斯顿物理系全体教师合影。维格纳是第一排左起第 4 位。（罗伯特·马修斯提供）

右：（从左往右依次是）利奥·西拉德和维克托·魏斯科普夫、布罗克·奇泽姆（Brock Chisholm）、马克·奥利芬特一起参加帕格沃什科学和世界事务会议。（位于布达佩斯的 Fizikai Szemle 档案馆提供）

下：1953 年，利奥·西拉德和乔纳斯·沙克在冷泉港。（卡尔·马拉莫什拍摄并提供）

前页，上：西奥多·冯·卡门在加州帕萨迪纳的喷气推进实验室做讲座。（美国航空航天局提供）

前页，下：西奥多·冯·卡门（中）和前喷气推进实验室负责人威廉·H. 皮克林（左）、合作创建者及第一任负责人弗兰克·J. 马利纳的合影。（美国航空航天局提供）

上：西奥多·冯·卡门和米丝·特勒的合影。（温迪·特勒和保罗·特勒提供）

左：尤金·P. 维格纳在普林斯顿的办公室里手举爱因斯坦的照片。（已故的乔治·马克斯提供）

下：尤金·P. 维格纳和爱德华·特勒在利弗莫尔国家实验室。（劳伦斯利弗莫尔国家实验室提供）

后页，上：1963 年在斯德哥尔摩举行的诺贝尔奖颁奖晚宴上，尤金·P. 维格纳和瑞典王后在交谈。（玛莎·维格纳·阿普顿和已故的乔治·马克斯提供）

后页，下：1969 年尤金·P. 维格纳和作者在得克萨斯州奥斯汀的合影。

前页，上：爱德华·特勒和孙子们。（温迪·特勒和保罗·特勒提供）

前页，下：1987 年苏联总统米哈伊尔·戈尔巴乔夫、美国总统罗纳德·里根和爱德华·特勒出席白宫宴会。（温迪·特勒和位于加州西米谷的罗纳德·里根图书馆提供）

上：1996 年爱德华·特勒和作者在特勒位于加州斯坦福的家中。（马多尔纳·豪尔吉陶伊拍摄并提供）

右：爱德华·特勒在约翰·冯·诺伊曼的半身像前，半身像在布达佩斯技术与经济大学的校园中。（亚诺什·菲利普提供）

尾 声

科学成就

　　火星人一开始是科学家，后来逐渐参与到国防和政治事务中。因此很难准确评价他们在科学方面取得的成就高低，但这的确是一个有趣的问题，火星人对此也都各有见解。西奥多·冯·卡门按照拥有绝妙想法的数量多少对科学家进行了排名。冯·卡门将艾萨克·牛顿排在第一位，认为他拥有五个或六个绝妙的想法，之后是拥有四个的爱因斯坦。他认为其他科学家都只有一个或最多两个绝妙的想法。他认为自己有三个或者三个半，也就是说他的排名仅次于牛顿和爱因斯坦。尤金·维格纳也曾考虑过科学家的成就高低，他同样认为牛顿和爱因斯坦在其他人之上。而与他同时代的科学家中，居于两人之下的有马克斯·冯·劳厄、瓦尔特·奈恩斯特、迈克尔·波拉尼和沃尔夫冈·泡利。这也暗示了他将自己与这批人并列，或是略低一些。

　　斯塔尼斯拉夫·乌拉姆对冯·诺伊曼在数学家中的地位非常感兴趣，他认为尽管冯·诺伊曼尚未达到朱尔斯·H. 庞加莱（Jules H. Poincare）或戴维·希尔伯特的高度，但这两位只从事纯粹的理论研究，不关心实际应用。他们"比冯·诺伊曼更受人仰慕，因为他们是数学家中的数学家"。乌拉姆提到，尽管诺伯特·维纳（Norbert Wiener）和冯·诺伊曼的个性相差甚远，但两人在纯数学及应用数学领域的研究有交叉点。维纳性情古怪，而冯·诺伊曼是"相当可靠的人"。维纳非常清楚什么是重要的和值得思考的，傅里叶变换是他的核心技术，他在很多问题中都会用到。冯·诺伊曼则有很多可供选择的技术，他接受过各个方面的教育，拥有广泛而深厚的知识储备。

维格纳一生都将冯·诺伊曼视作标杆，他在很小的时候就知道冯·诺伊曼，知道他比自己更加优秀。维格纳将冯·诺伊曼与爱因斯坦相提并论，由此可见他是多么看重这位校友。尽管维格纳认可爱因斯坦是和牛顿一个级别的、享誉世界的天才，他也指出爱因斯坦推导数学恒等式比冯·诺伊曼"慢得多"。不过维格纳意识到爱因斯坦的思想比冯·诺伊曼深刻许多。此外，冯·诺伊曼也从未提出过与爱因斯坦的狭义相对论和广义相对论一个级别的原创理论。

维格纳也为科学领域作出了巨大贡献：他的成果就是现如今被广为认同的观点，即"对称性是自然规律的根本"。自然规律"总结的是独立于初始条件的规则，对称性之于自然规律的作用与之相同"。维格纳的成就深深地影响着我们对自然的理解，但大众对其了解有限。维格纳在理论的应用方面也非常出色，特别是设计出了核反应堆。

冯·诺伊曼最引人关注的贡献或许是将储存程序引入计算机，不仅推动了计算机本身的革命性发展，还开启了计算机在众多领域推动人类进步的历程。不过，这更多的是一项发明，而非对自然奥秘的新洞见。从信息理论到分子生物学，他在其他领域也取得了不少成果，但与在20世纪取得的其他重大发现相比，他所做的还不足以令其在这些领域独树一帜。

西拉德首先提出了链式核反应，并且比所有人都更早意识到这一反应是可实现的。他预言一旦实现链式核反应，就可以利用核能。在核裂变被意外发现后，通往链式核反应和核能利用的道路也变得清晰了，而核能既可以被和平利用，也可以用来制造炸弹，而当时还没有人意识到这些炸弹的威力之大。

冯·卡门的研究主要是将数学应用于空气动力学、流体力学和航空学。

特勒作出了大量发现，以他的名字——以及与其他人联名——的效应加起来可能比其他火星人的总和还要多。他对地球环境中实现热核反应所作的贡献至今仍未被明确认可,部分因为相关研究仍处于保密阶段,部分因为他与乌拉姆在贡献多少的问题上存在争议。

对于天才可以下一个操作性定义,就是这些人能够看到其他伟大的科学家同行看不到的联系。比如,马克斯·普朗克提出量子就可视为天才的发现。在维格纳看来,冯·诺伊曼是火星人中唯一的天才。乌拉姆认为冯·诺伊曼"敏捷、聪慧、高效,除了数学之外对科学也有广泛的兴趣……他有完成复杂推理的精湛技艺,且洞察力惊人;不过缺少绝对的自信"。据乌拉姆说,冯·诺伊曼认为自己的能力还不足以从直觉上做出最高级别的新发现,乌拉姆相信他或许的确缺少"以看起来非理性的方式洞察证据和提出新定理的天赋"。乌拉姆猜测冯·诺伊曼之所以逐渐丧失信心,是因为他意识到,如果他更大胆一些,那么其他人所取得的成就原本应该属于他。

选择合适的问题是科学研究的重要一环,因为解决最重要的问题和不那么重要的问题需要付出的精力和时间是差不多的。当然,确定问题的重要程度是一种非常特殊的才能,而在乌拉姆的印象里,冯·诺伊曼并不总能正确选出最应该投入精力的问题,反而逐渐习惯于选择困难最少的问题。当然在冯·诺伊曼看来困难最少的问题,仍然是其他人难以应对的。

在选择研究项目时经常需要在可行性和重要性之间权衡妥协。或许对冯·诺伊曼来说,"可行性"是高于"重要性"的决定性因素,但也有可能他只是尽力解决一切他遇到的问题,而没有过多地考虑问题的重要性。他无疑解决了很多重要的问题,但确实没有取得一个关键的重大发现。冯·诺伊曼是挖掘型研究者的杰出代表,他在职业生涯中接受了大量挑战。

冯·诺伊曼和冯·卡门的相似之处在于他们都随时准备好解决遇到的几乎所有问题,冯·诺伊曼甚至会尝试解决那些同事希望他不要干预的问题。回顾前面提到的天才的定义,值得一提的是西拉德经常能够看到一些其他人需要不少时间才能理解的关联。西拉德同样对不同的问题有着广泛的兴趣,但他通常只是指出解决问题的方向,大多数时候不会亲自去找到答案。即便他有时这么做了,也不会为自己争取功劳或赞誉。文献中有线索表明,曾有人因为西拉德的原创想法而获得诺贝尔奖。不过,从提出想法到做出发现,这之间还有很长的路要走,因此在评价西拉德在其他人的成就中所作的贡献时需要特别谨慎。

尽管维格纳认为西拉德是他所认识的人中最富想象力的,但火星人特勒也担得起这一形容。他有过无数的想法,这些想法不需要都是有价值的,只要有办法剔除掉其中无用的即可。这就好比是往挂着靶子的墙上射飞镖。这些飞镖不仅射向靶子,也射向墙壁,但总有一小部分会射中靶心。仅仅是命中的那一小部分也足以成就一位伟大的科学家。

然而,伟大的科学家和天才并不等价。如同没有客观标准能够衡量天才一般,也没有客观的标准能够界定科学家的伟大程度。一方面,有的科学家可能为科学打开了新视野,但并未做出重大发现,但不能说这样的科学家不伟大。另一方面,伟大的发现者不一定会成为伟大的科学家。有许多科学家有过一次有重大突破意义的发现,但这些科学家随后很快就被人遗忘了。火星人都不属于有一个发现的科学家,他们职业生涯有一个重要的特点,就是他们在很长一段时间里一直身处科学研究的最前沿。

诺贝尔奖获得者中有不少只有一次重大发现的科学家,这正是阿尔弗雷德·诺贝尔(Alfred Nobel)的初衷,他在遗嘱中提到,这一奖项应颁发给做出重大发现的人,这些人不必是伟大的科学家。由于颁奖机构并未严格执行诺贝尔的遗嘱,因此获奖者中也有不少是伟大科学家,他们有的有重大发现,有的则无。维格纳是火星人中唯一的诺贝尔奖获得者。他的获奖得到了普遍认可,物理学家都认为他很早之前就应该获奖。这里值得对其他火星人的成就是否有机会获得诺贝尔奖进行一番考察。考察时只要能找到他们的自我评价都会纳入考量,同样纳入考量的还有自诺贝尔奖设立起100年内科学界所经历的变迁。不过首先声明,我无意过度抬高诺贝尔奖,只因其是科学界最具声望的奖项才选它做为参考标准。

冯·卡门在回忆录中提到,他认为普朗特应该获诺贝尔奖。他说普朗特"解开了一些自然现象的谜团,这些现象具有重大的基础意义……他没有获得诺贝尔奖,显然是因为诺贝尔奖委员会不认为(至今仍是)力学是人类智力的壮丽成就——无法与物理学的其他分支相提并论"。从中可以看出，冯·卡门认为自己也应该获奖。例如，他可以凭借卡门涡街获得物理学奖，卡门涡街不仅是一个工程发现——也可以被视为基础物理领域的发现。

西拉德或许能凭借西拉德-查尔默斯效应获奖，这是一种分离同位素的简便方法。这一发现看起来似乎不足以匹配这一奖项，但事实上也很难对诺贝尔奖的标准进行量化。获奖的发现中除了那些真正有重大意义的之外，也有不少称不上非常重大。例如，有人认为基本粒子的发现值得获奖，但反对声同样强烈。链式核反应的发现也值得获奖，西拉德可以与那些为实现链式核反应作出重大贡献的人分享荣誉。

也有观点认为，西拉德无缘诺贝尔奖是因为链式核反应被用于军事。然而，奥托·哈恩（Otto Hahn）在1945年获得了（1944年的）诺贝尔奖，表彰他发现了重核裂变。他获奖时距离广岛和长崎的原子弹爆炸只过了几个月，而两颗原子弹的爆炸正是哈恩发现的直接结果。不少人认为不应该这么快在战后颁奖给哈恩，而流亡的犹太科学家莉泽·迈特纳没有分享该奖也引起关注。从这一事件中不难看出，瑞典偏向德国的惯例仍然在起作用，不过二战结束后瑞典迅速地调整导向。很多曼哈顿计划的参与者在此后陆续获得了诺贝尔奖，不过表彰的都是与原子弹无关的发现。

更重要的是，西拉德有资格与莱纳斯·鲍林分享诺贝尔和平奖，以表彰他为武器控制所做的努力。诺贝尔和平奖由一个挪威议会推选的委员会负责评审，而挪威人对鲍林极为推崇，但对西拉德知之甚少。一位西拉德的传记作者还提到，西拉德基本上是在武器控制团体的外围活动。

西拉德如何看待诺贝尔奖呢？维格纳在1963年获得诺贝尔物理学奖，同年鲍林获得了（1962年的）诺贝尔和平奖。西拉德有可能受到了双重打击，但即使真是如此，他也没有表露丝毫。维格纳感受到一些来自西拉德的怨愤，不过可能是维格纳过于敏感。西拉德对诺贝尔和平奖的态度可以从他关于发现核裂变的一些玩笑话中窥见一二："我们中那些错过这一发现的人应该被提名……下一届……诺贝尔和平奖。"在另一个场合，他（同样是以开玩笑的口吻）对约瑟夫·罗特布拉特（Joseph Rotblat）说，他，西拉德，应该获得诺贝尔和平奖，因为他没有在想到链式核反应后立刻开始系统搜寻适合用来反应的元素。

冯·诺伊曼活跃的领域一开始不属于任何一个诺贝尔奖涉及的领域，不过后来物理学奖的范围扩大。如果冯·诺伊曼活得更久一些，他是否会因为发明计算机的存储程序而获奖仍是未知数。1968年，"瑞典中央银行纪念阿尔弗雷德·诺贝尔经济学奖"设立，这一奖项从1969年开始颁发，也就是众所周知的诺贝尔经济学奖，这一奖项的发起或许能极大地提升冯·诺伊曼获奖的可能性。1994年，这一奖项表彰的是对非合作博弈论中均衡概念所做的先驱性分析。其中一位获奖者是出生于布达佩斯的匈牙利裔美国人约翰·海萨尼（John Harsanyi）。这项获奖成果衍生自冯·诺伊曼的工作，特别是他与普林斯顿大学的经济学家奥斯卡·莫根施特恩（Oskar Morgenstern）合著的《博弈论与经济行为》。还有其他获得经济学奖的成果与冯·诺伊曼的工作有关。

爱德华·特勒有资格获得诺贝尔物理学奖或者化学奖。他可以凭借核物理方面的研究贡献与其他人分享物理学奖。还可以凭借描述多分子层吸附的 BET 方程或是扬–特勒效应与人分享化学奖。不过，他没有获得诺贝尔奖提名一事并未引发关注。根据我们之间的谈话记录，1996年他告诉我们，他应该凭借 BET 方程获得诺贝尔奖。但随后他要求我们在印刷版本中删除这段话。这一请求不是特勒的一贯作风，他一直坚持如果要发布他的采访，必须是完整的版本。

可能有人会问特勒是否应该获得诺贝尔和平奖。这个话题必然极具争议，争议激烈到我写稿时笔尖划过纸张仿佛能擦出火花，但这又是一个合乎情理的问题。反观过去数十年的诺贝尔和平奖得主，其中也有不少颇具争议的人物，但这个奖项所表彰的事迹是有明确界定的，而不是表彰一个人的全部。特勒是顶尖物理学家中唯一致力于推动美国氢弹发展的人，最终杜鲁门总统在1950年1月通过了这一项目。特勒的不懈努力使美国在与苏联的竞争中取得了微弱的优势，这点优势到20世纪50年代中期两国都拥有氢弹时才显现出来。确保相互毁灭原则因此得以实施。尽管确保相互毁灭原则听起来毫无意义，但确实令两个超级大国之间维持了长达数十年的和平。若非如此，我们应该已经经历了第三次世界大战，所幸并未发生。那些激烈反对战略防御计划的人所害怕的，正是这一计划可能会破坏确保相互毁灭原则所带来的和平，这也是确保相互毁灭原则起到了积极作用的明确证明。

如果他们生活在……

如果火星人一直生活在匈牙利或者德国，那么他们可能最终丧命于奥斯威辛或毛特豪森集中营，就像特勒的叔叔、米丝·特勒的兄弟、特勒的童年玩伴、朋友和其他家人那样。在两次世界大战之间，匈牙利掀起了猛烈的反犹太浪潮，1939—1944 年间颁布了一系列空前严苛的、令人惊愕的反犹太法律，剥夺了犹太人的权利，羞辱了犹太人的人格。反犹太浪潮在近 50 万犹太人被驱逐到奥斯威辛集中营时达到顶峰，这些犹太人大多出身乡村。驱逐众多布达佩斯犹太人的行动遭到了协约国和瑞典国王的强烈反对而终止；与此同时，战争前线正在快速逼近。1944 年 10 月，匈牙利纳粹上台，他们在布达佩斯实施了疯狂血腥的屠杀。人群被集中到多瑙河边，有些被射杀，有些被推入河中，被杀害前大多受过折磨，还有一些以其他方式被杀害。保守估计当时在布达佩斯有十万人遇害。

匈牙利犹太人遭到迫害的速度和残忍程度史无前例，甚至不亚于二战期间最黑暗的时候。除非有奇迹发生，否则火星人不可能幸免于难，但若真能幸存下来，他们将一无所有地重新开始生活，而周围正是靠屠杀犹太人而获得大量利益的同胞。与德国相比，经济利益在匈牙利反犹太浪潮的动机中所占的比重更高。一小部分幸存的犹太人从地狱中归来后，还将遭遇周围人的仇视或是更糟糕的对待，因为这些人正是通过驱逐和杀害犹太人而获得财富的。

即使火星人能够熬过这一切，他们也会在 1951 年被强制离开布达佩斯，搬去乡村。特勒的母亲、妹妹和外甥和成千上万人一起被驱逐出了布达佩斯，直到斯大林死后，他们得以重返布达佩斯，但没有因失去家园和财产而获得任何帮助和补偿。1956 年，特勒的外甥趁着边境无人守卫时逃离了匈牙利，但他的母亲和妹妹不敢冒非法穿越边境的风险，没有一起离开。后来，西拉德在参加帕格沃什会议时，和参会的苏联和匈牙利代表进行了一番交涉，托他的福，特勒的母亲和妹妹才得以在 1959 年离开匈牙利。

假如我们不考虑火星人可能遭受的人身威胁，假设他们在二战后的数十年里能够在匈牙利过上普通人的生活，那么他们又会有怎样的际遇呢？尽管政治压迫的局面有所缓解，但在很长一段时间里，他们依然不得不过着顺应社会现实的生活，而这恰恰是火星人无法忍受的。

火星人尽管能够在不同程度上克服阻碍，但他们大概无法在战后的匈牙利生存下去。处境最艰难的应该是西拉德，其他人或多或少能够与环境和解。这里我们假设的是他们无论在怎样的环境下都能成为杰出的科学家。这个假设从一开始就不可靠，他们如果留在匈牙利，那么他们将无法充分发挥潜能，而一旦如此，我们也就没有必要在这里讨论他们的命运。

我们如果想得更天马行空一些，或许可以思考：如果火星人生活在苏联又会有怎样的命运？这是个值得考虑的问题，因为冷战时期苏联的地位与美国相当。而在 20 世纪 20 年代和 30 年代，大批犹太科学家从中欧逃离，其中有相当一部分选择了移民苏联。拉兹洛·蒂萨就曾先去往苏联，后又离开。这里，我们只能通过一些苏联科学家的经历来推演火星人可能的命运。

火星人很有可能在 20 世纪 30 年代后期遭到逮捕以至处决。假如他们侥幸逃回，此后也一定会被卷入武器研发项目。大量苏联科学家都参与到了这些项目中。二战期间，斯大林尽其所能地扩大权力基础。这是苏联历史上极为特殊的时期，斯大林通过唤醒爱国主义热情，援引俄国历史乃至东正教来号召民众保卫祖国。德国侵略者要对付的不仅仅是共产主义，还有苏联人民。苏联科学家从心底坚信反抗纳粹是爱国者的责任。即便到了战后，大多数物理学家和其他科学家仍然为了苏联的核研究奉献着一切。列夫·朗道是个例外，他虽然参与了工作，但只是因为形势所迫，不得不做。安德烈·萨哈罗夫是另一种类型的例外，他曾公开表示反对。不过这都是斯大林时代结束之后的事，并且那时他在苏联氢弹计划中的工作已经全部完成。

尾 声

爱德华·特勒于 2003 年 9 月去世,他也是最后一位离世的火星人,那一刻他们陡然成为历史。这种转变之所以突然,或许是因为特勒的寿命非常长,这令我一下子意识到他们身处的时代已经过去了很久。

这时立刻会问的一个问题是,火星人会以怎样的方式继续存在于这个世界。令人不可思议的是,他们对匈牙利强烈的爱国情怀成为重要的依靠。尽管他们在年轻时被迫离开匈牙利,即使国际声誉和事业都处于巅峰的时候也没有得到过这个国家的认可,但在他们去世后各种荣誉接踵而至。相反,虽然他们大多数的成就都是在美国取得的,但他们在美国的印记却渐渐消失了。特勒就是一个例子,尽管他在建立第二个武器实验室的过程中起到了重要作用,但劳伦斯利弗莫尔国家实验室却是以欧内斯特·劳伦斯的名字命名的。劳伦斯的确为建设实验室扫清了不少障碍,是不可忽视的重要力量,但已经有一个国家实验室以他的名字命名,就是伯克利大学的劳伦斯伯克利国家实验室,而且这个实验室也在加州。

马丁·萨默菲尔德长期与西奥多·冯·卡门合作,他对冯·卡门的名字没有出现在火箭科学的历史中深感惋惜。罗伯特·戈达德被称为美国火箭科学之父,但萨默菲尔德认为更准确的说法是戈达德是美国火箭科学的先驱,而冯·卡门才是火箭科学之父。他如此建议是因为,戈达德几乎没有追随者,而冯·卡门创办了大型学院,他的学生和他学生的学生遍布全球,成为众多实验室和大学的领衔人。

火星人还会活在关于他们的作品中,在科学家用到的或是提到的各种效应中,这为数众多的效应都是由他们发现的。当然,火星人还会存在于历史书中。尽管对于爱因斯坦在西拉德的提议下所写的信是否是美国核项目启动的关键仍有颇多争议,但这的确是一个真实的故事,还是一个有着迷人吸引力的故事。西拉德和其他火星人也都会不断出现在美国参与二战的各种故事中。

他们还活跃在冷战时期。尤其是特勒,他被称为氢弹之父,虽然他强烈反对被贴上这个标签。到 1996 年我和太太与他谈话时,他似乎已经接受了这个标签,他向我们解释了这个名号,但没有表示反对。不过,这个过分简化的标签有必要修正，特勒应该被称为美国氢弹之父，而非氢弹之父。火星人继续存活在以他们的名字命名的各种奖项、学会和月球陨石坑中，也会继续存活在代表着他们的典型恶人形象中（例如一些人认为斯坦洛夫博士就是特勒）。

伊西多·I. 拉比一直批评特勒，他宣称"对所有重要的事情而言，他都是一个威胁……这个世界如果没有特勒会更好……他是人性的敌人"。拉比还指责西拉德延误了美国原子弹计划的启动。约翰·A. 惠勒对特勒的评价似乎更客观一些："我不赞同他的策略，但从不反对他的目的。"

结　论

每一位火星人都非常出色，但无论他们有多么不同，都组成了一个团体。这个团体的形成既有赖于特殊的环境，也与他们的个性品质有关。回顾他们的人生经历可以看出，不会很快再出现另一个火星人团体。希特勒掌权是迫使火星人离开欧洲、前往美国的重要事件，而那时的美国早已求贤若渴。不久之后，核裂变的发现、核链式反应的应用前景以及德国迫在眉睫的威胁都促使火星人投身美国的国防事业。他们比其他同行更理解国际局势中存在的危险，也更熟悉物理学，更重要的是，大多数科学家都已经参与到与战争相关的机密任务中，只有他们还可用。很难想象还会出现将所有这些条件集合在一起的情况。不过，科学中那些最重要的发展向来都是无可预测的。科学的进展和世界局势的发展共同促使火星人投身于他们各自的任务，尽管我们无法预见相似的情况会再次发生，但也不能将这种可能性完全排除。

西拉德尤其善于预测，但即便是他也没有预料到此后的一些重要发展。他预见到苏联会成为两个超级大国之一，但没有想到苏联最终解体的命运。更有意思的是，从苏联建立起，就不断有人预测其失败，但到那一刻真正来临时，即使是专家也表现得格外惊讶。如果从发明计算机这件事来看，冯·诺伊曼也是超前于时代的人，但有趣的是他的想象力极为有限。他没有想过计算机会对经济和技术产生怎样的冲击，更没有想过计算机会进入每个人的日常生活，成为常用的家用电器。遗憾的是，他去世得太早，无法见证这一切的发生。

在回顾火星人在科学上所取得的成就时，必须注意到这不是必然的。因为科学发现如果不是由这位研究者取得，迟早也会由另一位研究者取得。这是科学研究和艺术创造最根本的区别。倘若没有贝多芬，也不会有另一个人谱写出他的交响曲。但火星人做出的科学发现却可以由其他人替代，并且越早越好。同样，科学研究的成果（除了一些真正关键的以外）会被渐渐遗忘，而艺术作品将会永远和创作者的名字联系在一起。迈克尔·波拉尼在给西拉德的信中提到他的作品时说："或许……你会在科学贡献逐渐被遗忘后，因为这些轻松愉快的爱好而被人记住。"

火星人对战争、和平以及国际政治事务的影响又另当别论。西拉德预见到链式核反应最终会导向爆炸；西拉德、维格纳和特勒三人促使爱因斯坦写信给罗斯福总统，最终启动了核武器研发；特勒推动美国发展氢弹；冯·诺伊曼和冯·卡门将计算机、数学和力学应用于现代战争，这些都对 20 世纪下半叶的世界产生了决定性的影响。时间在这些事件中所起的作用比它在科学发现中所起的要大得多：时间的意义凌驾于一切之上。杰出的科学能力与创造力、清晰的政治判断力、对民主和自由的狂热奉献精神共同影响着火星人今日所处的地位：他们都为 20 世纪的历史作出过重要贡献。

大事年表

西奥多·冯·卡门

1881 年 3 月 11 日	在布达佩斯出生,出生时名为托多·卡门
1891—1899 年	就读于明德中学
1902 年	从布达佩斯皇家约瑟夫技术大学毕业
1903—1906 年	在布达佩斯技术大学担任助教
1906—1908 年	在格丁根大学攻读博士学位
1908 年	到访巴黎,参观当时先进的飞机
1912 年	穿插在班斯卡什蒂亚夫尼察的煤矿学院任职
1913 年	成为德国亚琛工业大学航空学院教授和院长
1914—1918 年	第一次世界大战期间担任奥匈帝国军队航空部门研究负责人
1918—1919 年	匈牙利革命期间在教育部任职
1919 年	返回亚琛工业大学工作
1922 年	在奥地利因斯布鲁克组织第一届国际应用力学大会
1926 年	首次访问美国加州理工学院
1930 年	永久移居美国,成为加州理工学院古根海姆航空实验室负责人
1933 年	成立美国航空科学研究所,该研究所是喷气推进实验室(JPL)的前身
1936 年	成为美国公民
1938 年	当选美国国家科学院(NAS)院士
1938 年	加入美国国家科学院委员会,为美国空军提供咨询
1944 年	成为美国喷气推进实验室的联合创始人

1944 年	担任美国空军科学咨询小组主席
1946 年	获得美国功勋奖章（美国总统奖）
1946 年	当选英国皇家学会（伦敦）外籍会员
1946 年	加入科学咨询委员会，为美国空军参谋长提供咨询
1948 年	获得富兰克林金勋章
1949 年	退休后继续在加州理工学院担任荣誉教授
1951 年	成立航空研究与发展咨询小组（AGARD），直到去世前一直担任主席
1955 年	获罗马教皇庇护十二世任命，成为宗座科学院院士
1956 年	成立国际航空科学理事会（ICAS）
1960 年	成立国际航空学会并担任主席
1962 年	担任第一届太空基础环境问题国际学术研讨会主席
1963 年	成为首位获得美国国家科学勋章的科学家（由约翰·F. 肯尼迪总统颁发）
1963 年 5 月 7 日	在德国亚琛去世

利奥·西拉德

1898 年 2 月 11 日	在布达佩斯出生，出生时名为利奥·斯皮茨
1900 年	改名为利奥·西拉德
1908—1916 年	就读于布达佩斯第六区的重点中学
1916—1917 年，1918—1919 年	就读于布达佩斯技术大学
1917—1918 年	在奥匈帝国军队服役
1919 年 12 月	前往德国
1920 年 1 月	就读于柏林工业大学，开始参加柏林大学的物理交流会
1920 年秋天	就读于柏林大学
1922 年	在柏林大学获得博士学位
1923—1927 年	在柏林-达勒姆的威廉皇帝研究所和柏林大学担任多项职务

1926 年	开始申请各类创新发明专利，其中有不少是与阿尔伯特·爱因斯坦联合完成的
1927 年	成为柏林大学编外讲师
1931 年	第一次访问美国
1933 年 3 月 30 日	离开德国前往英国，途经维也纳
1933—1934 年	提出链式核反应和临界质量；为链式核反应申请专利
1938 年	前往美国
1939 年	组织阿尔伯特·爱因斯坦给罗斯福总统写信，启动美国原子弹项目
1942 年	前往芝加哥冶金实验室担任首席物理学家，参与曼哈顿计划
1942 年 12 月 2 日	世界上第一台核反应堆投入运行
1943 年	成为美国公民
1945 年	尝试阻止在日本投放原子弹，但未成功
1946 年	成为芝加哥大学教授
1947 年	主要的科学研究兴趣从物理转向生物
1951 年	与格特鲁德（特露德）·韦斯结婚
1954 年	成为美国艺术与科学学会会员
1957 年	第一届帕格沃什会议召开，西拉德积极参与助力
1959—1960 年	与膀胱癌抗争，成功痊愈
1960 年	获得美国原子和平奖
1961 年	当选美国科学院院士；获得布兰迪斯大学荣誉博士学位
1962 年	成立宜居世界委员会
1964 年	迁往加利福尼亚州拉由拉市的沙克研究所
1964 年 5 月 30 日	在加利福尼亚州拉由拉市去世

尤金·P. 维格纳

1902 年 11 月 17 日	在布达佩斯出生，出生时名为杰诺·派·维格纳

1915 年	改宗路德派
1915—1919 年	就读于布达佩斯路德中学
1919 年	从布达佩斯路德中学毕业
1920—1921 年	在布达佩斯技术大学学习化学工程
1921—1925 年	在柏林工业大学学习化学工程;从入学第一年起在柏林－达勒姆的威廉皇帝研究所工作;跟随赫尔曼·F. 马克攻读学位,在迈克尔·波拉尼的指导下完成博士论文
1925—1926 年	作为化学工程师在布达佩斯莫特纳皮革厂工作
1926—1927 年	在柏林大学担任卡尔·魏森伯格的研究助手,后成为理查德·贝克的助手
1927 年	在格丁根大学担任戴维·希尔伯特的助手
1928—1930 年	在柏林
1930—1933 年	在普林斯顿大学做物理学访问教授
1933—1936 年	在威斯康星大学担任物理学教授
1936 年	与阿米莉亚·弗兰克结婚,阿米莉亚于 1937 年去世
1937 年	成为美国公民
1938—1971 年	在普林斯顿大学担任托马斯·D. 琼斯物理学教授
1941—1977 年	与玛丽·惠勒结婚;育有两个孩子戴维和玛莎;玛丽·惠勒于 1977 年去世
1942—1945 年	在芝加哥大学参与曼哈顿计划
1945 年	当选美国科学院院士
1946 年	获得美国功勋奖章(美国总统奖)
1946—1947 年	在田纳西州橡树岭担任克林顿实验室负责人
1952—1957 年	担任美国原子能委员会总顾问委员会委员
1958 年	获恩里科·费米奖
1963 年	获诺贝尔物理学奖
1968 年	获美国国家科学勋章(由林登·B. 约翰逊总统颁发)
1970 年	当选英国皇家学会(伦敦)外籍会员

1971 年	退休
1979 年	与艾琳·汉密尔顿结婚
1995 年 1 月 1 日	在新泽西州普林斯顿去世

约翰·冯·诺伊曼

1903 年 12 月 28 日	出生于布达佩斯，出生时名为雅诺斯·诺伊曼
1921 年	从布达佩斯路德中学毕业
1921 年	在布达佩斯大学学习数学
1921—1923 年	就读于柏林工业大学
1923—1925 年	在苏黎世联邦理工学院学习化学工程
1926 年	在布达佩斯大学获得数学博士学位（辅修物理和化学）
1927—1929 年	在柏林大学担任编外讲师
1929 年	成为汉堡大学编外讲师
1929—1937 年	与玛丽埃特·科维西结婚
1930—1933 年	在普林斯顿大学做访问教授
1932 年	由柏林的施普林格出版社出版《量子力学的数学基础》
1933—1957 年	在普林斯顿高等研究院担任数学研究教授
1935 年	女儿玛丽娜出生
1937 年	成为美国公民
1937 年	当选美国科学院院士
1939 年	与克拉拉·丹结婚
1940—1957 年	在位于马里兰州阿伯丁的弹道研究实验室担任科学咨询委员会委员
1943—1955 年	担任洛斯阿拉莫斯国家实验室顾问
1944 年	由普林斯顿大学出版社出版《博弈论与经济行为》（与奥斯卡·莫根施特恩合著）
1947 年	获得美国功勋奖章（美国总统奖）
1951—1953 年	担任美国数学会主席

1952—1954 年	担任美国原子能委员会总顾问委员会委员
1955—1957 年	担任美国原子能委员会委员
1956 年	获恩里科·费米奖（这是第二届费米奖，第一届于 1954 年颁给了费米本人）
1956 年	获美国总统自由勋章（美国总统奖）
1957 年 2 月 8 日	在华盛顿特区去世

爱德华·特勒

1908 年 1 月 15 日	出生于布达佩斯，出生时名为埃德·特勒
1926 年	入学布达佩斯技术大学，于同年离开
1926—1928 年	就读于慕尼黑卡尔斯鲁厄大学
1928—1930 年	在莱比锡大学跟随沃纳·海森伯攻读博士学位
1930—1933 年	在格丁根大学担任助理
1934—1935 年	在哥本哈根和伦敦
1931 年	与米丝（奥古斯塔）·哈坎依－舒茨结婚；育有两个孩子保罗和苏珊·温迪
1935—1946 年	在华盛顿特区的乔治·华盛顿大学工作
1941 年	成为美国公民
1942—1946 年	参与曼哈顿计划（其中 1942—1943 年在芝加哥，1943—1946 年在洛斯阿拉莫斯国家实验室）
1946—1952 年	在芝加哥大学工作
1948 年	当选美国科学院院士
1949—1952 年	在洛斯阿拉莫斯实验室间歇性工作，有时时间短，有时时间长
1954 年 4—6 月	出席美国原子能委员会安全委员会为 J. 罗伯特·奥本海默举行的听证会
1952—2003 年	在加利福尼亚州的利弗莫尔（后来的劳伦斯利弗莫尔）国家实验室工作

1953—1975 年	在加利福尼亚大学工作
1962 年	获恩里科·费米奖
1975—2003 年	在斯坦福大学胡佛研究所工作
1982 年	获得美国国家科学勋章（由罗纳德·里根总统颁发）
2003 年	获得总统自由勋章（由乔治·W. 布什总统颁发）
2003 年 9 月 9 日	在加利福尼亚州斯坦福去世

匈牙利历史

1867 年	匈牙利与哈布斯堡王朝达成奥匈折中方案
1867—1918 年	奥匈帝国：弗朗茨·约瑟夫一世既是奥地利的统治者（1848—1916 年），也是匈牙利的国王（1867—1916 年）
1918 年 10 月	资产阶级民主革命
1919 年 3—8 月	匈牙利共产党专政
1920 年 6 月 4 日	《特里亚农条约》签订
1920—1944 年 10 月 5 日	米克洛什（尼古拉斯）·霍尔蒂任匈牙利摄政王（国家元首）
1938 年	第一部反犹太法律颁布
1939 年	第二部反犹太法律颁布
1941 年	第三部反犹太法律颁布
1944 年 3 月 19 日	德国占领匈牙利
1944 年 5—6 月	各省的犹太人被集中并驱逐，其中大多数在奥斯威辛集中营被屠杀
1944 年 10 月 15 日	匈牙利纳粹（箭十字党）接管国家
1945 年 4 月	苏联红军解放了匈牙利；苏联开始占领匈牙利
1945—1948 年	建立多党民主制度
1948—1989 年	实行共产主义制度
1956 年 10 月 23 日—11 月 4 日	爆发革命，后被镇压
1990 年	恢复多党制度

其他历史

1914—1918 年	第一次世界大战
1918—1933 年	德国处于"魏玛共和国"时期
1919 年	各国签订《凡尔赛条约》，1920 年由国际联盟批准正式生效
1929 年	证券市场大崩盘，波及全球的经济大萧条开始
1933—1945 年	阿道夫·希特勒任德国总理
1933—1945 年	富兰克林·D. 罗斯福任美国总统
1938 年	签署慕尼黑协定：英国和法国将捷克斯洛伐克苏台德地区割让给德国
1938 年 12 月	发现核裂变
1939 年 9 月 1 日	德国入侵波兰
1939 年 10 月	罗斯福总统收到了爱因斯坦 8 月写给他的信
1941 年 12 月 7 日	日本偷袭美国位于夏威夷的珍珠港
1941 年 12 月 8 日	美国宣布加入第二次世界大战
1942 年 6 月	曼哈顿计划启动；9 月莱斯利·R. 格罗夫斯成为项目负责人
1942 年 12 月 2 日	第一台核反应堆在芝加哥投入使用
1943 年 5 月	洛斯阿拉莫斯实验室启用
1945—1953 年	哈里·S. 杜鲁门任美国总统
1945 年 7 月 17 日	在阿拉莫戈多进行核设备试验
1945 年 5 月 9 日	欧洲胜利日
1945 年 8 月 6 日和 11 日	分别在广岛和长崎投放原子弹
1945 年 8 月 15 日	对日战争胜利日
1949 年 8 月	苏联第一次成功引爆原子弹
1950 年 1 月 27 日	美国从英国方面得知克劳斯·福克斯是苏联间谍
1950 年 1 月 31 日	杜鲁门总统要求原子能委员会"继续研究所有类型的核武器，包括所谓的氢弹或超级炸弹"

大事年表

1950 年 2 月 9 日	参议员约瑟夫·R.麦卡锡首次指控共产主义渗透进了美国国会；他的反共清剿行动就是所谓的"麦卡锡主义"，行动一直持续到 1954 年他遭到其他议员严厉谴责为止
1950 年 3 月	杜鲁门总统秘密要求加快氢弹研发
1952 年	位于加州利弗莫尔的美国第二个武器实验室启用
1952 年 11 月 1 日	美国引爆世界上第一颗氢弹
1953—1961 年	德怀特·D.艾森豪威尔任美国总统
1953 年 3 月 5 日	斯大林去世
1953 年 8 月	苏联引爆第一台热核装置
1954 年 1 月	国务卿约翰·F.杜勒斯（John F. Dulles）宣布确保相互毁灭原则（MAD）
1954 年 4—5 月	举行奥本海默听证会；爱德华·特勒于 4 月 28 日出席作证
1957 年	苏联成功发射第一颗人造卫星
1961—1963 年	约翰·F.肯尼迪任美国总统
1962 年	古巴导弹危机
1963 年	肯尼迪总统遇刺身亡
1963—1969 年	林登·B.约翰逊任美国总统
1964 年	N. S.赫鲁晓夫下台
1969—1974 年	理查德·M.尼克松任美国总统
1974—1977 年	杰拉尔德·福特任美国总统
1977—1981 年	吉米·卡特任美国总统
1981—1989 年	罗纳德·里根任美国总统
1983 年 3 月 23 日	里根总统宣布战略防御计划（SDI）
1985—1991 年	米哈伊尔·戈尔巴乔夫任苏联领导人
1991 年 12 月 26 日	苏联解体；冷战结束
1989—1993 年	乔治·H. W.布什任美国总统
1993—2001 年	威廉·克林顿任美国总统
2001—2009 年	乔治·W.布什任美国总统

图书在版编目（CIP）数据

科学火星人：改变二十世纪的五位匈牙利犹太裔科
学家 /(匈) 伊什特万·豪尔吉陶伊著；李希凡译. — 上
海：上海教育出版社，2023.10
（"科学的力量"科普译丛）
ISBN 978-7-5720-2303-3

Ⅰ.①科… Ⅱ.①伊… ②李… Ⅲ.①科学家 – 列传 –
匈牙利 Ⅳ.①K835.156.1

中国国家版本馆CIP数据核字(2023)第199374号

上海市版权局著作权合同登记号：图字09-2023-0780号

Copyright © 2006 by Oxford University Press, Inc.
THE MARTIANS OF SCIENCE: FIVE PHYSICISTS WHO CHANGED THE TWENTIETH
CENTURY was originally published in English in 2006. This translation is published by
arrangement with Oxford University Press. Shanghai Educational Publishing House is solely
responsible for this translation from the original work and Oxford University Press shall have
no liability for any errors, omissions or inaccuracies or ambiguities in such translation or for
any losses caused by reliance thereon.
本书英文原版由牛津大学出版社出版，此翻译版由牛津大学出版社授权。上海教育出版
社对此翻译版负全部责任，牛津大学出版社对翻译中的任何错误、遗漏、不准确或歧义
以及由此造成的损失不承担责任。

策划编辑　李　祥

责任编辑　王清伟　宋世涛　李　祥

装帧设计　蒋　好

"科学的力量"科普译丛
科学火星人——改变二十世纪的五位匈牙利犹太裔科学家
［匈］伊什特万·豪尔吉陶伊　著
李希凡　译

出版发行　上海教育出版社有限公司
官　　网　www.seph.com.cn
地　　址　上海市闵行区号景路159弄C座
邮　　编　201101
印　　刷　启东市人民印刷有限公司
开　　本　700×1000　1/16　印张 20　插页 1
字　　数　295 千字
版　　次　2023年10月第1版
印　　次　2023年10月第1次印刷
书　　号　ISBN 978-7-5720-2303-3/G·2042
定　　价　89.00 元

如发现质量问题，读者可向本社调换　电话：021-64373213